Lire le romantisme

LETTRES SUP

Lire le romantisme

Jacques Bony

Collection « Lire »
dirigée par Daniel Bergez

NATHAN

© Nathan/HER, Paris, 2001
ISBN : 2-09-191191-7
© Dunod, Paris, 1992 pour la 1re édition

Avant-propos

Romantique : peu d'adjectifs ont été aussi galvaudés. On est romantique (nuance d'indulgente condescendance), on peut acquérir un mobilier romantique (chambre à coucher de préférence), de la vaisselle romantique, des vêtements (et sous-vêtements) romantiques, que sais-je encore... L'idée qu'on peut se faire aujourd'hui du romantisme est menacée par l'affadissement, la dilution du sens dans un océan de mièvrerie — et dans un torrent de larmes. Après avoir, au XVIIIe siècle, été attaché au monde « gothique » des vieux romans, aux paysages sauvages abondamment garnis de ruines, l'adjectif *romantique* en est venu à colorer d'une sentimentalité douceâtre un univers parsemé de fleurs, de clairs de lune et de jeunes filles en longue robe blanche. Aux yeux du grand public, l'image du Romantisme risque d'être, au pire celle de la collection « Harlequin », au mieux la vision d'une demoiselle bien élevée jouant dans un salon un *Nocturne* de Chopin. Image fausse ? pas entièrement, sans doute, mais l'adopter, c'est oublier que Chopin est aussi le compositeur des *Polonaises*, de l'*Etude* « révolutionnaire », qu'il est le chantre de la révolte tout autant que le poète de la rêverie ; c'est oublier que Frankenstein (Mary Shelley, 1818) ou Melmoth (Maturin, 1821) sont des héros romantiques au même titre que René et Adolphe. Les rêves héroïques d'une Mathilde de la Mole (Stendhal, *Le Rouge et le Noir*, 1830) ou d'une Jeanne Le Hardouey (Barbey d'Aurevilly, *L'Ensorcelée*, 1855) valent bien les songes dérisoires qui peuplent les romans lus par Emma Bovary :

> « Ce n'étaient qu'amours, amants, amantes, dames persécutées s'évanouissant dans des pavillons solitaires, postillons qu'on tue à tous les relais, chevaux qu'on crève à toutes les

pages, forêts sombres, troubles du cœur, serments, sanglots, larmes et baisers, nacelles au clair de lune, rossignols dans les bosquets, *messieurs* braves comme des lions, doux comme des agneaux, vertueux comme on ne l'est pas, toujours bien mis, et qui pleurent comme des urnes. »

Flaubert, *Madame Bovary,* chapitre VI

Quant aux frêles jeunes filles, il est bon de s'en méfier : la douce et malheureuse Lucia di Lammermoor (héroïne de l'opéra de Donizetti, d'après Walter Scott, 1835) poignarde, dans une crise de folie furieuse, le mari qu'on lui a imposé. On l'a compris, le Romantisme a, au moins, deux visages. Les contemporains en étaient conscients, les critiques les moins indulgents :

« Le romantique naïf, ou, si vous l'aimez mieux, le *romantique idiot,* pleure la mort d'un lézard et s'extasie sur la destinée d'un puceron ; c'est d'Allemagne que ce genre est venu. Le *romantique frénétique* vit dans le sang et les larmes, cause familièrement avec le cauchemar, et compose sur des cadavres ; l'Angleterre est le Parnasse de cette poésie. »,

Le Masque de fer, 1825

comme les créateurs les plus illustres : à quinze jours d'intervalle, Hugo écrit l'un de ses plus beaux chants érotiques : « Elle était déchaussée, elle était décoiffée » (*Les Contemplations,* I, 21, voir Anthologie p. 185) et se plonge avec horreur et délices dans l'ignoble « Egout de Rome » (*Châtiments,* VII, 4).

Ecrivains et artistes romantiques ont cherché leur inspiration dans des directions apparemment opposées : amants de la nature, ils se font volontiers peintres des « villes énormes » (Baudelaire) ; attachés au réel, cherchant « la vérité, l'âpre vérité » (Stendhal), ils cultivent aussi les délires du fantastique ; volontiers paysagistes, ils cherchent l'au-delà des choses, mêlant regard, vision et voyance. Farouchement individualistes, ils rêvent de sociétés nouvelles ; amoureux de la beauté, jusqu'à l'excès parfois (« la plastique, cet affreux mot me donne la chair de poule », note Baudelaire, excédé des outrances « parnassiennes »), ils sont fascinés par la laideur, l'horreur, la décomposition. Bien des héros témoignent de ces contradictions qui sont pour eux déchirement intérieur, de Hernani (Hugo), rêveur jeté malgré lui dans l'action, à Lorenzaccio (Musset), dont l'âme sensible a disparu sous le masque qu'il s'est imposé. La plupart des artistes romantiques sont conscients de vivre « une époque étrange » (Nerval), de ressentir un déchirement qui est celui de tous, un « mal du siècle », d'assister à une mutation de l'homme occidental ; chacun l'exprime à sa manière ; Chateaubriand :

> « Je me suis rencontré entre les deux siècles comme au confluent de deux fleuves ; j'ai plongé dans leurs eaux troublées, m'éloignant à regret du vieux rivage où j'étais né, et nageant avec espérance vers la rive inconnue où vont aborder les générations nouvelles. »

« Préface testamentaire » des *Mémoires d'outre-tombe,* 1833

Et, plus brièvement, Musset : « Tout ce qui était n'est plus ; tout ce qui sera n'est pas encore. Ne cherchez pas ailleurs le secret de nos maux » (*La Confession d'un enfant du siècle,* I, 2, 1836).

On peut se demander : y a-t-il une sagesse romantique ? Si elle existe, elle réside peut-être dans le fait d'avoir accepté et assumé ces déchirements sans cesser de rêver à une harmonie retrouvée des contraires. On doit affirmer : il y a un honneur des Romantiques, avoir contesté tous les ordres établis, ne jamais s'être contentés de l'idéal de vie que la société du temps leur proposait dans la seule satisfaction des besoins matériels, avoir refusé, non sans regrets parfois, mais toujours avec mépris, le « Enrichissez-vous » de Guizot. Qu'ils soient pairs de France honorés comme Hugo ou pauvres hères faméliques comme Aloysius Bertrand, ils sont condamnés — ils se condamnent — à vivre en marge, « anywhere out of the world » (Baudelaire). Cette marge est peut-être d'ailleurs le lieu idéal où voisinent les contraires : « Enfer ou Ciel, qu'importe ! » (Baudelaire, « Le Voyage »).

A tout ouvrage sur un mouvement littéraire et artistique, il faut des bornes chronologiques ; l'entreprise est ici particulièrement périlleuse : il y a un romantisme au XVIIIe siècle et peut-être même avant — Stendhal n'écrit-il pas : « Sophocle et Euripide furent éminemment romantiques » *(Racine et Shakespeare)* —, comme il y a un romantisme d'aujourd'hui, à ne pas confondre avec ce qui est évoqué au début de cet avant-propos... Nous avons choisi deux dates significatives sur le plan littéraire et qui ne sont pas dépourvues de sens sur le plan historique. En 1802, Chateaubriand publie *Génie du christianisme* qui prétend en finir avec l'esprit philosophique et ramener la littérature et l'art à des sources d'inspiration authentiquement religieuses ; dans ce monument, un petit roman à titre d'illustration, *René*, première expression d'un mal du siècle. Cette même année, Bonaparte se fait nommer consul à vie ; la Révolution est bien finie, le temps du pouvoir personnel commence. En 1869, Flaubert, dans *L'Education sentimentale*, opère la liquidation générale des illusions romantiques avec une férocité qui ne cache pas toujours l'amertume d'avoir à les liquider. C'est la dernière année tranquille du Second Empire ; la guerre en 1870, la Commune en 1871, « l'année terrible », sonneront le glas et du pouvoir personnel et des derniers espoirs de société nouvelle ; la France va s'installer pour longtemps dans la stabilité de la Troisième République. Sous ce Second Empire, bien d'autres mouvements sont nés, qui n'ont parfois avec le Romantisme que des rapports d'opposition ; nous ne les aborderons évidemment pas, mais il était impossible d'éliminer du champ romantique *Les Filles du Feu, Les Chimères, Les Fleurs du Mal* et la majeure partie de l'œuvre de Hugo.

Table des matières

ANTHOLOGIE DE TEXTES

ANNEXES

Qu'est-ce
que le romantisme ?

I. Une définition possible ?

1. Variations autour d'un mot

Une querelle autour d'un mot dont on ne connaît pas le sens, tel nous apparaît aujourd'hui le grand débat qui a agité la France de 1813 à 1830 au moins. On a peine à croire qu'une question de littérature ait pu soulever autant de passion, on s'étonne encore davantage de voir les colonnes des quotidiens lui consacrer tant de place en des années aussi troublées que celles qui voient la chute de l'Empire et les débuts difficiles de la Restauration. C'est que, peut-être, le débat n'est pas seulement littéraire.

Emprunté aux langues allemande et anglaise, l'adjectif *romantique* s'est d'abord appliqué aux paysages ; c'est la définition que donne, en 1845 encore, la dixième édition du *Dictionnaire* de Noël et Chapsal : « se dit des lieux qui rappellent à l'imagination des descriptions de poèmes ou de romans. » C'est encore un des sens retenus par Littré. Dès 1804, Senancour mettait l'accent sur l'essentiel : le romantisme n'est pas dans le paysage, mais dans l'effet qu'il produit, dans l'accord établi avec la sensibilité.

> « Le romanesque séduit les imaginations vives et fleuries ; le romantique suffit seul aux âmes profondes, à la véritable sensibilité. [...]
> Les effets romantiques sont les accents d'une langue primitive que les hommes ne connaissent pas tous, et qui devient étrangère à plusieurs contrées.
>
> *Oberman*, 1804,
> Troisième fragment :
> « De l'expression romantique et du ranz des vaches »

Quelques années plus tard, sous l'influence des théoriciens allemands, Mme de Staël donne au terme une signification littéraire appuyée sur une philosophie de l'histoire :

> « Le nom de *romantique* a été introduit nouvellement en Allemagne pour désigner la poésie dont les chants des troubadours ont été l'origine, celle qui est née de la chevalerie et du christianisme. »

Du même coup, elle oppose radicalement classicisme et romantisme,

> « considérant la poésie classique comme celle des Anciens, et la poésie romantique comme celle qui tient de quelque manière aux traditions chevaleresques. Cette division se rapporte également aux deux ères du monde : celle qui a précédé l'établissement du christianisme, et celle qui l'a suivi. »
>
> *De l'Allemagne,* 1810
> 2ᵉ partie, chapitre XI

Le débat est lancé, et la réaction des « Classiques » ne se fera pas attendre, non plus que l'enregistrement par les dictionnaires d'un sens — qui n'en est pas un : « genre *romantique*, opposé à *classique* » (Noël et Chapsal). On ne sera pas surpris, dès lors, que les adversaires de la jeune littérature consacrent une bonne part de leurs pamphlets à ironiser sur la pluralité des sens possibles du terme, comme sur l'absence d'une véritable doctrine propre à l'« école ». Il serait fastidieux de recenser ces libelles dont la plupart émanent d'auteurs aujourd'hui oubliés, comme Soumet ou Jay ; on peut relever au passage l'une des nombreuses définitions proposées par dérision dans *L'Anti-romantique* de Saint-Chamans (1816) ; il l'emprunte à l'allemand Schlegel :

> « L'art et la poésie antique n'admettent jamais le mélange des genres hétérogènes ; l'esprit romantique, au contraire, se plaît dans un rapprochement continuel des choses les plus opposées. »

L'effort des écrivains romantiques pour échapper aux limites des genres sera bien souvent à l'origine des œuvres les plus originales et les plus marquantes, d'*Hernani* (Hugo) à *Aurélia* (Nerval), en passant par les *Mémoires d'Outre-Tombe* (Chateaubriand).

Il reste que le romantisme n'est toujours pas défini, et les écrivains de « l'école » en sont eux-mêmes bien conscients.

Plutôt que d'emprunter aux pamphlets des années 1815-1830 de vaines tentatives pour enfermer le Romantisme dans une formule, mieux vaut s'adresser à Alfred de Musset qui, en 1836, jette un regard rétrospectif sur le débat, dans les amusantes *Lettres de Dupuis et Cotonet*. Ces deux bourgeois de La Ferté-sous-Jouarre, qui préfigurent par bien des côtés Bouvard et Pécuchet, communiquent au directeur de la *Revue des Deux Mondes* leurs affres devant l'impossibilité à savoir ce qu'est la nouvelle école (voir Anthologie, p. 157-158). Après avoir passé en revue différentes définitions issues des débats qui se succèdent de 1825 à 1835, ils en arrivent à cette conclusion provisoire :

> « Las d'examiner et de peser, trouvant toujours des phrases vides et des professions de foi incompréhensibles, nous en vînmes à croire que ce mot de *romantisme* n'était qu'un mot ; nous le trouvions beau, et il nous semblait que c'était dommage qu'il ne voulût rien dire. »

Ils obtiendront enfin, d'un clerc de notaire, la « définition » suivante qui ne les satisfera pas davantage :

> « Le romantisme, mon cher monsieur ! Non, à coup sûr, ce n'est ni le mépris des unités, ni l'alliance du comique et du tragique, ni rien au monde que vous puissiez dire ; vous saisiriez vainement l'aile du papillon, la poussière qui le colore vous resterait dans les doigts. Le romantisme, c'est l'étoile qui pleure, c'est le vent qui vagit, c'est la nuit qui frissonne, la fleur qui vole et l'oiseau qui embaume ; c'est le jet inespéré, l'extase alanguie, la citerne sous les palmiers, et l'espoir vermeil et ses mille amours, l'ange et la perle, la robe blanche des saules, ô la belle chose, monsieur ! C'est l'infini et l'étoilé, le chaud, le rompu, le désénivré, et pourtant en même temps le plein et le rond, le diamétral, le pyramidal, l'oriental, le nu à vif, l'étreint, l'embrassé, le tourbillonnant ; quelle science nouvelle ! »

On ne saurait mieux dire que l'essence du Romantisme est à chercher ailleurs que dans ses manifestes — et manifestations.

2. La crise d'adolescence de la société moderne

« Le genre humain dans son ensemble a grandi, s'est développé, a mûri comme un de nous », écrit Hugo dans la préface de *Cromwell*, condensant en une brève formule des idées exprimées aussi bien en Allemagne, de Herder à Hegel, qu'en France avec le *Génie du Christianisme*. Nous ne saurions partager aujourd'hui, cependant, le jugement qui suit : « Il a été enfant, il a été homme ; nous assistons maintenant à son imposante vieillesse. » Loin d'offrir l'image d'un tranquille vieillard, le monde occidental dans la première moitié du XIXe siècle se présente bien plutôt comme un adolescent en crise, effectuant le passage difficile d'un état à un autre, en pleine *mutation*.

De très bonne heure, la première génération romantique, celle de Chateaubriand, prend conscience de la singularité de son destin :

> « On pourrait soupçonner qu'il existe des époques inconnues, mais régulières, auxquelles la face du monde se renouvelle. Nous avons le malheur d'être nés au moment d'une de ces grandes révolutions : quel qu'en soit le résultat, heureux ou malheureux pour les hommes à naître, la génération présente est perdue. »
>
> Chateaubriand,
> *Essai sur les révolutions*, 1797

La mutation qui s'opère en France n'est pas seulement politique, en effet, c'est tout un monde qui change pour donner naissance à la société moderne. On ne saurait s'attarder ici sur tous les aspects du passage, plus rapide en France que dans d'autres pays, de la société agraire, rurale et aristocratique de l'Ancien régime à la société industrielle, urbaine et « bourgeoise » du XIXe siècle — pour employer des formules commodes, mais nécessairement simplificatrices et réductrices ; on ne peut, en revanche, passer sous silence, les répercussions notables de ces transformations sur la littérature et les arts.

La mutation économique modifie radicalement le statut social de l'écrivain, comme les conditions de diffusion de son œuvre. L'un des plus grands romans de Balzac, *Illusions perdues* (1836-1843), pourrait recevoir comme sous-titre : « Ce qu'est devenue la littérature au XIXe siècle ». Loin de porter son attention, comme le font tant d'autres, sur les conditions nouvelles nées de l'abolition de la censure préalable par la Révolution, le romancier analyse avec une rigueur à laquelle les marxistes ont rendu hommage, les causes véritables, politiques, démographiques, mais surtout économiques, de la seconde révolution du livre : « La chute de l'Empire va rendre l'usage du linge de coton presque général, à cause du bon marché de cette matière relativement au linge de fil » déclare le jeune imprimeur David Séchard ; quel rapport avec la littérature ? Le voici : « En ce moment, le papier se fait encore avec du chiffon de chanvre et de lin [...] résultat de l'usage du linge, et la population d'un pays n'en donne qu'une quantité déterminée. » Si l'on ajoute que le chiffon de coton est impropre à la fabrication de la pâte à papier et que

> « nous arrivons à un temps où, les fortunes diminuant par leur égalisation, tout s'appauvrira : nous voudrons du linge et des livres à bon marché », on a fourni toutes les données du « problème à résoudre, [...] de la plus haute importance pour la littérature, pour les sciences et pour la politique ».
>
> « Les Deux Poètes »

Balzac pousse sa réflexion dans toutes les directions : il faudra mécaniser la production, naturellement, mais aussi produire des livres moins encombrants, les logements étant, eux aussi, soumis au « rapetissement général des choses et des hommes » *(Ibid.)*. L'écrivain, privé des protecteurs et des mécènes que pouvait lui offrir l'Ancien régime, se trouve plongé dans un univers soumis à l'impitoyable loi du marché ; ainsi du jeune poète Lucien de Rubempré, « grand homme de province à Paris », qui vient de proposer en vain à un libraire son roman et son recueil de poésies :

> « Lucien traversa le Pont-Neuf en proie à mille réflexions. Ce qu'il avait compris de cet argot commercial lui fit deviner que, pour ces libraires, les livres étaient comme des bonnets de coton pour des bonnetiers, une marchandise à vendre cher, à acheter bon marché.
>
> — Je me suis trompé, se dit-il frappé néanmoins du brutal et matériel aspect que prenait la littérature. »

Son apprentissage des différents milieux parisiens ne pourra que lui confirmer ces vérités :

> « Depuis deux heures, aux oreilles de Lucien, tout se résolvait par de l'argent. Au théâtre comme en Librairie, en Librairie comme au Journal, de l'art et de la gloire, il n'en était pas

question. Ces coups du grand balancier de la Monnaie, répétés sur sa tête et sur son cœur, les lui martelaient. »

Illusions perdues,
« Un grand homme de province à Paris »

Ajoutons à cela la montée en puissance de la Presse, l'épanchement de la littérature, poésie comprise, dans les revues, le découpage de la fiction en tranches périodiques (apparition du « feuilleton-roman » avec les quotidiens à bon marché, *La Presse* et *Le Siècle*, en 1836) et l'on aura une idée de l'incroyable bouleversement qui s'opère en moins d'un siècle ; entre Voltaire et Hugo, un abîme, creusé par l'argent. Le livre est devenu une marchandise, la littérature un produit que l'auteur doit vendre pour vivre.

Face à ce nouveau statut de l'écrivain, un nouveau public, issu des transformations démographiques et sociales qui ont fait déferler sur Paris des vagues de travailleurs. Voué désormais à « la fréquentation des villes énormes » (Baudelaire, dédicace de *Petits Poèmes en prose* dans *La Presse*, 1862), l'artiste romantique est contraint d'observer ce lieu inhumain qu'est devenu Paris :

> « Un des spectacles où se rencontre le plus d'épouvantement est certes l'aspect général de la population parisienne, peuple horrible à voir, hâve, jaune, tanné. [...]
>
> Peu de mots suffiront pour justifier physiologiquement la teinte presque infernale des figures parisiennes, car ce n'est pas seulement par plaisanterie que Paris a été nommé un enfer. Tenez ce mot pour vrai. Là, tout fume, tout brûle, tout brille, tout bouillonne, tout flambe, s'évapore, s'éteint, se rallume, étincelle, pétille et se consume. »

Balzac,
La Fille aux yeux d'or, 1834-1835

Dans cette « monstrueuse cité » fourmillent des populations nouvellement apparues, « classes laborieuses et classes dangereuses » (titre de l'ouvrage de Louis Chevalier, 1958), que Balzac peint sans complaisance :

> « L'ouvrier, le prolétaire, l'homme qui remue ses pieds, ses mains, sa langue, son dos, son seul bras, ses cinq doigts pour vivre ; eh bien, celui-là qui, le premier, devrait économiser le principe de sa vie, il outrepasse ses forces, attelle sa femme à quelque machine, use son enfant et le cloue à un rouage. [...]

Puis son plaisir, son repos est une lassante débauche, brune de peau, noire de tapes, blême d'ivresse, ou jaune d'indigestion, qui ne dure que deux jours, mais qui vole le pain de l'avenir, la soupe de la semaine, les robes de la femme, les langes de l'enfant tous en haillons. Ces hommes, nés sans doute pour être beaux, car toute créature a sa beauté relative, se sont enrégimentés, dès l'enfance, sous le commandement de la force, sous le règne du marteau, des cisailles, de la filature, et se sont promptement vulcanisés. Vulcain, avec sa laideur et sa force, n'est-il pas l'emblème de cette laide et forte nation, sublime d'intelligence mécanique, patiente à ses heures, terrible un jour par siècle, inflammable comme la poudre, et préparée à l'incendie révolutionnaire par l'eau-de-vie, enfin assez spirituelle pour prendre feu sur un mot captieux qui signifie toujours pour elle : or et plaisir ! [...] Sans les cabarets, le gouvernement ne serait-il pas renversé tous les mardis ? Heureusement, le mardi, ce peuple est engourdi, cuve son plaisir, n'a plus le sou, et retourne au travail, au pain sec, stimulé par un besoin de procréation matérielle qui, pour lui, devient une habitude. »

Ibid.

Ce nouveau lieu de vie, bien éloigné des salons de bonne compagnie ou des campagnes aseptisées des siècles précédents, ne manque cependant pas de séduction aux yeux de « ces hommes d'étude et de pensée, de poésie et de plaisir [...] pour lesquels Paris est le plus délicieux des monstres » (Balzac, *Ferragus,* 1833). Il y a des « amants de Paris » *(ibid.)* : Balzac, Hugo, Nerval, Baudelaire sont toujours prêts à en dévoiler les horreurs, mais aussi à en célébrer les charmes.

Dans cette cité nouvelle, des lecteurs potentiels dont le nombre grandit (loi Guizot sur l'enseignement primaire, 1833), auxquels la presse apporte non seulement l'écho de la vie politique, mais aussi la littérature. « Pour qui écrit-on ? », la question de Sartre se pose déjà en 1830, elle divisera les esprits jusqu'à la fin du siècle, au moins. S'intéresser à ces populations nouvelles, écrire à leur intention, n'est-ce pas aussi tenter d'améliorer leur sort ? Nombre d'artistes, et non des moindres, seront séduits par les doctrines « socialistes » des saint-simoniens et fouriéristes. Certes, le *Chant des chemins de fer* (1846) n'ajoute rien à la gloire de Berlioz, mais une bonne part de l'œuvre de George Sand, dont l'admirable *Consuelo* (1842-1843), n'existerait pas sans ces théories. Plus indépendants,

Michelet et Hugo croient à l'avènement du Peuple, émancipé par l'instruction, à l'arrivée de « l'ange Liberté », du « géant Lumière », de la « République universelle » (Hugo, *Châtiments*, 1853) :

> « L'épanouissement du genre humain de siècle en siècle, l'homme montant des ténèbres à l'idéal, la transfiguration paradisiaque de l'enfer terrestre, l'éclosion lente de la liberté. »

Préface de *La Légende des siècles,* 1859

D'autres, dégoûtés des luttes politiques et du pouvoir de l'argent, refusant toute compromission avec un public populaire, se réfugieront dans « cette tour d'ivoire des poètes », où ils monteront « toujours plus haut », pour « [s']isoler de la foule » (Nerval, *Sylvie,* 1853), préfigurant les choix d'un Mallarmé. A l'écart de ces débats, Chateaubriand, rédigeant en 1841 la fin des *Mémoires d'Outre-Tombe*, jette sur l'évolution de la société un regard d'une effrayante lucidité :

> « A mesure que l'instruction descend dans les classes inférieures, celles-ci découvrent la plaie secrète qui ronge l'ordre social irréligieux. La trop grande disproportion des conditions et des fortunes, a pu se supporter tant qu'elle a été cachée ; mais aussitôt que cette disproportion a été généralement aperçue, le coup mortel a été porté.
>
> Recomposez, si vous le pouvez, les fictions aristocratiques : essayez de persuader au pauvre, lorsqu'il saura lire et ne croira plus, lorsqu'il possédera la même instruction que vous, essayez de lui persuader qu'il doit se soumettre à toutes les privations, tandis que son voisin possède mille fois le superflu : pour dernière ressource, il vous le faudra tuer. »

Quelle que soit leur attitude, « engagement » ou refuge dans le culte de l'Art, écrivains et artistes romantiques se rejoignent sur un point : la conscience d'appartenir à une époque nouvelle, de pratiquer un art nécessairement adapté au temps qu'ils vivent, un art de l'ici-maintenant. Faisant leur la formule de Bonald, « la littérature est l'expression de la société » (1806), ils s'accordent à définir le romantisme comme un art *moderne*. A Stendhal, qui emploie encore en 1823 le terme italianisé,

> « Le *romanticisme* est l'art de présenter aux peuples les œuvres littéraires qui, dans l'état actuel de leurs habitudes et

de leurs croyances, sont susceptibles de leur donner le plus de plaisir possible. »,

Racine et Shakespeare

répond Baudelaire : « le romantisme est l'expression la plus récente, la plus actuelle du beau [...] Qui dit romantisme dit art moderne » *(Salon de 1846).*

Conscience douloureuse, contradictions et déchirements sont ainsi à leur place dans un mouvement qui découvre la relativité du Beau ; comme l'écrit Pierre Moreau *(Le Classicisme des Romantiques,* 1932), le Romantisme marque, dans l'art, « le triomphe du relativisme ».

3. Une crise de la conscience

On a parfois donné comme explication à l'invasion de la littérature par la subjectivité, la réaction de défense de l'individu contre une société qui l'isole, le parque dans l'anonymat, voire, s'il s'agit d'un artiste, le repousse. L'explication n'est pas fausse, mais elle est incomplète : la conscience de la modernité, du relativisme, aiguisée par les bouleversements historiques, a changé le regard que l'homme porte sur lui-même et sur le monde. C'est dans ce regard, dans cette perception, que Baudelaire place l'essence de la modernité romantique dont nous n'avions cité qu'une partie de la définition : « Qui dit romantisme dit art moderne, — c'est-à-dire intimité, spiritualité, couleur, aspiration vers l'infini [...] » ; en ce qui concerne les artistes : « Le romantisme n'est précisément ni dans le choix des sujets ni dans la vérité exacte, mais dans la manière de sentir » *(Salon de 1846).* L'affirmation du moi, de la singularité, de l'unicité de la perception de chacun, pousse à la limite le relativisme évoqué précédemment.

Aussi le phénomène dépasse-t-il largement le cadre de la littérature et des arts : c'est toute une jeunesse qui a été romantique et qui s'est retrouvée dans les œuvres du mouvement, c'est d'une « nouvelle crise de la conscience européenne » (Paul Van Tieghem, *Le Romantisme dans la littérature européenne,* 1948) qu'il s'agit. L'homme classique se pensait comme immuable, sinon éternel, centre du monde, gouverné par la raison ; dans cette optique, le rapport au monde extérieur, la sensation individuelle, la nature même, comptaient peu ; l'ordonnance rassurante d'un monde expliqué par une religion, d'un État organisé, pouvait donner à chacun le sentiment réconfortant de la continuité de l'Histoire et de l'ordre du monde. La littérature et l'art prenaient tout naturellement pour objet l'étude de l'homme qu'il s'agissait de comprendre, d'un point de vue moral. Les bouleversements politiques, économiques et sociaux ont évidemment mis à bas ce bel édifice, mais aussi une philosophie sensualiste à laquelle tout le mouvement romantique emprunte sa manière de penser l'homme : mis en contact avec le monde extérieur par ses seuls sens, construisant sa représentation de l'univers à partir de ses sensations, l'individu sera porté à affirmer l'unicité de cette représentation — et à vouloir la faire connaître. Rousseau, déjà, le proclamait :

> « Moi seul. Je sens mon cœur et je connais les hommes. Je ne suis fait comme aucun de ceux que j'ai vus ; j'ose croire n'être fait comme aucun de ceux qui existent. Si je ne vaux pas mieux, au moins je suis autre. »

Confessions, I

Cette singularité du moi n'est pas seulement, à l'époque romantique, d'ordre synchronique, elle est, et peut-être plus encore, d'ordre diachronique : témoin, ou héritier, des grands bouleversements de l'Histoire, l'homme romantique se sent étroitement lié à son temps, coupé du passé par une fracture irrémédiable, il est l'homme *en situation*. En outre, se découvrant comme *existence* et non plus comme *essence*, il prend conscience du rôle du temps dans la formation de sa personnalité.

C'est donc en toute logique que l'expression du *moi* et l'intérêt apporté à l'histoire individuelle envahissent la littérature et les arts ; curieusement, pourtant, la peinture échappe à cet épanchement : on n'y trouve ni plus ni moins d'autoportraits qu'à d'autres époques. La musique paie son tribut avec Berlioz : *La Symphonie fantastique, épisode de la vie d'un artiste* (1830), *Lélio ou le Retour à la vie* (1832), avec Liszt, *Les Années de pèlerinage* (1836-1839), avec combien d'autres, compositeurs de romances qui inondent les salons. La littérature est, de loin, le mode privilégié de la confidence : quel jeune homme alors n'écrit drames dont le héros lui ressemble, poésies, romans où l'autobiographie est à peine déguisée.

L'histoire littéraire nous a conservé les noms de bien des jeunes gens « montés à Paris » pour y connaître la faim et le désespoir,

> « Et suivre à l'hôpital Malfilâtre et Gilbert. »
>
> Nerval,
> *Epître I* (à Duponchel), 1825

De ces premiers « poètes maudits », peu ont eu la chance de voir la postérité s'intéresser à eux : qui connaît aujourd'hui Charles Dovalle, Alphonse Rabbe ou Hégésippe Moreau ? Aloysius Bertrand ne doit sa survie qu'à l'hommage que lui a rendu Baudelaire — et au développement du poème en prose dans la seconde moitié du siècle.

Chez les plus grands, aucun qui ne se soit observé, dépeint, raconté d'une manière ou d'une autre. Ce sera parfois sans intention avouée d'en faire une œuvre à proprement parler : Benjamin Constant, Stendhal, Vigny, Delacroix, Maurice de Guérin écrivent leur journal, et bien d'autres, sans parler des lettres auxquelles Sainte-Beuve, Balzac ou George Sand confient leurs secrets. Chateaubriand, Stendhal, Berlioz écrivent des *Mémoires* dans lesquels, au contraire de ce que faisaient Joinville ou Saint-Simon, le projecteur est plus souvent braqué sur le mémorialiste que sur son temps : « J'écris principalement pour rendre compte de moi à moi-même », écrit Chateaubriand, « expliquer mon inexplicable cœur » (*Mémoires de ma vie*, 1822, I) ; Stendhal renchérit : « Je vais avoir cinquante ans, il serait bien temps de me connaître. Qu'ai-je été, que suis-je, en vérité, je serais bien embarrassé de le dire. » (*Vie de Henry Brulard,* chapitre I, 1833).

Ces Mémoires, où l'on sent l'influence des *Confessions* de Jean-Jacques Rousseau, sont bien proches de ce que nous nommerions *autobiographie*. D'autres déguiseront cette autobiographie en roman, le fameux « roman personnel », donneront leur confession sous forme de *voyage*, la disperseront comme Nerval dans des récits divers, ou lui donneront la forme d'un recueil poétique comme *Les Contemplations* et *Les Fleurs du Mal.*

Jeté en pâture par milliers d'exemplaires aux étals des libraires, ce *moi* est-il encore individuel ? Nous touchons là au caractère le plus étrange de cette expansion romantique de l'in-

dividu : Rousseau n'avait pas honte d'être unique et revendiquait, on l'a vu, sa singularité ; le *moi* romantique, si violemment porté sur le devant de la scène, a honte d'être individuel
et se hâte d'affirmer qu'il représente tous ses contemporains :

> « Si j'étais destiné à vivre, je représenterais dans ma per-
> sonne, représentée dans mes mémoires, les principes, les
> idées, les événements, les catastrophes, l'épopée de mon
> temps, d'autant plus que j'ai vu finir et commencer un monde,
> et que les caractères opposés de cette fin et de ce commence-
> ment se trouvent mêlés dans mes opinions. »,
>
> Chateaubriand,
> « Préface testamentaire » des *Mémoires d'Outre-Tombe*, 1833

ou de proclamer qu'il est semblable à eux :

> « Ma vie est la vôtre, votre vie est la mienne, vous vivez ce
> que je vis, la destinée est une [...] quand je vous parle de moi,
> je vous parle de vous. Comment ne le sentez-vous pas ? Ah !
> insensé, qui crois que je ne suis pas toi ! »
>
> Victor Hugo,
> Préface des *Contemplations*, 1856

> « Hypocrite lecteur, mon semblable, mon frère. »
>
> Baudelaire,
> *Les Fleurs du Mal*, 1857, « Au lecteur »

C'est que chacun, si enfermé soit-il dans sa solitude, a
conscience d'appartenir à une société nouvelle dans laquelle
chacun, quelle que soit sa naissance ou sa fortune, peut (doit ?)
désormais jouer un rôle, dans laquelle des théoriciens « socialistes » ont répandu l'idée que les artistes pouvaient devenir
des prophètes et des guides. Nul peut-être qui ne rêve, sinon
d'être Napoléon, du moins de contribuer à « faire jaillir du dé-
sordre et des ruines la cité merveilleuse de l'avenir... » (Nerval, *Aurélia*, II, 1). La littérature du moi se heurtant sans cesse
à la nécessité matérielle et à l'exigence morale d'une littérature pour tous, c'est là un des aspects des déchirements propres à cette grande mutation.

II. Une constante :
les « mals du siècle »

1. Le vague des passions

Fracture de l'Histoire et mutation de l'homme ont profondément retenti sur les jeunes générations, déjà menacées par cet

> « état de l'âme [...] qui précède le développement des passions, lorsque nos facultés, jeunes, actives, entières mais renfermées, ne se sont exercées que sur elles-mêmes, sans but et sans objet. Plus les peuples avancent en civilisation, plus cet état du *vague* des passions augmente ; car il arrive alors une chose fort triste : le grand nombre d'exemples qu'on a sous les yeux, la multitude de livres qui traitent de l'homme et de ses sentiments, rendent habile sans expérience. On est détrompé sans avoir joui ; il reste encore des désirs, et l'on n'a plus d'illusions. L'imagination est riche, abondante et merveilleuse ; l'existence pauvre, sèche et désenchantée. On habite, avec un cœur plein, un monde vide ; et, sans avoir usé de rien, on est désabusé de tout. »

> Chateaubriand,
> *Génie du Christianisme,* 1802, II, III, 9

Envahi par un désir et par un dégoût sans objet, se laissant aller à une rêverie stérile (voir *René*, Anthologie, p. 163-166), l'homme en vient à mener une vie quasi végétative :

> « L'ennui m'accable, le dégoût m'atterre. Je sais que ce mal est en moi. Que ne puis-je être content de manger et de dormir ? car enfin je mange et je dors. La vie que je traîne n'est

pas très malheureuse. Chacun de mes jours est supportable, mais leur ensemble m'accable. [...]

Cependant l'apathie m'est devenue comme naturelle, il me semble que l'idée d'une vie active m'effraie ou m'étonne. Les choses étroites me répugnent, et leur habitude m'attache. Les grandes choses me séduiront toujours, et ma paresse les craindrait. Je ne sais ce que je suis, ce que j'aime, ce que je veux ; je gémis sans cause, je désire sans objet, et je ne vois rien, sinon que je ne suis pas à ma place. »

Senancour,
Oberman, 1804, XLII

Cette première forme du « mal du siècle » frappe une génération marquée, certes, par les chocs révolutionnaires durant lesquels le Bien et le Mal ont changé de camp à plusieurs reprises, par l'exil, mais bien davantage par la perte de tous les repères spirituels et moraux liés au christianisme : la critique des philosophes du XVIIIe siècle a insinué pour longtemps dans les esprits un doute funeste. « Dors-tu content, Voltaire ? » demandera Musset en 1833 :

« Il est tombé sur nous cet édifice immense
Que de tes larges mains tu sapais nuit et jour. »

Rolla

Que deviennent alors les « âmes ardentes » auxquelles la religion apportait idéal et réconfort ?

« Dégoûtées par leur siècle, effrayées par leur religion, elles sont restées dans le monde, sans se livrer au monde : alors elles sont devenues la proie de mille chimères ; alors on a vu naître cette coupable mélancolie qui s'engendre au milieu des passions, lorsque ces passions, sans objet, se consument d'elles-mêmes dans un cœur solitaire. »

Chateaubriand,
Génie du Christianisme, 1802, II, III, 9

Le grand souffle révolutionnaire a, un moment, suscité l'espoir d'un nouvel idéal, laïque : l'Europe affranchie de ses tyrans, liberté, égalité, fraternité universelles... las, il a fallu déchanter, la génération suivante en fait le constat accablant :

« Hélas ! hélas ! la religion s'en va ; les nuages du ciel tombent en pluie ; nous n'avons plus ni espoir, ni attente, pas deux petits morceaux de bois noir en croix devant lesquels tendre les mains. L'astre de l'avenir se lève à peine ; il ne peut sortir de l'horizon ; il reste enveloppé de nuages, et, comme le soleil en hiver, son disque y apparaît d'un rouge de sang, qu'il a gardé de 93. Il n'y a plus d'amour, il n'y a plus de gloire. Quelle épaisse nuit sur la terre ! Et nous serons morts quand il fera jour. »

Alfred de Musset,
La Confession d'un enfant du siècle, I, 1836

En 1855 encore, Nerval déplore l'impossibilité de *croire* dans le monde moderne :

« pour nous, nés dans des jours de révolutions et d'orages où toutes les croyances ont été brisées [...], il est bien difficile, dès que nous en sentons le besoin, de reconstruire l'édifice mystique dont les innocents et les simples admettent dans leur cœur la figure toute tracée. "L'arbre de science n'est pas l'arbre de vie !" Cependant, pouvons-nous rejeter de notre esprit ce que tant de générations intelligentes y ont versé de bon ou de funeste ? L'ignorance ne s'apprend pas. »

Aurélia, II, 1

2. Le bruit des batailles

Jamais peut-être génération n'a vécu, comme les « enfants du siècle », un rapport aussi complexe et aussi difficile avec les pères. Combien de ces jeunes gens, en effet pouvaient écrire avec Hugo :

« Mon père, ce héros au sourire si doux. »

La Légende des siècles, 1859, I, 13

Léopold Hugo, fils de menuisier et général à trente-quatre ans, n'est pas un cas isolé ; qui ne rêve au destin d'un Ney, fils de tonnelier, d'un Murat, fils d'aubergiste promu roi de Naples, d'un Napoléon surtout dont l'ombre colossale emplit la première moitié du siècle ?

« Pendant les guerres de l'Empire, tandis que les maris et les frères étaient en Allemagne, les mères inquiètes avaient mis au monde une génération ardente, pâle, nerveuse. Conçus entre deux batailles, élevés dans les collèges au roulement des tambours, des milliers d'enfants se regardaient entre eux d'un œil sombre, en essayant leurs muscles chétifs. De temps en temps leurs pères ensanglantés apparaissaient, les soulevaient sur leurs poitrines chamarrées d'or, puis les posaient à terre et remontaient à cheval.

Un seul homme était en vie alors en Europe [...]

Jamais il n'y eut tant de nuits sans sommeil que du temps de cet homme ; jamais on ne vit se pencher sur les remparts des villes un tel peuple de mères désolées ; jamais il n'y eut un tel silence autour de ceux qui parlaient de mort. Et pourtant jamais il n'y eut tant de joie, tant de vie, tant de fanfares guerrières, dans tous les cœurs. »

Musset,
La Confession d'un enfant du siècle, I, 2

Mais ces pères, ces héros, sont aussi ceux qui n'ont pas su conserver ce rêve et qui ont laissé se réinstaller une société qu'on croyait disparue à jamais.

« Alors s'assit sur un monde en ruines une jeunesse soucieuse. Tous ces enfants étaient des gouttes d'un sang brûlant qui avait inondé la terre ; ils étaient nés au sein de la guerre, pour la guerre. Ils avaient rêvé pendant quinze ans des neiges de Moscou et du soleil des Pyramides. Ils n'étaient pas sortis de leurs villes, mais on leur avait dit que, par chaque barrière de ces villes, on allait à une capitale d'Europe. Ils avaient dans la tête tout un monde ; ils regardaient la terre, le ciel, les rues et les chemins ; tout cela était vide, et les cloches de leurs paroisses résonnaient seules dans le lointain. [...]

Quand les enfants parlaient de gloire, on leur disait : "Faites-vous prêtres" ; quand ils parlaient d'ambition : "Faites-vous prêtres" ; d'espérance, d'amour, de force, de vie : "Faites-vous prêtres !" »

Ibid.

C'est le sort de Julien Sorel, le héros de Stendhal. Ce fils de paysan, lecteur assidu du *Mémorial de Sainte-Hélène*, voue à l'Empereur un véritable culte et rêve de s'égaler à lui :

« Julien debout sur son grand rocher regardait le ciel, embrasé par un soleil d'août. Les cigales chantaient dans le champ au-dessous du rocher, quand elles se taisaient tout était silence autour de lui. Il voyait à ses pieds vingt lieues de pays. Quelque épervier parti des grandes roches au-dessus de sa tête était aperçu par lui, de temps à autre, décrivant en silence ses cercles immenses. L'œil de Julien suivait machinalement l'oiseau de proie. Ses mouvements tranquilles et puissants le frappaient, il enviait cette force, il enviait cet isolement. C'était la destinée de Napoléon, serait-ce un jour la sienne ? »

> Stendhal,
> *Le Rouge et le Noir,* 1830, I, 10

Malgré son désir d'une société fondée sur le mérite, il est cependant tout à fait lucide quant aux nouvelles règles du jeu :

> « Quand Bonaparte fit parler de lui, la France avait peur d'être envahie ; le mérite militaire était nécessaire et à la mode. Aujourd'hui, on voit des prêtres de quarante ans avoir cent mille francs d'appointements, c'est-à-dire trois fois autant que les fameux généraux de division de Napoléon. Il leur faut des gens qui les secondent. Voilà ce juge de paix, si bonne tête, si honnête homme jusqu'ici, si vieux, qui se déshonore par crainte de déplaire à un jeune vicaire de trente ans. Il faut être prêtre. »

> *Ibid.,* I, 5

Il ne manifestera pas moins de lucidité lorsque, jugé pour avoir tiré un coup de pistolet sur sa bienfaitrice, il analysera les causes de son échec :

> « Mon crime est atroce, et il fut *prémédité*. J'ai donc mérité la mort, messieurs les jurés. Mais quand je serais moins coupable, je vois des hommes qui, sans s'arrêter à ce que ma jeunesse peut mériter de pitié, voudront punir en moi et décourager à jamais cette classe de jeunes gens qui, nés dans une classe inférieure et en quelque sorte opprimés par la pauvreté, ont le bonheur de se procurer une bonne éducation et l'audace de se mêler à ce que l'orgueil des gens riches appelle la société. »

> *Ibid.,* II, 41.

Hypocrite par nécessité, le jeune homme de 1830 devrait abdiquer tout sentiment vrai, toute préoccupation morale pour parvenir à la réussite sociale. Juillet 1830 va faire luire un instant l'espoir d'un changement.

3. Le désenchantement

Recensant dans *Le Voleur* du 10 janvier 1831 les ouvrages parus l'année précédente, Balzac s'arrête sur *Le Rouge et le*

Noir, « conception d'une sinistre et froide philosophie », dans laquelle il décèle « le génie de l'époque, la senteur cadavéreuse d'une société qui s'éteint », et rattache les ouvrages qu'il présente à « l'école du désenchantement ». Six mois plus tard, *La Peau de chagrin* va pleinement expliciter cette expression et démontrer, sous la forme d'un conte philosophico-fantastique, l'impossibilité pour un jeune homme de vivre dans la société contemporaine à laquelle la révolution de Juillet n'a rien changé. Différant son projet de suicide, le héros, Raphaël de Valentin vient d'accepter d'un antiquaire le talisman qui doit réaliser ses désirs ; nous sommes en octobre 1830, il rencontre des amis perdus de vue depuis six mois, l'un d'eux lui tient ces propos :

> « Nous ne t'avons rencontré nulle part, ni sur les écrous de Sainte-Pélagie, ni sur ceux de la Force ! Les ministères, l'Opéra, les maisons conventuelles, cafés, bibliothèques, listes de préfets, bureaux de journalistes, restaurants, foyers de théâtre, bref, tout ce qu'il y a dans Paris de bons et de mauvais endroits, ayant été savamment explorés, nous gémissions sur la perte d'un homme doué d'assez de génie pour se faire également chercher à la cour et dans les prisons... Nous parlions de te canoniser comme une noble victime de juillet... et, nous te regrettions... »

Des Trois Glorieuses, il n'y aura pas d'autre mention ; les changements qui ont suivi la révolution son dépeints ainsi :

> « — L'escamotage de la muscade constitutionnelle sous le gobelet royal se fait aujourd'hui, mon cher, plus gravement que jamais. [...]
>
> Or donc, le pouvoir s'est transporté, comme tu sais, des Tuileries chez les journalistes, de même que le budget a changé de quartier, en passant du faubourg Saint-Germain à la Chaussée-d'Antin.
>
> — Mais, voici ce que tu ne sais peut-être pas ! Le gouvernement, c'est-à-dire l'aristocratie de banquiers et d'avocats, qui font de la patrie, comme les prêtres faisaient jadis de la monarchie, a senti la nécessité de mystifier avec des mots, des nouvelles et des idées, le bon peuple de France à l'instar des hommes d'État de l'absolutisme. »

Dans ces conditions, il n'y a plus qu'à suivre le mouvement et à devenir un *profiteur* du nouveau régime :

« Nous, véritables sectateurs du dieu Méphistophélès, avons entrepris de badigeonner l'esprit public, de rhabiller les acteurs, de clouer de nouvelles planches à la baraque gouvernementale, de médicamenter les jeunes doctrines, de recuire les vieux républicains, de réchampir les bonapartistes et de ravitailler les centres, pourvu qu'il nous soit permis de rire, *in petto*, des rois et des peuples, de ne pas être toujours de notre opinion, et de passer une joyeuse vie à la Panurge ou *more orientali*, couchés sur de moelleux coussins... »

C'est *La Curée* dénoncée par Auguste Barbier : au Paris animé par la liberté qui vient

« De remettre en trois jours une haute couronne
Aux mains des Français soulevés,
D'écraser une armée et de broyer un trône
Avec quelques tas de pavés. »,

a succédé

« Un égout sordide et boueux,
Où mille noirs courants de limon et d'ordure
Viennent traîner leurs flots honteux ;
Un taudis regorgeant de faquins sans courage,
D'effrontés coureurs de salons,
Qui vont de porte en porte, et d'étage en étage,
Gueusant quelques bouts de galons. »

Auguste Barbier,
Iambes, 1831

C'est après 1830 qu'apparaît en pleine lumière l'unique valeur qui gouverne la société moderne : l'argent. L'aristocratie décadente de la Restauration conservait quand même un certain prestige : dans *Le Rouge et le Noir* le marquis de La Mole et son entourage sont aimablement ridicules, certes, mais, aux yeux de Julien Sorel, ils ne manquent pas d'allure et trahissent, de la part du libéral Stendhal, la nostalgie d'un temps où les hommes au pouvoir avaient, au moins, l'apparence de la grandeur. Sous la monarchie de Juillet, la France subit « un gouvernement de boutiquiers » selon l'expression d'un journaliste anglais. La morale d'un tel régime est parfaitement définie par Taillefer, le banquier criminel de *L'Auberge rouge*, qui commente en ces termes le fabuleux héritage fait par Raphaël dans *La Peau de chagrin* :

« Messieurs, buvons à la puissance de l'or. M. de Valentin devenu six fois millionnaire arrive au pouvoir... Il est Roi ! Il
peut tout, il est au-dessus de tout comme tous les riches... Il
n'obéira pas aux lois, les lois lui obéiront. Il n'y a pas d'échafaud, pas de bourreaux pour les millionnaires !... »

Pour celui qui veut *parvenir* dans cette société, il n'y a
qu'une voie, qu'ouvre devant les yeux de Rastignac le cynique
Vautrin, dans une sorte de catéchisme du jeune arriviste :

« Une rapide fortune est le problème que se proposent de résoudre en ce moment cinquante mille jeunes gens qui se trouvent tous dans votre position. Vous êtes une unité de ce nom-
bre-là. Jugez des efforts que vous avez à faire et de
l'acharnement du combat. Il faut vous manger les uns les autres comme des araignées dans un pot, attendu qu'il n'y a pas
cinquante mille bonnes places. Savez-vous comment on fait
son chemin ici ? par l'éclat du génie ou par l'adresse de la
corruption. Il faut entrer dans cette masse d'hommes comme
un boulet de canon, ou s'y glisser comme une peste. L'honnê-
teté ne sert à rien. [...] Voilà la vie telle qu'elle est. Ça n'est
pas plus beau que la cuisine, ça pue tout autant, et il faut se
salir les mains si l'on veut fricoter ; sachez seulement vous
bien débarbouiller : là est toute la morale de notre époque. Si
je vous parle ainsi du monde, il m'en a donné le droit, je le
connais. Croyez-vous que je le blâme ? du tout. Il a toujours
été ainsi. Les moralistes ne le changeront jamais. »

Balzac,
Le Père Goriot, 1835

Encore faut-il noter que l'or lui-même ne dispense qu'une
part de la réussite, d'autres préjugés subsistent que, en 1831
encore, l'*Antony* d'Alexandre Dumas dénonce : le héros, enfant naturel, n'a pu trouver place dans la société malgré sa fortune et ses mérites :

« Ceux à qui j'ai confié mon secret ont renversé sur mon front
la faute de ma mère... Pauvre mère !... Ils ont dit : "Malheur à
toi qui n'as pas de parents !..." Ceux à qui je l'ai caché ont ca-
lomnié ma vie... Ils ont dit : "Honte à toi qui ne peux pas
avouer à la face de la société d'où te vient ta fortune !..." Ces
deux mots, honte et malheur, se sont attachés à moi comme
deux mauvais génies... J'ai voulu forcer les préjugés à céder
devant l'éducation... Arts, langues, science, j'ai tout étudié,
tout appris... Insensé que j'étais d'élargir mon cœur pour que
le désespoir pût y tenir ! Dons naturels ou sciences acquises,

tout s'effaça devant la tache de ma naissance : les carrières ouvertes aux hommes les plus médiocres se fermèrent devant moi ; il fallait dire mon nom, et je n'avais pas de nom. »

II, 5

On comprend l'horreur ressentie par une part de la jeunesse des années trente devant cette situation et les réactions qui s'ensuivirent, réactions souvent décisives pour l'évolution des mouvements littéraires et artistiques.

Les uns se mettront à l'écart de cette société et choisiront la marginalisation, fût-elle sans gloire et liée à une éternelle bohème, c'est l'attitude dépeinte par Nerval dans le premier chapitre de *Sylvie* où les composantes métaphysiques et sociales du mal du siècle sont mises en évidence :

> « Nous vivions alors dans une époque étrange, comme celles qui d'ordinaire succèdent aux révolutions ou aux abaissements des grands règnes. [...] c'était un mélange d'activité, d'hésitation et de paresse, d'utopies brillantes, d'aspirations philosophiques ou religieuses, d'enthousiasmes vagues, mêlés de certains instincts de renaissance ; d'ennuis des discordes passées, d'espoirs incertains, — quelque chose comme l'époque de Pérégrinus et d'Apulée. [...] L'ambition n'était cependant pas de notre âge, et l'avide curée qui se faisait alors des positions et des honneurs nous éloignait des sphères d'activité possibles. Il ne nous restait pour asile que cette tour d'ivoire des poètes, où nous montions toujours plus haut pour nous isoler de la foule. A ces points élevés où nous guidaient nos maîtres, nous respirions enfin l'air pur des solitudes, nous buvions l'oubli dans la coupe d'or des légendes, nous étions ivres de poésie et d'amour. »

Cette attitude de refus sera à l'origine de la doctrine de « L'Art pour l'Art » (voir plus loin, p. 60-65). D'autres s'emploieront à changer cette société, s'engageront dans le combat politique, comme Lamartine ou, après bien des hésitations et non sans regret, Victor Hugo :

> « Pourquoi t'exiler, ô poète,
> Dans la foule où nous te voyons ?
> Que sont pour ton âme inquiète
> Les partis, chaos sans rayons ? [...]
> — Hélas ! hélas dit le poète,
> J'ai l'amour des eaux et des bois ; [...]

> Mais, dans ce siècle d'aventure,
> Chacun, hélas ! se doit à tous. [...]
> Le poète en des jours impies
> Vient préparer des jours meilleurs.
> Il est l'homme des utopies ;
> Les pieds ici, les yeux ailleurs. »

> *Les Rayons et les Ombres,* 1840,
> I, « Fonction du poète »

Le désenchantement peut donc se révéler fécond quand il suscite des attitudes de fuite ou de lutte, cette dernière persistant, au-delà du Romantisme même, dans le rêve fou de « changer la vie », comme le voudra encore Rimbaud. Pour beaucoup, cependant, l'abandon, la résignation l'emporteront.

4. L'ennui et l'impuissance

D'une génération à l'autre, le mal du siècle change de forme, mais subsiste. A la rêverie dissolvante d'un Senancour, à l'impuissance — physiologique, mais révélatrice d'une incapacité générale à vivre — de tant de héros de romans de la Restauration (*Olivier* de Latouche en 1826, *Armance* de Stendhal en 1827, *Aloys* de Custine en 1829) va succéder, pour la génération née vers 1820, l'Ennui.

> « J'étais né pour être empereur de Cochinchine, pour fumer dans des pipes de 36 toises, pour avoir six mille femmes et 1 400 bardaches, des cimeterres pour faire sauter les têtes des gens dont la figure me déplaît, des cavales numides, des bassins de marbre ; et je n'ai rien que des désirs immenses, et insatiables, un ennui atroce et des bâillements continus »

écrit le jeune Flaubert à son ami Ernest Chevalier le 14 novembre 1840. L'ennui que Baudelaire dénonce également comme le premier de nos vices dès la pièce liminaire des *Fleurs du Mal* (« Au lecteur ») :

> « Dans la ménagerie infâme de nos vices,
> Il en est un plus laid, plus méchant, plus immonde !
> Quoiqu'il ne pousse ni grands gestes ni grands cris,
> Il ferait volontiers de la terre un débris
> Et dans un bâillement avalerait le monde ;
> C'est l'Ennui ! — »

Pourtant, sous le régime de Juillet, triomphe du « Juste-Milieu », les rêves de liberté ne sont pas morts, mais ils restent du domaine du rêve : il suffira de six mois de 1848 pour en apporter la démonstration. Pour le poète, l'idéal est irrémédiablement relégué *ailleurs*, dans un monde exotique en partie imaginaire,

> « Vers un autre océan où la splendeur éclate,
> Bleu, clair profond ainsi que la virginité [...]
> Comme vous êtes loin, paradis parfumé
> Où sous un clair azur tout n'est qu'amour et joie »,

dans l'univers perdu de l'enfance :

> « Mais le vert paradis des amours enfantines,
> L'innocent paradis plein de plaisirs furtifs »,
>
> *Les Fleurs du Mal,*
> « Mœsta et errabunda »

ou, plus loin encore, dans « La Vie antérieure » (titre du poème XII). La révolte sans prise sur le réel se dilue dans une quête désespérée d'*autre chose*, que la débauche, les « paradis artificiels », donneront un instant l'impression d'atteindre, mais dont seule la mort ouvrira la route :

> « Nous voulons, tant ce feu nous brûle le cerveau,
> Plonger au fond du gouffre, Enfer ou Ciel, qu'importe ?
> Au fond de l'Inconnu pour trouver du *nouveau* ! »
>
> *Les Fleurs du Mal,*
> « Le Voyage »

Le romancier Flaubert, pour sa part, s'acharnera à saccager des rêves, qui ont été les siens, soit en n'en donnant qu'une image dérisoire et grotesque à travers les yeux d'Emma Bovary s'enflammant à l'opéra de Rouen pour le ténor :

> « entraînée vers l'homme par l'illusion du personnage, elle tâcha de se figurer sa vie, cette vie retentissante, extraordinaire, splendide, et qu'elle aurait pu mener, cependant, si le hasard l'avait voulu. Ils se seraient connus, ils se seraient aimés ! Avec lui, par tous les royaumes de l'Europe, elle aurait voyagé de capitale en capitale, partageant ses fatigues et son orgueil, ramassant les fleurs qu'on lui jetait, brodant elle-même ses costumes ; puis, chaque soir, au fond d'une loge, derrière la grille à treillis d'or, elle eût recueilli, béante, les expansions de cette âme qui n'aurait chanté que pour elle seule ; de la scène, tout en jouant, il l'aurait regardée. »
>
> *Madame Bovary,* II, 15

Soit encore il accumulera autour de Frédéric Moreau, héros de
L'Education sentimentale, la faillite de toutes les illusions,
aussi bien sur le plan individuel que sur le plan politique. Re-
voyant son grand amour, Mme Arnoux qui semble prête à s'offrir, Frédéric recule : « Une autre crainte l'arrêta, celle d'en
avoir dégoût plus tard. D'ailleurs, quel embarras ce serait ! »
(*L'Éducation Sentimentale*, III, 6). Sénécal, fidèle des « écrivains socialistes, ceux qui réclament pour l'humanité le niveau
des casernes, ceux qui voudraient la divertir dans un lupanar
ou la plier sur un comptoir », oublie son « idéal d'une démocratie vertueuse » (II, 2) pour devenir, en 1851, un séide du
Prince-président et tuer de sa main son vieux camarade, le pur
Dussardier (III, 6). Les artistes de l'entourage d'Arnoux ne
sont pas mieux traités. Frédéric, « l'homme de toutes les faiblesses » est au centre de cette débâcle générale, ne sachant
guère que regarder et attendre ; tel on le voit au début du roman : « Il trouvait que le bonheur mérité par l'excellence de
son âme tardait à venir » (I, 1), tel il restera, ne pouvant en fin
de compte que constater ses échecs sans en trouver les causes.
En 1869, le Romantisme est bien mort.

5. La crise de l'image féminine

Au milieu de l'effondrement des idéaux, l'amour représente
le dernier refuge possible ; l'époque romantique retentit de
passions exaltées, réelles ou transposées dans des romans,
d'élans du cœur lyriques, voire de thèses métaphysiques : seul
accès ici-bas au monde du divin, l'amour reste, même chez les
plus pessimistes, l'ultime recours contre un monde déshumani-
sé :

> « Le monde n'est qu'un égout sans fond où les phoques les
> plus informes rampent et se tordent sur des montagnes de
> fange ; mais il y a au monde une chose sainte et sublime, c'est
> l'union de deux de ces êtres si imparfaits et si affreux. »
>
> Musset,
> *On ne badine pas avec l'amour*, II, 5

C'est donc tout naturellement que la femme sera, pour
l'homme, l'image terrestre de la Beauté, mais, de ce côté aussi,
la désillusion guette.

Trompeuse à l'image de la société, comme l'inhumaine Fœdora de *La Peau de chagrin*, « la femme sans cœur », la femme peut faire de l'homme son jouet ; sa victime désignée est l'homme qui croit à l'absolu. En écho à la leçon sociale de Vautrin, le cynique Desgenais donne, dans *La Confession d'un enfant du siècle* de Musset, une leçon sur l'amour au malheureux Octave, trahi par sa maîtresse :

> « Je vois que vous croyez à l'amour tel que les romanciers et les poètes le représentent ; vous croyez, en un mot, à ce qui se dit ici-bas et non à ce qui s'y fait. [...] Vouloir chercher dans la vie réelle des amours pareils à ceux-là, éternels et absolus, c'est la même chose que de chercher sur la place publique des femmes aussi belles que la Vénus [...]. La perfection n'existe pas ; la comprendre est le triomphe de l'intelligence humaine ; la désirer pour la posséder est la plus dangereuse des folies. »
>
> I, 5

Il ne reste à l'enfant du siècle qu'à se défendre en considérant la femme comme un moyen de parvenir, c'est le conseil que donne Mme de Beauséant à Rastignac :

> « traitez ce monde comme il mérite de l'être. [...] N'acceptez les hommes et les femmes que comme des chevaux de poste que vous laisserez crever à chaque relais, vous arriverez ainsi au faîte de vos désirs. Voyez-vous, vous ne serez rien ici si vous n'avez pas une femme qui s'intéresse à vous. Il vous la faut jeune, riche, élégante. Mais si vous avez un sentiment vrai, cachez-le comme un trésor ; ne le laissez jamais soupçonner, vous seriez perdu. Vous ne seriez plus le bourreau, vous deviendriez la victime. »
>
> Balzac,
> *Le Père Goriot*

Sur ce plan comme sur d'autres, le rêve et le réel se montrent donc inconciliables et il vaut mieux préserver le rêve en gardant la femme à distance : « Vue de près la femme réelle révoltait notre ingénuité, il fallait qu'elle apparût reine ou déesse, et surtout n'en pas approcher », écrit Nerval (*Sylvie*, I).

Evacué de la femme réelle, le rêve se réfugie dans des images extra-naturelles : anges, comme l'Eloa de Vigny (1824), androgynes, comme Séraphîtüs-Séraphîta de Balzac (1835), ou, plus matériellement, êtres au sexe ambigu, comme la Fragoletta de Latouche (1829) ou la Maupin de

Théophile Gautier (1836), en attendant les « femmes damnées » de Baudelaire. Derrière ces images se profile le rêve de l'androgyne primitif, la recherche d'une réconciliation des sexes, bien menacée par la guerre qu'ils se mènent au sein de la société, et par les premières revendications féministes.

Les états d'âme masculins, en effet, ne sont pas sans irriter nombre de femmes, peu disposées à se contenter du rôle d'objet de consommation, « l'occupation d'un moment, une coupe fragile qui renferme une goutte de rosée, qu'on porte à ses lèvres et qu'on jette par-dessus son épaule », selon la définition de l'héroïne des *Caprices de Marianne* (Musset, 1833) ; pas disposées davantage à rester lointaines idoles ou à être promues au rang d'anges. L'absence de communication véritable entre les sexes est ressentie tout aussi vivement du côté féminin ; la frigidité de Lélia (George Sand, 1833) fait écho à l'impuissance des héros évoqués plus haut. Souffrance, mais aussi révolte contre une société exclusivement masculine, dans laquelle la femme est asservie ; exclue de l'éducation (« Si nous l'osions, nous donnerions aux jeunes filles une éducation d'esclaves », note Stendhal dans *De l'amour*), soumise au pouvoir absolu de son père, elle ne s'en affranchit que pour tomber au pouvoir d'un mari — qu'elle n'a pas choisi. Beaucoup de voix s'unissent pour dénoncer cet état de choses, de Balzac (*Physiologie du mariage*, 1829) à George Sand (*Indiana* et *Valentine*, 1832) ; les saint-simoniens voient dans le *couple* régénéré le nouvel *individu social* ; l'émancipation de la femme, réclamée en 1838 par Flora Tristan (*Pérégrinations d'une paria*), est en marche.

Le domaine de la fiction profite de ce bouillonnement d'idées, la galerie des personnages féminins s'enrichit : jeunes filles renonçant par avance à l'amour (Camille dans *On ne badine pas avec l'amour* de Musset en 1835) ou rêvant d'un destin héroïque (Mathilde du *Rouge et le Noir* de Stendhal), artiste incomparable (Consuelo de George Sand), « femme supérieure » jouissant d'une position sociale égale à celle de l'homme (Félicité des Touches dans *Béatrix* de Balzac en 1839)... Cette multiplication d'héroïnes ne rend pas plus confortable la situation masculine : le héros de roman est souvent déchiré entre deux passions et l'on voit en particulier proliférer, face aux anges inaccessibles, les « femmes comme il en faut », « courtisanes » et « lorettes », qui peuplent l'univers balzacien ; l'amour spirituel et le plaisir physique semblent appartenir à des domaines radicalement différents, parfois présentés de façon manichéenne ; ainsi le baron Hulot (Balzac, *La Cousine Bette*, 1838) cédant aux appels de la débauche alors qu'il possède une épouse angélique, précipite toute sa famille dans la ruine. Dans ce domaine encore, le désir d'unité amène à la création de quelques personnages qui forment un véritable mythe, celui de la courtisane régénérée par l'amour, devenant une sorte de sainte : Marion de Lorme chez Hugo (1829), Esther Gobseck chez Balzac (*Splendeurs et Misères des courtisanes,* 1844-1847) en sont des exemples, que rejoint, non plus dans la fiction, mais dans la vie, Juliette Drouet. Au-delà de cette image réconciliatrice se profile le rêve d'une créature qui réunirait tous les visages de la femme, toutes les conquêtes de Don Juan, dans une figure unique, « Sylphide » pour Chateaubriand : « Je me composai donc une femme de toutes les femmes que j'avais vues » (*Mémoires d'Outre-Tombe*, III, 9), Aurélia, telle qu'elle apparaît en songe à Nerval : « Je suis la même que Marie, la même que ta mère, la même aussi que sous toutes les formes tu as toujours aimée. » (II, 5, 1855).

On l'a compris, le mal du siècle, sous quelque forme qu'il se manifeste est rupture, déchirement, conscience d'une situation intolérable pour l'homme :

> « Tous les liens sont brisés, l'homme est seul ; la foi sociale a disparu, les esprits abandonnés à eux-mêmes ne savent pas où se pendre ; on les voit flotter au hasard dans mille directions contraires. »

Lamennais,
Essai sur l'indifférence en matière de religion, 1820, 2, XI

L'essence du Romantisme est sans doute dans le rêve fou, dans la tentative souvent désespérée, de retrouver l'harmonie perdue, entre homme et femme, dans la société, avec la nature, en un mot, comme l'écrit Nerval, de « rétablir le monde dans son harmonie première » (*Aurélia*, II, 6).

Histoire et théorie

I. Les théories avant les œuvres

1. Le Romantisme des émigrés

Y aurait-il eu un Romantisme en France sans la Révolution ?

Vaine question, certes, mais on ne peut sous-estimer ni le poids de la fracture de l'Histoire, nous l'avons vu, ni les répercussions positives des événements de 1789-1815 sur la littérature et les arts ; toute une famille d'œuvres « historiques » en provient directement. C'est cependant aux effets négatifs de la Révolution que nous devons l'introduction en France des théories des romantismes étrangers ; le courant contre-révolutionnaire entraîne, dans le premier quart du siècle, le romantisme français. « Le changement de littérature dont le dix-neuvième siècle se vante lui est arrivé de l'émigration et de l'exil », note, non sans provocation, Chateaubriand. On peut discuter de la date d'apparition du Romantisme, contester l'existence d'un « pré-romantisme », se disputer entre nations la gloire d'avoir créé le mouvement ; on doit reconnaître que c'est bien à l'étranger que les premiers *théoriciens* ont commencé à battre en brèche la conception de l'art héritée d'Aristote et à peu près incontestée jusqu'au XVIIIᵉ siècle, la *mimèsis :* poème épique, tragique, comique, et musique « sont tous, d'une manière générale, des imitations. » (Aristote, *Poétique*). Pour les romantiques, l'art n'est pas imitation de la nature, il ne saurait davantage se contenter de l'imitation des Anciens.

La lutte contre cette conception de l'art se complique d'une mise en cause philosophique du rationalisme implanté par les

Lumières, l'ensemble apparaissant à l'étranger comme spécifi-
quement français — non sans injustice envers un philosophe
comme Rousseau, entre autres, et en faisant bon marché du
courant illuministe dont nous aurons à reparler. Non seulement
le débat échappe au cadre strict de l'esthétique pour rejoindre
des problèmes philosophiques plus généraux, mais il est fortement teinté de nationalisme : jalousie littéraire et artistique envers l'ensemble exceptionnel de chefs d'œuvre produits par le
siècle de Louis XIV en particulier, haine politique envers les
envahisseurs, qui se disent libérateurs, de l'Europe. Il ne faut
pas se le dissimuler, le romantisme européen est, pour une
bonne part, anti-français.

C'est au groupe de Coppet que l'on attribue généralement
l'honneur d'avoir fait connaître le romantisme allemand aux
Français. Dans ce domaine proche de Genève appartenant au
banquier suisse Necker, se réunissaient autour de sa fille, Mme
de Staël, l'allemand Wilhelm Schlegel (1767-1845), précep-
teur de ses enfants, le suisse Simonde de Sismondi (1773-
1842), professeur à Genève, Benjamin Constant, Barante et autres penseurs libéraux, hostiles au pouvoir de Napoléon qui
avait banni de Paris Mme de Staël en 1802. Dès 1800, celle-ci,
dans *De la littérature considérée dans ses rapports avec les
institutions sociales,* — titre révélateur —, avait posé l'un des
principes de la révolution esthétique :

> « Je me suis proposé d'examiner quelle est l'influence de la
> religion, des mœurs et des lois sur la littérature, et quelle est
> l'influence de la littérature sur la religion, les mœurs et les
> lois. »
>
> *« Discours préliminaire »*

Reprenant, en les élargissant, les thèses de Perrault et de ses
partisans sur « la perfectibilité de l'espèce humaine », lors de
la Querelle des Anciens et des Modernes à la fin du XVIIᵉ siècle, Mme de Staël introduit l'opposition fameuse entre les littératures du Nord et du Midi, opposition qui n'est pas uniquement spatiale, mais qui sous-entend que les littératures du Midi
— entendons les littératures classiques — appartiennent à des
états de civilisation révolus qu'on ne saurait *transplanter*. La
littérature du Nord, au contraire, est moins attachée à des spé-
cificités historiques ou socio-culturelles, qu'à la Nature et à
des sentiments qui :

« peuvent également convenir à tous les peuples ; c'est la véritable inspiration poétique dont le sentiment est dans tous les cœurs, mais dont l'expression est le don du génie. »

Avec cette littérature du Nord, Mme de Staël découvre l'essence de l'âme romantique :

« Ce que l'homme a fait de plus grand, il le doit au sentiment douloureux de l'incomplet de sa destinée. [...] le sublime de l'esprit, des sentiments et des actions doit son essor au besoin d'échapper aux bornes qui circonscrivent l'imagination. »

I, 11

Mal accueilli dans les milieux officiels, l'ouvrage ne paraît pas avoir connu un grand retentissement ; le connaîtront, en revanche, les deux romans publiés ensuite : *Delphine,* qui vaut le bannissement à son auteur, et *Corinne,* romans qui transposent les mêmes thèses dans le domaine de la fiction.

De l'Allemagne, imprimée en 1810, est aussitôt pilonnée par ordre de l'Empereur et ne sera publiée en français, mais à Londres, qu'en 1813. Mme de Staël y reprend et y discute les principales théories de ses amis de Coppet, dont deux ouvrages paraissent presque simultanément.

Schlegel : Cours de littérature dramatique

Issu d'un cours professé à Vienne en 1808, le *Cours de littérature dramatique* de Wilhelm Schlegel, publié en Allemagne de 1809 à 1811, ne sera connu en France qu'en 1813. Schlegel y développe nombre d'idées fortes qui alimenteront un demi-siècle de réflexions et de débats. Subjectivité et relativité du Beau, déjà proclamées par le *Sturm und Drang* et par Kant, opposition du Nord et du Midi, servent de base à une attaque en règle moins contre la littérature antique que contre ses imitateurs classiques, Racine ou Voltaire, auxquels sont opposés Shakespeare et Calderon. Le classicisme se faisait l'écho, déclare Schlegel, de croyances religieuses et d'idées sur l'homme périmées, disparues avec le monde antique :

« Les Grecs voyaient l'idéal de la nature humaine dans l'heureuse proportion des facultés et dans leur accord harmonieux. Les modernes, au contraire, ont le sentiment profond d'une

> désunion intérieure, d'une double nature de l'homme, qui
> rend cet idéal impossible à atteindre. »

C'est l'apparition du christianisme qui est à l'origine de
cette révolution ;

> « [il] a déplacé le centre de la vie spirituelle et morale : il a
> donné aux modernes le sentiment de la dualité essentielle et
> inconciliable de la nature humaine, le goût de la méditation et
> de la vie intérieure, le sens de l'infini. »

Aussi les sources de l'inspiration ne peuvent-elles plus être
les mêmes :

> « L'inspiration des Anciens était simple, claire et semblable à
> la nature, dans ses œuvres les plus parfaites. Le génie roman-
> tique, dans son désordre même, est cependant plus près du se-
> cret de l'univers, car l'intelligence ne peut jamais saisir
> qu'une partie de la vérité, tandis que le sentiment, embrassant
> tout, pénètre seul le mystère de la nature. »

II

Œuvre d'un Allemand, vantant la littérature des pays coali-
sés qui s'apprêtent alors à envahir le territoire national, le livre, qui s'attaquait en outre aux gloires du classicisme français, fut fraîchement accueilli. On avait, peu auparavant,
mieux reçu l'ouvrage de Sismondi.

Sismondi : De la littérature du midi de l'Europe

De la littérature du midi de l'Europe provient également
d'un cours, professé par Sismondi à Genève en 1812. L'auteur,
de culture française, s'adresse à un public français auquel
l'étude des littératures étrangères ne peut être que profitable :
« C'est demeurer dans un état de demi-connaissances, que de
s'arrêter à l'étude de notre seule littérature. »

L'opposition radicale de deux domaines et de deux époques,
formulée par Schlegel, est très nuancée par Sismondi qui lui
préfère l'idée de la fécondité du contact, du mélange des cul-
tures : le Romantisme est né, selon lui, du brassage du monde
ancien et du monde germanique, dont le christianisme et la
chevalerie sont deux manifestations :

« Le nom de romantique a été emprunté de celui de la langue romane, qui était née du mélange du latin avec l'ancien allemand. De même, les mœurs romantiques étaient composées des habitudes des peuples du Nord et des restes de la civilisation romaine. »

I

Sismondi ne condamne pas totalement l'imitation qui a donné naissance à des chefs-d'œuvre, mais il faut veiller à ne pas confondre ces chefs-d'œuvre avec des modèles. Veiller aussi, à ne pas assigner à la littérature un but moral, comme le font trop souvent les Français, à ne pas vouloir l'asservir à des règles, au lieu « de s'abandonner à un essor intérieur et irréfléchi et de chercher la poésie dans la seule inspiration. »

Germaine de Staël : De l'Allemagne

La diffusion de ces idées, en dépit des comptes rendus qui paraissent, dès 1813, dans les journaux français, sera surtout assurée par *De l'Allemagne,* mais l'ouvrage de Mme de Staël ne connaîtra son plein succès qu'après 1815, lorsque la Restauration ramènera en France les émigrés. On doit en effet reconnaître qu'une bonne part (la plus grande peut-être) de la société cultivée avait quitté la France, soit avec l'aristocratie durant la Révolution, soit avec les Républicains libéraux sous l'Empire. Ce monde de l'émigration avait eu tout loisir de découvrir les littératures étrangères, de rencontrer écrivains, artistes et critiques, de pratiquer ce « comparatisme » prôné par Sismondi. C'est dans ces milieux que l'œuvre de Mme de Staël rencontrera un écho favorable, d'autant plus que *De l'Allemagne* est un peu moins purement descriptif et beaucoup moins critique à l'égard de la France que les ouvrages évoqués plus haut ; c'est au contraire un livre en grande partie « prospectif » qui s'interroge sur ce que pourrait être la nouvelle littérature en France. Poussant à ses conséquences logiques la théorie de la relativité du Beau, Mme de Staël conclut en effet que la littérature française du XIXᵉ siècle doit être adaptée à la nouvelle société :

« Rien dans la vie ne doit être stationnaire, et l'art est pétrifié quand il ne change plus. Vingt ans de révolution ont donné à l'imagination d'autres besoins que ceux qu'elle éprouvait quand les romans de Crébillon peignaient l'amour et la société du temps. »

Cependant, elle dénonce la recherche de nouveaux modèles comme une erreur qui pourrait être fatale :

> « En faisant connaître un théâtre fondé sur des principes très différents des nôtres, je ne prétends assurément, ni que ces principes soient les meilleurs, ni surtout qu'on doive les adopter en France : mais des combinaisons étrangères peuvent exciter des idées nouvelles ; [...] nos écrivains [...] ne feraient-ils pas bien de devenir à leur tour conquérants dans l'empire de l'imagination ? »

II, 15

Comme Schlegel et Sismondi, Mme de Staël consacre la majeure partie de son étude au théâtre, mais elle met également l'accent sur un genre encore mal reconnu, le roman, et révèle aux Français, le *Wilhelm Meister* de Goethe et un écrivain alors inconnu comme Jean Paul Richter. L'influence du livre fut considérable : sans *De l'Allemagne,* Dumas, Nerval, Hugo auraient-ils parcouru les routes du Rhin ?

2. La remontée aux sources

Littérature du sentiment, proximité avec la nature, recherche d'une harmonie perdue s'accompagnaient logiquement, en Allemagne, de recherches scientifiques, archéologiques, anthropologiques et surtout — pour ce qui concerne la littérature et la musique — folkloriques. Retrouvant le chemin de l'Inde, berceau de nos civilisations, ou plus généralement celui de l'Orient, les Allemands s'intéressent, dès le XVIIIe siècle, aux légendes et contes orientaux (le livret de *La Flûte enchantée* en témoigne) cependant qu'on découvre en France *Les Mille et Une Nuits.* Le goût du primitif, certes, remonte au mythe du « bon sauvage » et aux thèses de Rousseau sur l'homme de la nature, mais on n'allait pas jusqu'à mettre en valeur des productions littéraires et artistiques « primitives ».

L'influence déterminante fut sans doute celle des poèmes d'Ossian. L'Ecossais Macpherson publia entre 1760 et 1763 des poèmes prétendument traduits du barde gaélique Ossian, vivant au IIIe siècle. Au-delà du matériel romantique (au sens premier du terme), tombeaux, mer déchaînée, grottes et ruines, c'est le style de la vraie poésie, primitive et spontanée qui séduisit Diderot, Goethe et... Napoléon. La poésie du Nord tenait là son génie, il est pour Mme de Staël, « l'Homère du Nord ». Ainsi, les peuples du Nord pouvaient revendiquer des origines aussi nobles, des traditions aussi fertiles que ceux du Midi : on s'enflamme pour les Eddas scandinaves, pour les *Niebelungen* auxquels Wagner consacrera sa *Tétralogie ;* les publications se multiplient en Allemagne : *Knaben Wunderhorn* d'Arnim et Brentano (1806-1808), *Contes* et *Traditions* des frères Grimm (1812-1818), études de Creuzer, de Herder. Le goût pour les temps barbares, « gothiques », que l'on croit volontiers seuls propres à l'expression poétique, se traduit en Angleterre par la floraison des romans noirs à la fin du XVIIIᵉ siècle avant de paraître dans les premiers poèmes de Walter Scott (1802). Chaque peuple tend alors à s'intéresser au passé national où se trouvent enfouis des trésors propres à renouveler l'inspiration des modernes. La « celtomanie » ambiante n'épargne pas la France, mais elle y a beaucoup moins de retentissement et il faudra attendre pour voir se manifester un véritable intérêt envers la poésie et la tradition populaires françaises. *La Gaule poétique* de Marchangy (1813-1815) montrait cependant la voie ; l'auteur voulait attirer l'attention sur notre ancienne histoire : « faire connaître et aimer ses antiquités et ses origines », et sur les productions littéraires de nos ancêtres : « la marche aisée et libre de ces premiers enfants de nos muses modernes. »

L'ouvrage fut bien accueilli, il apportait, dans une France humiliée par la défaite, des arguments à ceux qui pensaient que la littérature nouvelle pouvait n'être pas entièrement d'inspiration étrangère : « Une nation tire de ses propres entrailles ses destins les plus beaux. » L'influence de *La Gaule poétique* reste néanmoins limitée, ce sont Sismondi, Schlegel et Mme de Staël qui suscitent des polémiques ; la connaissance de notre ancienne littérature progressera lentement durant la Restauration avec la révélation des Troubadours, la publication des chansons de geste et de recueils de Mystères. La mode Moyen Âge aura ses outrances et ses ridicules, ses déviations « frénétiques », mais elle assurera le « sauvetage » des cathédrales et de nombre de monuments et d'œuvres d'art : le Musée des monuments français, fondé en 1795 par Alexandre Lenoir, avait attiré l'attention de quelques écrivains ; Hugo par sa « Guerre

aux démolisseurs » dès 1825, puis avec *Notre-Dame de Paris*
(1831), Mérimée et Michelet, entre autres, jouent un rôle de
premier plan dans la conservation de ce patrimoine.

3. Le romantisme de droite

D'autres influences contribuent à cette vogue du Moyen
Âge. Sans doute sait-on depuis Mme de Staël que la poésie
« romantique » « est née de la chevalerie et du christianisme »
(*De l'Allemagne,* II, 11), mais Chateaubriand avait, dès 1802,
dans un ouvrage qui avait fait grand bruit, entrepris de réhabi-
liter le christianisme et, en particulier, de montrer son rôle ci-
vilisateur en réponse aux accusations souvent portées par les
philosophes des Lumières qui voyaient volontiers en lui un
facteur d'oppression et d'obscurantisme. Ouvrage en principe
apologétique, le *Génie du Christianisme* s'intéresse moins à
Dieu qu'à l'esprit religieux, et en cela il rejoint les préoccupations de tous ceux qui, de Friedrich Schlegel à Marchangy et
au baron d'Eckstein, spécialiste de l'Inde, étudient un homme
primitif, essentiellement religieux. La querelle du merveilleux
païen et du merveilleux chrétien, au centre du livre est l'occasion, pour Chateaubriand comme pour d'autres, de rapprocher
paganisme et christianisme dans un même sentiment poétique :
la Bible et les poèmes d'Homère

> « ont reçu du temps une espèce de sainteté qui justifie le pa-
> rallèle et écarte toute idée de profanation. Si Jacob et Nestor
> ne sont pas de la même famille, ils sont du moins l'un et l'au-
> tre des premiers jours du monde, et l'on sent qu'il n'y a qu'un
> pas des palais de Pylos aux tentes d'Ismaël. »

Génie du Christianisme, II, v, 3

Loin des idées « syncrétistes » qui s'expriment chez d'autres, Chateaubriand ne s'inscrit pas moins dans un mouvement
de retour du sacré qui voit dans l'effusion religieuse l'origine
de toute poésie et qui, par voie de conséquence, tendra à placer
la poésie au premier rang de tous les arts. Par d'autres voies,
Chateaubriand rejoint Schlegel : origine sacrée de la poésie et
origine chrétienne du Romantisme vont alimenter la propagande contre-révolutionnaire. Emigrés, qui ont été en contact

avec les doctrines étrangères, chrétiens et poètes novateurs se retrouvent donc dans le même camp. Joseph de Maistre, Ballanche et Lamennais dans ses premiers ouvrages, sont les maîtres à penser d'un courant que rejoignent, autour de 1820, nombre de jeunes auteurs qui connaîtront des destins variés.

La Muse française

Le romantisme royaliste trouva son expression, après la publication des *Méditations* de Lamartine, dans une revue éphémère (juillet 1823-juin 1824), *La Muse française*. Succédant au *Conservateur littéraire* (titre significatif !) des frères Hugo (1819-1821), elle émane comme lui d'un groupe d'amis, unis par l'idéal politique « ultra » bien plus que par une esthétique novatrice : la timidité des premières *Odes* de Victor Hugo l'atteste bien, mais, en 1820, romantisme et royalisme vont de pair. Dans « Un grand homme de province à Paris », dont l'action se situe à cette époque, Balzac fait dire à Lousteau : « Les Royalistes sont romantiques, les libéraux sont classiques. » À *La Muse française* collaborent les frères Hugo et les frères Deschamps, Vigny et leur aîné, Alexandre Soumet, qui constituent, avec d'autres collaborateurs, une sorte de premier cénacle. En réponse à une diatribe adressée aux jeunes écrivains par un royaliste attaché aux classiques, Alexandre Guiraud, l'un des rédacteurs, répond le 1er janvier 1824 :

> « ce monde nouveau, régénéré par un baptême de sang, est maintenant encore dans sa jeunesse ; et comme l'énergie des premiers temps a fortement empreint de couleurs poétiques [...] la Genèse et l'Iliade, nous ne doutons pas que notre littérature ne se ressente aussi poétiquement de cette vie nouvelle qui anime notre société. [...] elle nous donnera enfin de la poésie, car le malheur est, de toutes les inspirations poétiques, la plus féconde. »

Rendant compte de l'ouvrage de Lamennais, Victor Hugo écrivait, l'année précédente, dans la même revue :

> « l'enthousiasme avide qu'a éveillé dans notre siècle *Le Génie du Christianisme*, l'empressement religieux qu'a excité l'*Essai sur l'indifférence*, prouvent qu'il y a encore une âme dans la société. C'est à fortifier ce souffle divin, à ranimer cette flamme céleste que tendent aujourd'hui tous les esprits vraiment supérieurs. »

22 août 1823

La position, toutefois, est difficile à tenir : fidèles à un régime politique qui ramène le passé, les rédacteurs de *La Muse française* veulent rénover la littérature, tradition politique et révolution littéraire ne peuvent faire longtemps bon ménage. Dans la préface des *Nouvelles Odes,* en mars 1824, Victor Hugo se fait conciliant :

> « [...] la littérature actuelle peut être en partie, le *résultat* de la Révolution, sans en être l'*expression.* [...] La moisson est-elle moins belle parce qu'elle a mûri sur un volcan ? »

Un incident contribue à rompre ce fragile équilibre : le 6 juin 1824, Chateaubriand qui s'était opposé au ministre ultra-royaliste Villèle, est « chassé comme un laquais » de son poste de ministre des Affaires étrangères ; avec celui qui est considéré comme le chef de file de la nouvelle littérature, le Romantisme se prépare à entrer dans l'opposition.

4. Le romantisme de gauche

Des contradictions analogues se rencontrent chez les libéraux dont certaines prises de position littéraires ne sont pas moins paradoxales. Certes, un Benjamin Constant, libéral, appartenait au groupe de Coppet et, dans l'autre camp, bien des académiciens sont fidèles aux classiques, mais, dans l'ensemble, les deux partis font bloc, malgré des discussions internes plus vives chez les libéraux. L'adhésion de ces derniers au classicisme est avant tout une conséquence de leur attachement aux Lumières : être classique c'est suivre Voltaire et mener le même combat ; on n'en est pas moins gêné, dans ce camp, de l'admiration dont il faut témoigner pour le siècle de Louis XIV... Le plus important journal libéral, *Le Constitutionnel,* est animé par des académiciens survivants de l'Empire et hostiles à toute invasion étrangère. Le mode d'expression que privilégient les romantiques, la poésie, qui se perd dans « ces images vaporeuses, ces idées de l'infini, ce secret de mélancolie », n'aboutit qu'à l'obscurité et ne s'appuie que sur une pseudo-philosophie :

> « Une philosophie exaltée conduit les écrivains romantiques à chercher partout des rapports mystérieux entre ce qu'ils ap-

pellent le monde moral et physique, et ces rapports sont le plus souvent ou faux, ou confus, ou inexplicables. »,

écrit le jeune Thiers dans *L'Album* du 25 septembre 1822. Rien dans le Romantisme ne paraît propre à la construction d'une société nouvelle ; seule une saine prose est à même d'exprimer une philosophie rationnelle, débarrassée de cette métaphysique, voire de ce mysticisme que prétendent ranimer ces « novateurs rétrogrades ». Ce combat-là se poursuivra, même après l'acceptation d'une nouvelle littérature par les libéraux.

Voilà pour les principes. La réalité s'en écarte quelque peu et, dans les deux camps, se font entendre quelques fausses notes. A propos de la publication des *Méditations,* en 1820, le critique du royaliste *Journal des Débats* vante l'inspiration religieuse, mais s'effarouche devant la hardiesse de l'expression, cependant que ses confrères libéraux du *Lycée français* et de la *Revue Encyclopédique* s'accordent à reconnaître en Lamartine un véritable poète. Un incident bien connu fit entrer en lice le plus talentueux des journalistes libéraux, un certain Henri Beyle qui, depuis quelques années se fait appeler Stendhal. Une troupe d'acteurs anglais devait donner des représentations au théâtre de la Porte-Saint-Martin ; au programme, entre autres, Shakespeare — en anglais. La première a lieu le 31 juillet 1822 ; Stendhal raconte dans une lettre :

> « Les jeunes libéraux, excités par le *Constitutionnel* et le *Miroir,* ont chassé les acteurs anglais du théâtre de la Porte-Saint-Martin et privé d'un plaisir fort vif les Français qui, à tort ou à raison, aiment ce genre de spectacle. [...] Dès que les acteurs parurent, ils furent assaillis avec des pommes et des œufs ; de temps en temps, on leur criait : *Parlez français !* [...] *A bas Shakespeare ! C'est un aide de camp du duc de Wellington !* »

Les manifestations tournant à l'émeute, la troupe dut se transporter dans une petite salle privée. Indigné, Stendhal rédige deux articles qui formeront, l'année suivante, le premier *Racine et Shakespeare* où le débat sur le drame est porté exclusivement sur le plan littéraire. La politique n'a certes pas fini de vouloir imposer sa loi au goût littéraire — d'autres en ont fait depuis lors la cuisante expérience —, mais dans ces années 1823-1824 la réflexion sur la littérature commence à l'emporter sur la soumission à un parti. En témoigne l'accueil fait en

1823 aux *Nouvelles Méditations* de Lamartine qui avait discuté, et parfois approuvé, les thèses de Stendhal. *La Muse française* se montre sévère pour le poète et d'autres organes royalistes davantage encore, cependant qu'Alphonse Rabbe, dans une revue libérale, rend hommage aux « richesses inattendues », au « style plein de grâce et de charme », à l'inspiration généreuse. L'heure de la réconciliation, ou tout au moins de la conciliation, est proche ; des salons, des « cénacles » où se côtoient des hommes des deux camps, y contribueront pour beaucoup.

Les maladresses des défenseurs officiels du trône et de l'autel, s'indignant des attaques contre les vieilles gloires nationales du siècle de Louis XIV (Lacretelle en décembre 1823), ou cherchant à définir, pour le *Dictionnaire* de l'Académie le mot *romantique* (Auger en avril 1824), s'ajoutent à la maladresse des jeunes libéraux sifflant Shakespeare et à la maladresse du pouvoir chassant Chateaubriand. La mort de Byron parti assister les Grecs révoltés contre l'oppresseur turc (19 avril 1824) donne lieu à un éloge presque unanime du porte-drapeau du romantisme anglais. En octobre, l'un des premiers numéros du journal *Le Globe,* organe des jeunes libéraux « doctrinaires », dénonce l'absurdité de la situation : il est temps que le libéralisme devienne homogène et que « les libres penseurs en politique et en religion » le soient également en littérature. Le terrain est déblayé pour l'apparition des grands manifestes.

5. La liberté dans l'art

On admet volontiers que les deux *Racine et Shakespeare* de Stendhal (1823 et 1825) constituent le premier manifeste du romantisme français ; c'est peut-être faire trop d'honneur à deux pamphlets de circonstance, issus, pour le premier, de l'affaire des acteurs anglais, pour le second du discours d'Auger à l'Académie. Stendhal tout d'abord ne s'attache qu'aux problèmes du théâtre — sans en avoir l'expérience comme auteur — et ne définit l'œuvre dramatique à venir, « la tragédie romantique » que d'une manière assez sommaire : « C'est la tragédie en prose qui dure plusieurs mois et se passe en des lieux divers. »

Quant à sa fameuse définition du *romanticisme* comme art moderne, elle s'accorde, on l'a vu, avec tout ce qui avait été écrit sur le sujet. C'est plutôt dans l'affirmation, à plusieurs reprises, de la nécessité de laisser toute liberté aux créateurs — que cette liberté soit politique (absence de censure) ou esthétique (absence de règles) —, si l'on veut enfin se débarrasser de l'imitation, que réside l'aspect le plus intéressant des opuscules stendhaliens ; c'est cette revendication et les discussions qu'elle appelle qui seront au centre du manifeste de Victor Hugo.

Hugo : *La préface de* Cromwell

La préface de *Cromwell* (écrite en octobre 1827), drame dont les dimensions — plus de 6 400 vers — interdisaient la représentation, constitue le plus important manifeste du romantisme en France, par l'audience qu'elle rencontra, sans doute, comme par les controverses qu'elle suscita, mais aussi par la hardiesse de ses vues, malgré les très nombreux emprunts aux théoriciens allemands et à Mme de Staël. Bien qu'elle soit associée à un drame et très explicitement consacrée au genre dramatique, la *Préface* dépasse largement ce cadre pour traiter du romantisme en général et de l'histoire des littératures mise en rapport avec l'histoire de l'homme. Schlegel, on s'en souvient, voyait dans le christianisme la source du romantisme, Hugo va plus loin en rattachant les chefs-d'œuvre dominants de la littérature universelle à des âges de l'humanité, en associant l'histoire de la littérature à une philosophie de l'histoire :

> « Aux temps primitifs, quand l'homme s'éveille dans un monde qui vient de naître, la poésie s'éveille avec lui. En présence des merveilles qui l'éblouissent et qui l'enivrent, sa première parole n'est qu'un hymne. [...] Voilà le premier homme, voilà le premier poète. Il est jeune, il est lyrique. La prière est toute sa religion : l'ode est toute sa poésie.
>
> Ce poème, cette ode des temps primitifs, c'est la Genèse. [...]
>
> Cependant les nations commencent à être trop serrées sur le globe. Elles se gênent et se froissent ; de là les chocs d'empires, la guerre. Elles débordent les unes sur les autres ; de là les migrations de peuples, les voyages. La poésie reflète ces

grands événements ; des idées elle passe aux choses. Elle
chante les siècles, les peuples, les empires. Elle devient épique, elle enfante Homère. »

Cette épopée inclut, selon Hugo, la tragédie antique ; elle
disparaît avec la société qui l'a enfantée lorsqu'elle se fait ré-
pétitive : « Rome calque la Grèce, Virgile copie Homère. »

> « Une autre ère va commencer pour le monde et pour la poésie.
> Une religion spiritualiste, supplantant le paganisme matériel
> et extérieur, se glisse au cœur de la société antique, la tue, et
> dans ce cadavre d'une civilisation décrépite dépose le germe
> de la civilisation moderne. Cette religion est complète, parce
> qu'elle est vraie ; entre son dogme et son culte, elle scelle
> profondément la morale. Et d'abord, pour premières vérités,
> elle enseigne à l'homme qu'il a deux vies à vivre, l'une pas-
> sagère, l'autre immortelle ; l'une de la terre, l'autre du ciel.
> Elle lui montre qu'il est double comme sa destinée, qu'il y a
> en lui un animal et une intelligence, une âme et un corps ».

De cette dualité de l'homme, révélée par le christianisme,
Hugo tire deux conséquences ; la première est cette fameuse
théorie du *grotesque,* qui lui appartient en propre :

> « Le christianisme amène la poésie à la vérité. Comme lui, la
> muse moderne verra les choses d'un coup d'œil plus haut et
> plus large. Elle sentira que tout dans la création n'est pas hu-
> mainement *beau,* que le laid y existe à côté du beau, le dif-
> forme près du gracieux, le grotesque au revers du sublime, le
> mal avec le bien, l'ombre avec la lumière. [...]
> C'est alors que, l'œil fixé sur des événements tout à la fois ri-
> sibles et formidables, et sous l'influence de cet esprit de mé-
> lancolie chrétienne et de critique philosophique que nous ob-
> servions tout à l'heure, la poésie fera un grand pas, un pas
> décisif, un pas qui, pareil à la secousse d'un tremblement de
> terre, changera toute la face du monde intellectuel. Elle se
> mettra à faire comme la nature, à mêler dans ses créations,
> sans pourtant les confondre, l'ombre à la lumière, le grotes-
> que au sublime, en d'autres termes, le corps à l'âme, la bête à
> l'esprit ; car le point de départ de la religion est toujours le
> point de départ de la poésie. Tout se tient. »

La seconde est qu'il ne suffit pas de chercher ce que doit
être le drame moderne, il importe de comprendre que le drame
est la forme même des temps modernes, la forme la plus achevée de la poésie :

« Le drame est la poésie complète. L'ode et l'épopée ne le contiennent qu'en germe ; il les contient l'une et l'autre en développement ; il les résume et les enserre toutes deux. [...] Du jour où le christianisme a dit à l'homme : "Tu es double, tu es composé de deux êtres, l'un périssable, l'autre immortel, l'un charnel, l'autre éthéré, l'un enchaîné par les appétits, les besoins et les passions, l'autre emporté sur les ailes de l'enthousiasme et de la rêverie, celui-ci enfin toujours courbé vers la terre, sa mère, celui-là sans cesse élancé vers le ciel, sa patrie" ; de ce jour le drame a été créé. Est-ce autre chose en effet que ce contraste de tous les jours, que cette lutte de tous les instants entre deux principes opposés qui sont toujours en présence dans la vie, et qui se disputent l'homme depuis le berceau jusqu'à la tombe ? »

Une telle conception de l'homme aboutit nécessairement à une mise en cause de la rigidité des normes classiques. La séparation des genres, tout d'abord, à laquelle Hugo s'était déjà attaqué l'année précédente dans la préface de la quatrième édition des *Odes* :

« On entend tous les jours, à propos de productions littéraires, parler de la *dignité* de tel genre, des *convenances* de tel autre, des *limites* de celui-ci, des *latitudes* de celui-là ; la *tragédie* interdit ce que le *roman* permet ; la *chanson* tolère ce que l'*ode* défend, etc. L'auteur de ce livre a le malheur de ne rien comprendre à tout cela ; il y cherche des choses et n'y voit que des mots. »

La revendication est essentielle au Romantisme et Hugo ne tardera pas à y revenir, dès 1829, dans la préface des *Orientales ;* ici, pour le drame, elle s'associe à une contestation de la règle des unités :

« On voit combien l'arbitraire distinction des genres croule vite devant la raison et le goût. On ne ruinerait pas moins aisément la prétendue règle des deux unités. Nous disons deux et non *trois* unités, l'unité d'action ou d'ensemble, la seule vraie et fondée, étant depuis longtemps hors de cause. »

Cette contestation débouche sur une proclamation qui montre bien que l'auteur prend ses distances avec le camp royaliste :

« Disons-le donc hardiment. Le temps en est venu, et il serait étrange qu'à cette époque, la liberté, comme la lumière, pénétrât partout, excepté dans ce qu'il y a de plus nativement libre au monde, les choses de la pensée. Mettons le marteau dans

les théories, les poétiques et les systèmes. Jetons bas ce vieux
plâtrage qui masque la façade de l'art ! Il n'y a ni règles, ni
modèles ; ou plutôt il n'y a d'autres règles que les lois géné-
rales de la nature qui planent sur l'art tout entier, et les lois
spéciales qui, pour chaque composition, résultent des conditions d'existence propres à chaque sujet. Les unes sont éternelles, intérieures, et restent ; les autres variables, extérieures,
et ne servent qu'une fois. Les premières sont la charpente qui
soutient la maison ; les secondes l'échafaudage qui sert à la
bâtir et qu'on refait à chaque édifice. »

La liberté dans l'art donc, mais non l'anarchie ; tout d'abord
— et Hugo se sépare ici de nombre de ses devanciers — parce
que c'est la *nature* qui montre la voie et qui justifie la poétique
nouvelle :

« La poésie née du christianisme, la poésie de notre temps est
donc le drame ; le caractère du drame est le réel ; le réel ré-
sulte de la combinaison toute naturelle de deux types, le sublime et le grotesque, qui se croisent dans le drame, comme
ils se croisent dans la vie et dans la création. Car la poésie
vraie, la poésie complète, est dans l'harmonie des contraires.
Puis, il est temps de le dire hautement, et c'est ici surtout que
les exceptions confirmeraient la règle, tout ce qui est dans la
nature est dans l'art. »

C'est, toutefois, sous réserve de ne pas tomber dans l'excès :
d'aucuns, « promoteurs irréfléchis de la nature absolue », l'ont
fait :

« La nature donc ! La nature et la vérité. — Et ici, afin de
montrer que, loin de démolir l'art, les idées nouvelles ne veulent que le reconstruire plus solide et mieux fondé, essayons
d'indiquer quelle est la limite infranchissable qui, à notre
avis, sépare la réalité selon l'art de la réalité selon la nature. Il
y a étourderie à les confondre, comme le font quelques partisans peu avancés du *romantisme*. La vérité de l'art ne saurait
jamais être, ainsi que l'ont dit plusieurs, la réalité *absolue*.
L'art ne peut donner la chose même. »

Ainsi, « le domaine de l'art et celui de la nature sont parfaitement distincts. » L'art ne saurait se réduire à une imitation
servile, le drame ne peut se contenter d'être « un miroir ordinaire », il faut qu'il « soit un miroir de concentration ». La vérité dans l'art n'est pas dans le rejet de toute convention, la liberté n'est pas dans l'abandon de toute dignité. Fuyant le

commun, le poète dramatique, contrairement au vœu de Stendhal, choisira de préférence le vers que « plusieurs de nos réformateurs distingués [...] ont condamné, en quelque sorte, sans vouloir l'entendre », mais « un vers libre, franc, loyal » qui « serait bien *aussi beau que de la prose.* »

Cette préface était, on le voit, audacieuse et indépendante : le rapport de nouveau affirmé entre christianisme et littérature moderne pouvait contenter les hommes de droite, la revendication pour la liberté rejoignait les vœux des hommes de gauche ; les partisans des classiques, eux-mêmes, pouvaient s'offenser des critiques adressées à Racine, mais devaient être satisfaits de l'hommage rendu à Corneille et à Molière ainsi que de la défense du vers. C'était là, sans doute, le résultat de la grande indépendance d'esprit du poète plutôt que la preuve d'une volonté conciliatrice ; il y eut des réactions diverses, à gauche comme à droite, chez les partisans des classiques, on s'en prit surtout à la théorie du grotesque et Victor Hugo apparut comme le chef de file de « l'école du laid » ; une caricature de l'époque représente les écrivains romantiques avec cette devise qui paraphrase Boileau :

« Rien n'est beau que le laid, le laid seul est aimable. » (Boileau avait écrit : le *vrai*...).

Dès 1819, le *Radeau de la Méduse* de Géricault avait encouru semblable condamnation ; l'intérêt porté à une nature sauvage, voire hostile, la révélation de Goya, la redécouverte du Caravage, la mode frénétique, tout ce *romantisme noir,* comme on l'a parfois nommé, dérange et inquiète une partie de l'opinion. C'était vraisemblablement là que se situait, mais pas exactement comme l'entendait Hugo, l'idée qui devait avoir le plus d'influence ; en affirmant que l'art peut et doit représenter la laideur physique et morale, l'horreur même, la *Préface* ouvre une voie qui conduit aux *Fleurs du Mal.*

Le Tableau *de Sainte-Beuve*

Depuis le mois d'avril 1827, un jeune critique libéral, devenu, au début de l'année, l'ami des Hugo, Sainte-Beuve, publie dans *Le Globe* des extraits d'un *Tableau historique et critique de la poésie française [...] au XVIe siècle* qui paraîtra en volume l'année suivante. Malgré son titre, l'ouvrage est un nouveau manifeste du romantisme ; en réhabilitant la Pléiade —

moins inconnue et méconnue alors qu'on ne l'a dit parfois —
Sainte-Beuve se livre en fait à une étude d'ensemble de l'évolution de la poésie française qui le conduit à mettre en parallèle
Renaissance et Romantisme, et à expliquer celui-ci par celle-
là. Son objectif, avouera-t-il plus tard, a été de « chercher dans
nos origines quelque chose de national à quoi se rattacher. »
Par là, il faisait, lui aussi, œuvre conciliatrice en rassurant ceux
qui ne voulaient voir dans le mouvement qu'imitation étrangère. Il se préoccupe avant tout « de rattacher ces études du
XVIᵉ siècle aux questions littéraires et poétiques qui s'agitent
dans le nôtre », et ne craint pas d'affirmer que le vers hugolien
reprend « cet alexandrin primitif, à la césure variable, au libre
enjambement, à la rime riche [...] que Malherbe et Boileau eu-
rent le tort de mal comprendre et de toujours combattre. » Ce
n'est pas l'imitation des Anciens qui a fait la grandeur des
poètes de la Pléiade, c'est la création d'une poésie française nouvelle, d'une poésie inspirée que le classicisme eut le tort de vouloir occulter et répudier en codifiant, de l'extérieur, le vers qui :

> « s'engendre au sein du génie par une création intime et obs-
> cure. Inséparable de la pensée, il naît et croît avec elle ; elle
> est comme l'esprit vital qui le façonne par le dedans et l'orga-
> nise. »

Par cet ouvrage, Sainte-Beuve modifie radicalement le regard porté sur l'histoire de notre poésie ; loin d'être les deux
siècles majeurs et inégalables de la littérature française, le
XVIIᵉ et le XVIIIᵉ siècles apparaissent, dans le domaine poétique au moins, comme une parenthèse (regrettable) dans l'évolution d'une poésie authentique. Il modifie aussi le regard du
critique en mettant au premier plan les études de forme débar-
rassées de tout aspect étroitement normatif. La conclusion, évidemment, s'impose : « La lyre perdue a été retrouvée, des pré-
ludes encore inouïs ont été entendus. » Sous la plume de
Sainte-Beuve, la révolution romantique devient la poursuite
d'une saine tradition bien française.

Émile Deschamps : Préface des Études françaises et étrangères

A la fin de 1828, un troisième manifeste témoigne de l'activité des jeunes écrivains dans l'élaboration d'une doctrine. An-

cien du groupe de *La Muse française,* Emile Deschamps (1791-1871) publie, en tête d'un recueil de ses poèmes et de traductions de poètes allemands et espagnols, les *Etudes françaises et étrangères,* une importante préface. Comme Sainte-Beuve, Deschamps entend se placer sur un terrain véritablement critique, et non polémique, et ne pas en rester, comme l'avaient fait à des degrés divers, Mme de Staël et Stendhal, à une attitude uniquement prospective en recherchant les principes d'une littérature nouvelle et en attendant son apparition. Partant de deux postulats simples,

> « [...] savoir : qu'il n'y a réellement pas de romantisme, mais bien une littérature du dix-neuvième siècle ; et en second lieu, qu'il n'existe dans ce siècle, comme dans tous, que de bons et de mauvais ouvrages »,

il en vient à formuler deux questions de bon sens qui induisent la méthode à suivre :

> « En quoi consiste réellement la littérature française de l'époque actuelle ? Par quels genres de compositions se fait-elle surtout remarquer ? Quels sont les ouvrages qui font déjà sa gloire ? — Pour répondre à ces questions, il ne faut qu'examiner en quoi consiste notre gloire littéraire dans les époques précédentes, et quels sont les genres où nos hommes de génie ont excellé. Or, c'est précisément dans ce qu'ils n'ont pas fait qu'on peut se faire un nom. [...] Un grand siècle littéraire n'est jamais la continuation d'un autre siècle. »

Il s'agira donc moins, pour le jeune littérateur, de créer des genres nouveaux que de redonner vie à des genres anciens négligés en les adaptant au XIXᵉ siècle :

> « Le Lyrique, l'Élégiaque et l'Épique étaient les parties faibles de notre ancienne poésie. C'est donc de ce côté que devait se porter la vie de la poésie actuelle. Aussi, M. Victor Hugo s'est-il révélé dans l'Ode, M. de Lamartine dans l'Élégie, et M. Alfred de Vigny dans le Poème. Mais avec quelle habileté ces trois jeunes poètes ont approprié ces trois genres aux besoins et aux exigences du siècle ! »

C'est donc, en définitive, une vaine querelle que se livrent partisans des classiques et apôtres du romantisme :

> « Les censeurs classiques et moroses qui ne cessent de vanter le passé au préjudice du présent, ont également tort et raison. Ils ont mille fois raison quand ils disent que les contes, les

épîtres philosophiques, les poésies légères, les poèmes didac-
tiques ou héroï-comiques, les satires et les fables, que l'on fait
aujourd'hui, sont à cent lieues de ce que nos hommes de génie
faisaient en ce genre il y a cent ans. Ils ont tort quand ils ne
conviennent pas de la supériorité relative et absolue de notre
siècle, dans tous les autres genres. Ils ont raison quand ils
veulent que nos anciens chefs-d'œuvre soient étudiés et admi-
rés avec enthousiasme ; ils ont tort quand ils veulent qu'ils
soient continués perpétuellement et reproduits sous toutes les
formes. »

Conciliant sur ce terrain, Émile Deschamps, naguère royaliste impénitent, se rallie au mouvement politique qui regarde
vers l'avenir :

« Il n'y a de comparaison possible et utile à faire qu'entre les
écrivains d'un même siècle ; c'est-à-dire entre les continua-
teurs de l'ancienne école et les sectateurs de l'école qui
commence. Or, à talent égal même, ces derniers auraient un
immense avantage : car les idées nouvelles triompheront
complètement, et cela, par l'excellente raison qu'elles sont les
idées nouvelles. Il en est dans les arts comme en politique ;
malheur à qui se laisse arriérer ! Avant tout et en tout il faut
être de son temps. »

Cette préface couronne l'ensemble des manifestes publiés en
deux ans et toute l'évolution du Romantisme depuis 1824.
L'heure des débats théoriques est passée, le mérite de Deschamps est d'avoir montré que les premières œuvres de la
jeune école permettaient, mieux que des polémiques canton-
nées dans l'abstraction, de comprendre la littérature nouvelle
et de prévoir son évolution. Les combats se livreront désormais sur le terrain, en particulier au théâtre.

II. Groupes, cénacles et grands débats

On pourrait croire que le débat romantique se réduit à des échanges d'aménités dans les colonnes des périodiques ; en fait, les doctrines du Romantisme français se sont élaborées avant tout au sein de petits groupes réunis dans des salons ou des salles de rédaction. On y imagine les échanges plus courtois, et plus fructueux : leur rôle a été essentiel dans la diffusion des idées et, pour certains, dans la réconciliation des frères ennemis. L'activité des groupes de ce genre se poursuit au-delà des années trente qui voient la victoire du Romantisme — ou tout au moins sa reconnaissance, bon gré mal gré ; certains de ces groupes sont à l'origine de doctrines qui se prolongent dans de nouveaux mouvements. On trouvera des groupes analogues jusqu'à la fin du siècle ; en témoignent, entre autres, l'atelier de Courbet ou les soirées de Médan. L'apparition, dès la Restauration, de ces cénacles, et, plus généralement, la métamorphose des salons aristocratiques et bourgeois, où se produisent régulièrement écrivains lisant leurs œuvres et musiciens ou interprètes, témoignent d'une ascension sociale de l'artiste, promu par le Romantisme au statut de *vedette,* comme nous dirions aujourd'hui.

1. Autour de Charles Nodier et de Victor Hugo

La personnalité de Charles Nodier le disposait à jouer un rôle conciliateur. Durant son enfance, il avait été le spectateur horrifié des scènes de la Terreur ; il avait fait des études scientifiques, été affilié à une secte illuministe, emprisonné pour un pamphlet contre Napoléon, bibliothécaire et journaliste en Illyrie, chaud partisan de la Restauration et membre du groupe de *La Muse française.* Auteur d'un roman « byronien », de contes et de mélodrames frénétiques, curieux de linguistique, bibliomane, cet homme-orchestre, ce dilettante charmeur, plus tourmenté qu'il n'y paraissait, fut nommé, au début de 1824, bibliothécaire de l'Arsenal qui appartenait alors au comte d'Artois. A partir du mois d'avril, Nodier ouvrit son salon le dimanche aux jeunes écrivains et artistes : les soirées de l'Arsenal ont laissé à tous un souvenir enchanteur :

> « Lorsque rassemblés sous ton aile
>   Paternelle,
> Echappés de nos pensions,
>   Nous dansions.
>
> Gais comme l'oiseau sur la branche,
>   Le dimanche
> Nous rendions parfois matinal
>   L'Arsenal.
>   [...]
> Quelqu'un récitait quelque chose,
>   Vers ou prose,
> Puis nous courions recommencer
>   A danser. »

Alfred de Musset,
« Réponse à M. Charles Nodier », 1843

Fréquentaient le salon les fidèles de *La Muse française,* évidemment, Hugo, Emile Deschamps, Vigny, Soumet, mais aussi d'autres romantiques, comme Lamartine, plus tard Alexandre Dumas, Gérard de Nerval, Théophile Gautier, Balzac, Musset, et des jeunes libéraux, Mérimée, Sainte-Beuve. On y rencontre également des artistes : David d'Angers, Delacroix, Devéria, les frères Johannot, Louis Boulanger ; des philosophes : Fourier, Jouffroy, Considérant ; le baron Taylor,

commissaire royal au Théâtre-Français ; des femmes de lettres : Marceline Desbordes-Valmore, Sophie Gay et sa fille
Delphine, future Mme de Girardin ; quelques défenseurs obsti-
nés du classicisme, comme l'académicien libéral Jouy. On
imagine le bouillonnement d'idées dans de telles réunions et la
fécondité de ces rencontres.

Aucun manifeste romantique n'est directement issu du salon
de l'Arsenal et Nodier lui-même n'a rien laissé de semblable.
Il s'est toutefois employé, par des réflexions qui devaient
s'avérer fécondes, à justifier les outrances du romantisme frénétique, en le reliant à un état de société :

> « Le poète ancien était le plus simple des hommes. La poésie
> des peuples finis, expression juste de leur misère, sera un ou-
> vrage de convulsion et de désespoir. »,
>
> *Le Défenseur,* 1820

mais surtout en le rattachant aux états mystérieux de la
conscience, sommeil ou folie. En plein déferlement des vam-
pires et monstres de toutes sortes, Nodier avait publié *Smarra
ou les démons de la nuit* (1821), conte dont il explique, en
1832, l'origine :

> « A force de m'étonner que la moitié, et la plus forte moitié
> sans doute, des imaginations de l'esprit ne fussent jamais de-
> venues le sujet d'une fable idéale si propre à la poésie, je pen-
> sai à l'essayer pour moi seul. »

L'essai, *De quelques phénomènes du sommeil* (1831) rattache explicitement sorcellerie, lycanthropie et vampirisme au
prolongement « des illusions ordinaires du cauchemar [...]
dans la vie positive », mais affirme :

> « il est certain que le sommeil est non seulement l'état le plus
> puissant, mais encore le plus lucide de la pensée, sinon dans
> les illusions passagères dont il l'enveloppe, du moins dans les
> perceptions qui en dérivent, et qu'il fait jaillir à son gré de la
> trame confuse des songes. »

Les contes que Nodier publie alors jettent d'étranges lueurs
sur ce qu'on n'appelle pas encore l'inconscient : l'héroïne de
Trilby (1822) comme le héros — interné dans un asile d'alié-
nés — de *La Fée aux miettes* (1832) voient se matérialiser
dans leurs songes leurs rêveries inavouables. Avec Nodier, le
surnaturalisme romantique emprunte d'autres routes que celles
de la métaphysique et de la religion ; ces fouilles dans les

couches profondes de la conscience ouvrent la voie à Hugo, dans une part de son œuvre, à Nerval et à Baudelaire. C'est le souffle du romantisme allemand, celui des poètes cette fois, qui a pénétré en France ; l'évolution du conte fantastique français, les *Ballades* de Victor Hugo (1826), la traduction de *Faust* (1827) puis de *Poésies allemandes* (1830) par Nerval, doivent sans doute quelque chose au brillant causeur de l'Arsenal.

Le chef incontesté de l'école romantique est cependant Victor Hugo, malgré son jeune âge ; le cénacle qui va se former autour de lui, à partir de 1827, le montre bien, en attirant une bonne partie des habitués de l'Arsenal. Au printemps de 1827, les Hugo quittent la rue de Vaugirard pour s'installer rue Notre-Dame-des-Champs. Comme 1824, 1827 représente une année-charnière pour l'évolution du mouvement romantique ; c'est l'année de la préface de *Cromwell*, on l'a vu, c'est aussi, dès février, l'*Ode à la colonne de la place Vendôme* par laquelle Hugo prend ses distances avec la politique du ministère Villèle : « sa religion est devenue la nôtre », constate le journal libéral *La Pandore*. C'est encore la naissance de l'amitié, qui finira mal, entre Sainte-Beuve et Hugo, à la suite des comptes rendus élogieux des *Odes et Ballades* de 1826 dans *Le Globe*. Ce sont enfin, à partir de septembre, les représentations de Shakespeare à l'Odéon : le succès, cette fois, amène la prolongation des représentations durant près d'un an.

Autour du maître, les fidèles de l'Arsenal, les plus jeunes surtout, mais aussi des provinciaux, comme Aloysius Bertrand, ou des étrangers, comme Ymbert Galloix. On travaille, on discute d'art médiéval comme de littérature, on écoute des lectures, on se prépare aux grands combats qui vont avoir lieu au théâtre. Hugo, pour sa part, évolue de plus en plus vers le libéralisme : au début de 1829, la publication du *Dernier Jour d'un condamné* fera scandale ; au début de l'année suivante, la *Lettre-préface aux « Poésies de feu Charles Dovalle »,* jeune poète et journaliste tué en duel peu auparavant, marque le terme de l'évolution :

> « Le romantisme, tant de fois mal défini, n'est, à tout prendre, et c'est là sa définition réelle, que le *libéralisme* en littérature. [...] La liberté dans l'art, la liberté dans la société, voilà le double but auquel doivent tendre d'un même pas tous les esprits conséquents et logiques. »

Une page est tournée, Hugo le marquera bien en reprenant ces lignes, quelques semaines plus tard dans la préface d'*Her-*

nani. Ce ralliement n'allait pas sans poser quelques problèmes esthétiques : en 1829, le poète demande presque qu'on l'excuse : « que signifie ce livre inutile de pure poésie, jeté au milieu des préoccupations graves du public [...] ? » Le rôle de l'art, l'utilité du Beau, ce sont en effet des questions débattues dans les milieux dont se rapproche Hugo.

2. Autour du *Globe* : libéraux doctrinaires et saint-simoniens

Cependant que l'Arsenal réunit une jeunesse royaliste en majorité, un salon comme celui d'Etienne Delécluze (1781-1863), futur traducteur de Dante, réunit les jeunes libéraux, disciples des idéologues du XVIIIe siècle, écrivains, mais aussi érudits et voyageurs, adeptes de la littérature comparée avant la lettre. Mérimée et Stendhal sont les plus illustres avec Viollet-le-Duc, mais Stapfer, premier traducteur de *Faust,* Loève-Veimars, traducteur d'Hoffmann, Jean-Jacques Ampère, historien des littératures, Ludovic Vitet, promoteur de la « scène historique », jouent un rôle de premier plan dans la connaissance des littératures et des idées étrangères. On y rencontre aussi de glorieux aînés, comme Benjamin Constant ou le philosophe Maine de Biran. Beaucoup d'entre eux, nous l'avons vu, sont, à l'origine, partisans des classiques, mais tous sont portés par leurs études et leurs préoccupations à élargir le débat romantique et à le porter sur le terrain philosophique, en particulier ceux que l'on nomme les *doctrinaires.* Ce n'est pas ici le lieu d'évoquer l'aspect politique de la doctrine qu'illustrent Royer-Collard et Guizot et qui devait triompher sous Louis-Philippe, sinon pour mentionner que l'étude de l'histoire y joue un rôle primordial ; il était donc normal que la réflexion sur le théâtre historique et les essais de rénovation du genre prissent naissance dans ce milieu (voir troisième partie).

Les doctrinaires

Ce sont les prolongements esthétiques de la philosophie doctrinaire, dont *Le Globe,* journal plus philosophique et littéraire que politique au départ, fut le très influent propagateur, qui nous intéressent ici. Les catastrophes révolutionnaires sont dues, selon l'interprétation des doctrinaires, au fait que les philosophes du XVIIIe siècle n'ont pas su remplacer le système de pensée qu'ils combattaient, le christianisme, par un nouveau système métaphysique qu'il importe de construire en recherchant les vérités éparses dans toutes les religions, toutes représentatives du Vrai absolu. C'est un « spiritualisme laïque », selon l'expression de Paul Bénichou, qu'il s'agit de fonder, entreprise facilitée par l'Université dont Napoléon a voulu faire un pouvoir qui équilibre celui de l'Eglise. Le grand philosophe doctrinaire fut Victor Cousin (1792-1867), dont le cours professé à la Sorbonne en 1817-1818 s'intitule *Du vrai, du beau, du bien.* Le Beau n'est pas à chercher dans la nature, mais dans l'Idéal, comme le Vrai et le Bien. Ces trois notions voisinent dans l'Idéal, mais ne se recoupent pas :

> « Si l'art produit le perfectionnement moral, il ne le cherche pas, il ne le pose pas comme son but [...] il faut de la religion pour la religion, de la morale pour la morale, comme de l'art pour l'art. »

Un grand débat est lancé, qui n'est pas près de s'éteindre, mais la doctrine de Cousin a d'autres conséquences, sur le rôle de l'art : « élever le réel jusqu'à l'idéal, telle est la mission du génie » ; sur la manière de considérer la nature : « toute école de peinture, de sculpture et de musique qui ne conçoit pas la nature comme un symbole » est condamnée ; sur le rôle de l'artiste, du poète en particulier, qui a « la faculté de tout exprimer, avec un symbole universel ».

A la fin de 1830, l'un des fondateurs du *Globe,* Paul Dubois abandonne la direction, nombre de rédacteurs étant entrés dans la politique active ; son associé, Pierre Leroux, converti au saint-simonisme, lui donne le sous-titre de « Journal de la doctrine de Saint-Simon » qui deviendra « Journal de la religion saint-simonienne ». La survie du journal sera éphémère, il cessera de paraître en mai 1832, mais son audience assure, durant cette courte période, une diffusion inespérée aux idées du groupe saint-simonien.

Les saint-simoniens

Il ne saurait être question non plus d'exposer ici la doctrine — bientôt religion — saint-simonienne, de louer la justesse prophétique de ses analyses socio-économiques, ou de se gausser des élucubrations mystiques qui y sont associées. On a peine à imaginer l'enthousiasme suscité par les « prédications » rue Monsigny, en 1830-1832, puis rue de Ménilmontant, au milieu du culte rendu au « Père » Enfantin (1796-1864) par des assistants portant un costume symbolique, les adhésions de banquiers et de riches industriels, Fournel, directeur du Creusot, ou les frères Péreire. On ne sait pas toujours que les saint-simoniens, polytechniciens pour beaucoup, devaient tenir, sous le Second Empire, les leviers de commande industriels et économiques et que l'illuminé Enfantin termina sa vie comme administrateur des chemins de fer du P.L.M. L'influence de ce « socialisme romantique » ne se limite pas aux industriels : Sainte-Beuve est assidu rue Monsigny, y amenant parfois les Hugo ; Henri Heine, Berlioz, Liszt qui joue de temps à autre, sont des fidèles ; Pierre Leroux, qui fera rapidement sécession, aura sur George Sand une influence déterminante. C'est que la doctrine saint-simonienne réserve aux artistes une place de choix : ils partagent avec les savants et les industriels l'honneur de diriger la société future dont ils sont les nouveaux prêtres. Buchez, le modèle du d'Arthez balzacien, l'annonçait dès 1826, dans le premier journal du mouvement, *Le Producteur :*

> « Le génie des Beaux-Arts n'est point un génie vulgaire, ce n'est point un esclave destiné à suivre pas à pas la société ; il lui appartient de s'élancer devant elle, pour lui servir de guide ; c'est à lui de marcher et c'est à elle de suivre. »

De ce point de vue, la littérature romantique leur paraît infidèle à sa mission : la richesse passionnelle, le généreux enthousiasme des jeunes poètes aboutit à des résultats dérisoires : les uns, « ressaisissant la lyre chrétienne [...] tentent de ranimer l'enthousiasme religieux » ; d'autres, se repliant sur leurs petites douleurs personnelles, « s'abandonnent en blasphémant à une amère mélancolie » ; d'autres « agitent en de longues querelles s'il faut prendre pour modèle Racine ou Shakespeare ». Polémiquant avec les journaux libéraux sur les plans économique et politique, les saint-simoniens ne seront pas tendres envers le romantisme libéral lorsqu'ils dirigeront *Le Globe :* « Le romantisme, c'est le libéralisme, c'est la souveraineté de chacun appliquée aux beaux-arts. C'est l'anarchie. »

Ils avaient encensé en revanche, en 1825, l'*Ode à Pierre-Paul Riquet, auteur du canal du Languedoc* de Soumet. On perçoit le paradoxe : plaçant très haut la mission de l'artiste, le saint-simonisme le condamne à des œuvres terre à terre ; c'est l'amorce d'un autre grand débat sur « l'engagement » de l'écrivain et de l'artiste qui se prolongera au XXᵉ siècle. Dans l'immédiat, les saint-simoniens ont contribué, à leur manière, à hisser l'artiste sur un piédestal, à le rendre responsable de l'avenir.

3. Le désenchantement et l'Art pour l'Art

Le « désenchantement » qui suit les journées de juillet 1830 atteint de plein fouet les plus jeunes membres du Cénacle de Victor Hugo, ceux qui ont vingt ans autour de 1830 et qui avaient mis tout l'enthousiasme de leur jeunesse dans les combats pour *Hernani* en février 1830 et dans les combats pour ce qu'ils croyaient être la liberté en juillet. Privés de tout idéal, livrés à eux-mêmes avec l'éclatement du groupe hugolien, dégoûtés de la « curée », ils se réfugient, comme l'écrit Nerval, l'un d'entre eux, dans la « tour d'ivoire des poètes », et reportent leur idéal dans le culte de l'Art. Cette promotion de l'Art au rang de valeur morale, sociale, métaphysique même, apparaissait, on l'a vu, dans des systèmes de pensée aussi différents et contradictoires que ceux de Victor Cousin, des contre-révolutionnaires adeptes d'une poésie sacrée et des saint-simoniens. En 1834, un chroniqueur écrit :

> « Le despote du jour est le mot *artiste*. [...] L'art est presque un culte, une religion nouvelle qui arrive bien à propos quand les dieux s'en vont et les rois aussi. »

Félix Pyat,
Nouveau Tableau de Paris au XIXᵉ siècle, IV

L'Art tend donc à devenir la religion commune de tous ceux qui cherchent à atteindre le Beau : écrivains, peintres, sculpteurs et musiciens. Chez Balzac, Raoul Nathan, qui fait partie des jeunes écrivains dont nous parlons,

« était un de ceux qui contribuèrent le plus à faire ranger toutes les œuvres, le tableau, la statue, le livre, l'édifice, sous la bannière unique de l'Art. »

Une fille d'Éve, 1839

Les artistes, sans doute, fréquentaient déjà les mêmes salons que les écrivains, mais il s'agit, après 1830, d'une fraternité, de la constitution d'un groupe social qui tend parfois à se marginaliser.

Au premier rang de ces marginaux deux groupes souvent confondus dès cette époque et qu'il est malaisé de distinguer aujourd'hui : *Jeunes-France* et *bousingots* ; le *Figaro* leur consacre, en 1831, une série d'articles féroces, mais qui permettent de confirmer les dires des membres de ces groupes.

« Le *jeune France* est né du jour où la peinture a fait alliance avec la littérature romantique » écrit le chroniqueur. Cette alliance révèle, de la part des écrivains, une attention à la *forme* qui sera l'une des principales caractéristiques des tendances qui vont naître alors. Un recueil comme *Les Orientales* de Victor Hugo (1829) manifestait un goût de la virtuosité qui apparaissait déjà dans les *Ballades* ; ce goût, peut-être immodéré, pour la virtuosité éclate plus vivement encore en musique, les « rossignols italiens » triomphent dans les opéras et, en 1831, l'apparition de Paganini suscite un véritable délire ; le virtuose sera l'une des « vedettes » de la société louis-philipparde (voir troisième partie, p. 112-114). Exalté, se gargarisant d'un vocabulaire hyperbolique, excentrique dans sa tenue, le *Jeune-France* cultive le « genre artiste », comme on ne tardera pas à l'appeler.

Les *bousingots,* pour leur part, tout aussi excentriques, s'intéressent davantage à la politique, ce sont des républicains anarchistes, des gauchistes avant la lettre.

La confusion entre les deux désignations est facilitée par le fait qu'on trouve souvent les mêmes individus dans les deux groupes, mais surtout parce qu'ils inspirent l'un et l'autre une égale terreur au *bourgeois* : fauteurs de troubles, parfois emprisonnés comme Nerval — pour conspiration ou tapage nocturne ? —, ils représentent un danger pour la société, en tout cas pour les bonnes mœurs. La haine qui naît alors entre l'artiste et le bourgeois sera pour longtemps inexpiable et se traduira par d'innombrables caricatures : le *Joseph Prudhomme* d'Henry Monnier est passé à la postérité. La réaction de la bourgeoisie effrayée se traduit par la floraison d'une littérature morale, issue de « l'école du bon sens », que Baudelaire pourfendra plus tard dans son article : « Les drames et les romans honnêtes » (1851).

Le Petit Cénacle

Le souvenir du Petit Cénacle nous a été conservé par Théophile Gautier qui lui consacre une évocation nostalgique dans son *Histoire du Romantisme.* Chez le sculpteur Jehan du Seigneur se réunissaient jusqu'en 1832 les écrivains Gautier, Nerval, Petrus Borel, Auguste Maquet, futur « nègre » d'Alexandre Dumas, qui se fait appeler Augustus Mac-Keat, Théophile Dondey (*alias* Philothée O'Neddy), le graveur Célestin Nanteuil, le peintre Gabriel Laviron, rédacteur de la revue *L'Art.* Au-delà des excentricités de costume et de langage, des beuveries et « orgies » littéraires, que Gautier et d'autres ont complaisamment rapportées, c'est bien d'art qu'il s'agit ; dans l'*Histoire du Romantisme,* Gautier reproduit une lettre que lui adresse, en 1857, un ancien du Petit Cénacle, Joseph Bouchardy :

> « Nous formions une famille sans Benjamin et sans droit d'aînesse. Tandis que les fouriéristes faisaient des phalanstères, les saint-simoniens de nouveaux contrats sociaux, les démocrates des projets, sourds à tous ces bourdonnements d'alors, nous n'entendions que le murmure de l'art qui s'agitait dans l'enfantement d'un progrès. »

> IX

Il ne faudrait pas cependant tenir pour négligeable le caractère excentrique et provocateur des Jeunes-France ; c'est, comme le culte de l'Art, une manifestation de la révolte, qu'elle soit radicale et frénétique, comme celle de Pétrus Borel (*Champavert,* 1833), ou moins apparente :

> « Le caractère qu'on retrouve dans tous les débuts de ce temps-là est le débordement du lyrisme et la recherche de la passion. Développer librement tous les caprices de la pensée, dussent-ils choquer le goût, les convenances et les règles ; haïr et repousser [...] épiciers, philistins ou bourgeois ; célébrer l'amour avec une ardeur à brûler le papier, le poser comme seul but et seul moyen de bonheur, sanctifier et déifier

l'Art regardé comme second créateur ; telles sont les données du programme que chacun essaye de réaliser selon ses forces, l'idéal et les postulations secrètes de la jeunesse romantique. »

Histoire du romantisme, VII

On peut adhérer à l'opinion de Paul Bénichou : le Petit Cénacle, interprète de toute une jeunesse, marque « l'instant culminant — exaltation suprême et sentiment d'échec — de la révolution romantique. » (*Le Sacre de l'écrivain*).

« Avec ce siècle infâme, il est temps que l'on rompe »

écrivait Gautier en 1832 (*Albertus,* sonnet VII).

La bohème galante du Doyenné

Trois ans plus tard, une partie du groupe se retrouve, avec une atmosphère bien différente, impasse du Doyenné, dans le vieux quartier du Carrousel ; c'est la « Bohème galante ». Autour du peintre Camille Rogier et de Nerval qui ont loué un grand appartement, et de Gautier, leur voisin, des fidèles comme Nanteuil, Maquet ou Devéria, mais aussi des nouveaux, comme Arsène Houssaye, et des peintres, Auguste de Châtillon, Delacroix et Corot parfois, Gavarni, le jeune Chassériau, Marilhat l'orientaliste, et combien d'autres, sans parler des actrices et figurantes... L'évocation nostalgique est, cette fois, due à Nerval :

« Quels temps heureux ! On donnait des bals, des soupers, des fêtes costumées, — on jouait de vieilles comédies [...]. Nous étions jeunes, toujours gais, souvent riches... »

Petits Châteaux de Bohême, 1853, V

L'heure n'est plus à la révolte, mais à la fête, fête où l'on cherche à retrouver l'esprit des fêtes galantes de Watteau, insouciance, oubli du réel ; la fraternité des arts — « nous nous étions reconnus frères », écrit Nerval — s'exprime moins par la recherche créative, que par la décoration éphémère : Alexandre Dumas a conté dans ses *Mémoires* comment ses amis peintres et non des moindres : Decamps, Delacroix, Grandville... décorèrent son appartement pour un bal costumé en 1833 ; il en fut de même dans les salons du Doyenné en 1835. Le refuge dans l'étourdissement des plaisirs semble

avoir remplacé la révolte ; il y a quelque chose de résigné dans
cette mutation, le régime de Juillet est bien installé en 1835, la
censure est rétablie au théâtre, l'ordre règne à l'extérieur.
    La révolte, en fait, subsiste ; elle ne cherche plus l'affronte-
ment, mais se manifeste dans une totale indépendance :

> « Ce qu'il y eut de plus caractéristique dans notre Bohême, ce
> fut notre révolte ouverte contre tous les préjugés, je dirai
> presque contre toutes les lois. [...] nous nous moquions de
> tout. [...] Nous nous étions mis hors la loi. »
>
> Arsène Houssaye,
> *Les Confessions,* 1885, I

    Cette indépendance est aussi celle des membres du groupe.
On leur chercherait en vain une doctrine commune et c'est
probablement l'éclectisme qui est à l'origine de la recherche
de nouvelles sources d'inspiration dont certaines durent faire
frémir les romantiques de la première heure : « mode Watteau », étude des marginaux des siècles passés, *Les Grotes-
ques,* auxquels Gautier consacre un ouvrage, retour à l'antique,
et même aux auteurs classiques ! « Toutes les opinions étaient
les bienvenues dans ce cénacle d'esprits fantasques », écrit
Houssaye. S'il n'y a pas de grande œuvre issue de cette bohème — la plupart des membres dissiperont leur talent dans le
journalisme —, la fraternité des arts animera au moins l'une
des grandes revues du XIXᵉ siècle, *L'Artiste* (1831-1904), qui
publie articles, nouvelles, poèmes et gravures ; elle sera sans
doute responsable aussi de ces « transpositions d'art » que bien
des poètes, de Gautier à Verlaine, affectionneront. Le culte de
l'art et l'esprit d'indépendance ont donné naissance à ce que
l'on a nommé plus tard la théorie de l'Art pour l'Art.

Gautier : préface de Mademoiselle de Maupin

    C'est dans la préface de *Mademoiselle de Maupin* (voir An-
thologie, p. 180-182), écrite par Théophile Gautier en 1834,
que l'on trouve, sous une forme virulente et plaisante à la fois,
l'amorce de cette théorie.
    La préface de Gautier est probablement le plus ardent mani-
feste romantique en faveur de la liberté dans l'art, liberté en-
tendue comme une indépendance absolue vis-à-vis des valeurs

autres qu'esthétiques. Sont visés d'abord les journalistes qui voudraient assigner à l'art un but moral :

> « L'époque, quoi qu'ils en disent est immorale [...] Les livres suivent les mœurs et les mœurs ne suivent pas les livres. [...] Je ne sais qui a dit je ne sais où, que la littérature et les arts influaient sur les mœurs. Qui que ce soit c'est indubitablement un grand sot. C'est comme si l'on disait : les petits pois font pousser le printemps. »

La cible de prédilection de Gautier est la critique « utilitaire », il s'y était attaqué dès 1832 dans la préface d'*Albertus* :

> « A quoi cela sert-il ? — Cela sert à être beau. — N'est-ce pas assez ? comme les fleurs, comme les parfums, comme les oiseaux, comme tout ce que l'homme n'a pu détourner et dépraver à son usage.
>
> En général, dès qu'une chose devient utile, elle cesse d'être belle. [...] L'art, c'est la liberté, le luxe, l'efflorescence, l'épanouissement de l'âme dans l'oisiveté. »

Une telle conception de l'art conduisait fatalement à mettre plus ou moins en cause le principe de la relativité du Beau qui était l'un des fondements des doctrines romantiques : les tenants de l'Art pour l'Art, de Banville à Flaubert, ouvriront d'autres voies.

4. Mission de l'artiste et sacerdoce du poète

On doit reconnaître que, si les membres du Petit Cénacle et les bohèmes du Doyenné ont été à l'origine de thèses promises à un grand avenir, ils sont à peu près tous, aux yeux de leurs contemporains, des écrivains de second ordre ; il n'est pas rare, aujourd'hui encore, de leur voir appliquer la dénomination — contestable ! — de « petits romantiques ». Les « grands romantiques », pour leur part, prirent de façon plus ou moins déterminée la route sinon de l'utilitarisme, du moins de l'humanitarisme ; peut-être est-ce leur notoriété elle-même qui pesa sur eux et leur donna, sous la pression des idées ambiantes, conscience de leur responsabilité devant leur siècle.

Lamartine et Vigny

Lamartine, pour sa part, fut de bonne heure convaincu que le poète avait un rôle à jouer, non seulement par sa plume, mais par l'action politique directe :

> « Honte à qui peut chanter pendant que Rome brûle. »

écrit-il en 1831 alors qu'il est candidat aux élections. L'avenir de la poésie est clairement défini par lui en 1834 dans l'article *Des destinées de la poésie* (voir Anthologie, p. 178-179) :

> « La poésie sera de la raison chantée, voilà sa destinée pour longtemps ; elle sera philosophique, religieuse, politique, sociale, comme les époques que le genre humain va traverser. [...] elle a une destinée nouvelle à accomplir : elle doit suivre la pente des institutions et de la presse ; elle doit se faire peuple, et devenir populaire, comme la religion, la raison et la philosophie. »

C'est là que le bât blesse, et d'autres poètes refuseront ce risque de dégradation d'un art — le « plus grand », dira Mallarmé.

Désenchanté de 1830, un moment séduit par le saint-simonisme et par le néo-catholicisme humanitaire de Lamennais, Alfred de Vigny ne se réfugie pas pour autant dans l'Art pour l'Art : selon le « Docteur noir » de *Stello* (1832), l'Art est toujours révélateur de vérité et, par là-même, opposé à tout Pouvoir, à « tout ordre social [...] basé sur un mensonge plus ou moins ridicule. » Aussi délivre-t-il cette ordonnance :

> « *Séparer la vie poétique de la vie politique.* [...]
> *seul et libre, accomplir sa mission* [...]
> LA SOLITUDE EST SAINTE. »

Mais

> « La Neutralité du penseur solitaire est une NEUTRALITÉ ARMÉE qui s'éveille au besoin [...]. Il dit le mot qu'il faut dire, et la lumière se fait.
>
> Il dit ce mot de loin en loin et, tandis que le mot fait son bruit, il rentre dans son silencieux travail et ne pense plus à ce qu'il a fait. »

Dans sa fière solitude, Vigny se tient à l'écart des luttes politiques, mais il garde confiance dans le pouvoir d'une poésie qui concentre la vérité et annonce l'avenir :

> « Poésie ! ô trésor ! perle de la pensée ! »
>
> « *La Maison du berger* », 1844,
> voir *Anthologie,* p. 190-191

L'évolution de Victor Hugo

Victor Hugo, pour sa part, a été dès ses premières œuvres, préoccupé par la mission du poète ; la première préface des *Odes,* en 1822, commençait par ces mots : « Il y a deux intentions dans la publication de ce livre, l'intention littéraire et l'intention politique. » Chaque livre de ces mêmes *Odes* s'ouvrait par un poème relatif à la situation du poète qui apparaît comme un prophète agissant sur la société. Hugo, toutefois, est, de bonne heure également, préoccupé par les risques de cette attitude : il n'est pas question d'asservir la poésie à un idéal quel qu'il soit et le poète doit préserver son statut de rêveur qui seul lui permet de percer les secrets du monde — qu'il a mission de révéler. Aussi tous ses recueils poétiques jusqu'en 1840 manifesteront-ils une hésitation, une tentation de se retirer à l'écart ; au moment où il va entrer dans la politique active, la pièce liminaire des *Rayons et les Ombres,* « Fonction du poète », met en scène, on l'a vu, ce débat auquel l'exil mettra fin : *Châtiments* (1853) en sera la preuve. Hugo est-il donc convaincu de la nécessité de l'engagement ? On le croirait à lire ces lignes de *William Shakespeare* (1864) :

> « Ah ! esprits ! soyez utiles ! servez à quelque chose. [...] L'art pour l'art peut être beau, mais l'art pour le progrès est plus beau encore. Rêver la rêverie est bien, rêver l'utopie est mieux. [...] Le prophète [...] ne s'appartient pas, il appartient à son apostolat. »

Les objections des tenants de l'art pour l'art sont réfutées :

> « Ils tremblent de voir les bras de la muse se terminer en mains de servante. [...] Ils sont inquiets pour le sublime s'il descend jusqu'à l'humanité. Ah ! ils se trompent. L'utile, loin de circonscrire le sublime, le grandit. »
>
> II, 6, I

Faut-il ajouter entièrement foi à ces affirmations, certes conformes à l'image que Hugo s'est forgée dans l'exil ? On peut en douter lorsqu'on trouve, dans un fragment manuscrit non retenu pour l'édition, des positions beaucoup plus nuancées :

> « Etre grand et inutile, cela ne se peut. [...] l'art, à la seule condition d'être fidèle à sa loi, le Beau, civilise les hommes par sa puissance propre, même sans intention, même contre son intention. [...] Le Beau, c'est la forme. [...] et tout ce qui est le Beau manifeste le vrai. »

La position de Baudelaire

Il est significatif de voir les deux plus grands poètes du siècle se rejoindre sur ce point : Baudelaire dénonce en 1851 « deux écoles opposées » qui tendent au même but, même si « l'une prêche la morale bourgeoise et l'autre la morale socialiste. Dès lors l'art n'est plus qu'une question de propagande. » (« Les Drames et les romans honnêtes », 1851). L'année suivante, il s'inquiète tout autant des excès de l'art pour l'art :

> « Le goût immodéré de la forme pousse à des désordres monstrueux et inconnus. Absorbées par la passion féroce du beau, du drôle, du joli, du pittoresque, car il y a des degrés, les notions du juste et du vrai disparaissent. »
>
> « L'École païenne », 1852

Plus tard, les « Notes nouvelles sur Edgar Poe » dénoncent avec énergie « l'hérésie de l'*enseignement,* laquelle comprend comme corollaires inévitables l'hérésie de la *passion,* de la *vérité* et de la *morale.* » (1859). Une brève formule résumait sa pensée dès 1851 : « L'art est-il utile ? Oui. Pourquoi ? Parce qu'il est l'art. »

Le débat sur l'utilité du Beau et sur l'engagement de l'artiste est peut-être le plus important de ceux qui ont agité le monde romantique. Nombre d'écrivains, sans aucun doute, ont caressé le rêve de jouer un grand rôle politique, mais ce rêve en cache un autre, rêve fou celui-là, dont l'aveu explicite serait mal venu. Dans son *Voyage en Orient,* Lamartine se présente implicitement en nouveau Messie, expliquant l'histoire et créant l'avenir ; dans *Aurélia,* le narrateur nervalien, au sortir d'une vision merveilleuse, déclare : « C'est alors que je suis descendu parmi les hommes pour leur annoncer l'heureuse nouvelle » et Hugo reçoit de « la Bouche d'Ombre » (*Les Contemplations*, VI, 26) à Jersey, comme Moïse de Dieu sur le Sinaï, la Révélation. Le rôle du Poète-prophète dépasse ici de beaucoup le misérable niveau de la propagande ; a-t-on jamais cru davantage au pouvoir de la parole poétique qu'en ces dernières années du Romantisme, où certains ont vu la possibilité d'ouvrir une ère nouvelle pour l'humanité ?

Thèmes et écriture

I. L'Histoire

1. L'irruption de l'Histoire dans la vie

Sous l'Ancien Régime, tout était clair : l'Histoire était l'affaire des rois, des grands de ce monde ; la tragédie reflète cet état de choses. En dehors de périodes bien déterminées, passage des armées, guerres de religion, émeutes paysannes, l'Histoire n'atteint pas le peuple, dont les moyens d'information sont d'ailleurs limités. Avec la Révolution, tout change et les événements historiques pénètrent, presque quotidiennement, dans la vie de tout un chacun. Le phénomène est particulièrement sensible dans les villes, à Paris surtout, mais il n'épargne pas les campagnes où la vente des biens nationaux apporte des bouleversements qui, non seulement touchent la vie économique et sociale, mais encore ébranlent profondément les consciences : les romans de Barbey d'Aurevilly illustreront ces lendemains difficiles de la Révolution dans les campagnes : une vieille mendiante y déclare dans *L'Ensorcelée* (1854) : « Ah ! vous autres seigneurs, qu'est-ce qui peut effacer en vous la marque de votre race ? »

« Cette vassale idolâtre de ses maîtres, cette fille d'une société finie », conserve, jusque dans son abjection, une fidélité qu'a trahie l'héroïne, Jeanne de Feuardent : « L'idée de son mariage, de sa chute volontaire dans les bras d'un paysan, lui fondait le front dans le feu de la honte » (VIII). C'est que, écrit Barbey, « Un acquéreur des biens d'Eglise inspirait à peu près l'horreur qu'inspire le voleur sacrilège » (VI).

L'Histoire concerne désormais tout le monde et le plus obscur Français peut se retrouver sinon député à la Convention, du moins chef de section, officier, ou... « suspect » et guillotiné, en l'espace de quelques mois. Ainsi, chacun prend conscience de vivre l'Histoire, mais aussi de la faire : ce sont les gens de la rue qui ramènent la famille royale de Versailles à Paris, qui portent Robespierre au pouvoir et l'abattent un an après, ce sont ces citoyens, défendant leur patrie et leur liberté nouvelle qui sont les volontaires de 1792, vainqueurs à Valmy, les « soldats de l'an II » :

> « Contre toute l'Europe avec ses capitaines,
> Avec ses fantassins couvrant au loin les plaines,
> Avec ses cavaliers,
> Tout entière debout comme une hydre vivante,
> Ils chantaient, ils allaient, l'âme sans épouvante,
> Et les pieds sans souliers ! »

Victor Hugo,
Châtiments, « À l'obéissance passive », 1853

L'Histoire et la politique sont devenues l'affaire de tous et s'introduisent jusque dans les événements les plus personnels, comme en témoigne Chateaubriand :

> « Parmi les pièces authentiques qui me servent de guide, je trouve les actes de décès de mes parents. Ces actes marquant aussi d'une façon particulière le *décès du siècle,* je les consigne ici comme une page d'histoire.
>
> « Extrait du registre de décès de la paroisse de Combourg, pour 1786, où est écrit ce qui suit, folio 8, verso :
>
> « Le corps de haut et puissant messire René de Chateaubriand, chevalier, comte de Combourg, seigneur de Gaugres, le Plessis-l'Epine, Boulet, Malestroit en Dol et autres lieux, époux de haute et puissante dame Apolline-Jeanne-Suzanne de Bédée de la Bouëtardais, dame comtesse de Combourg, âgé de soixante-neuf ans environ, mort en son château de Combourg, le six septembre, environ les huit heures du soir, a été inhumé le huit, dans le caveau de ladite seigneurie, placé dans le chasseau de notre église de Combourg, en présence de messieurs les gentilshommes, de messieurs les officiers de la juridiction et autres notables bourgeois soussignants. [...]
>
> « Extrait du registre des décès de la ville de Saint-Servan, premier arrondissement du département d'Ille-et-Vilaine, pour l'an VI de la République, folio 35, recto, où est écrit ce qui suit :

« Le douze prairial, an six de la République française, devant moi, Jacques Bourdasse, officier municipal de la commune de Saint-Servan, élu officier public le quatre floréal dernier, sont comparus Jean Baslé, jardinier, et Joseph Boulin, journalier, lesquels m'ont déclaré qu'Apolline-Jeanne-Suzanne de Bédée, veuve de René-Auguste de Chateaubriand, est décédée au domicile de la citoyenne Gouyon, situé à La Ballue, en cette commune, ce jour, à une heure après midi. [...] »
Dans le premier extrait, l'ancienne société subsiste : M. de Chateaubriand est un *haut et puissant seigneur,* etc., etc. ; les témoins sont des *gentilshommes* et des *notables bourgeois* ; [...]
Dans l'extrait mortuaire de ma mère, la terre roule sur d'autres pôles : nouveau monde, nouvelle ère ; le comput des années et les noms même des mois sont changés. »

Mémoires d'Outre-Tombe, IV, 5

Pour intéresser son lecteur, l'écrivain devra donc aborder des sujets qui se rattachent à ces nouvelles conditions de vie ; un journaliste anonyme écrit, au début de la Restauration : « Tant de catastrophes ont appris aux Français qu'il existait de plus grands malheurs que d'être trahis par une infidèle. »

A cette nécessité de prendre en compte une Histoire devenue quotidienne s'ajoute le désir de la comprendre : tous ces bouleversements ont-ils un sens ? le XIXe siècle ne cessera de se poser la question et, dès l'Empire, Joseph de Maistre (1753-1821) développe des vues providentialistes. Sur ce thème, écoutons encore une fois la musique de « l'enchanteur » :

« Depuis la dernière date de ces Mémoires, Vallée-aux-Loups, janvier 1814, jusqu'à la date d'aujourd'hui, Montboissier, juillet 1817, trois ans et dix mois se sont passés. Avez-vous entendu tomber l'Empire ? Non : rien n'a troublé le repos de ces lieux. L'Empire s'est abîmé pourtant ; l'immense ruine s'est écroulée dans ma vie, comme ces débris romains renversés dans le cours d'un ruisseau ignoré. Mais à qui ne les compte pas, peu importent les événements : quelques années échappées des mains de l'Eternel feront justice de tous ces bruits par un silence sans fin. »

Mémoires d'Outre-Tombe, II, 9

Comprendre l'Histoire implique qu'on l'étudie ; or, cette étude a été facilitée par la mise à la disposition des chercheurs de toutes les archives libérées par la Révolution. Certains édi-

teurs flairent là une bonne affaire : Petitot publie, entre 1819 et
1829, 131 volumes de *Mémoires relatifs à l'Histoire de
France* qu'il n'a eu que la peine de transcrire, et il n'est pas le
seul... Les historiens, mais aussi les romanciers et les dramaturges vont y trouver une mine quasiment inépuisable. L'intérêt pour le passé national trouve matière à s'alimenter et, au
lieu de puiser chez les éternels Grecs et Romains, on s'attache-
ra à la « barbarie » gauloise (l'épisode de Velléda des *Martyrs*
de Chateaubriand en 1809, *Norma* de Soumet en 1831...) ou
aux guerres de religion dont on rapproche les luttes récentes de
la Chouannerie. Sous l'Empire déjà, l'impulsion est donnée :
la fondation de l'Académie celtique (1805), l'apparition d'un
théâtre « national », le goût pour le bric-à-brac et ce que l'on
appellera les « antiquités », l'attestent, mais il manque un dé-
clencheur pour créer une véritable vogue ; le mouvement viendra, là encore, de l'étranger.

2. Le révélateur : Walter Scott

En 1820, Augustin Thierry qui sera le premier en date des
grands historiens du XIXᵉ siècle, rend compte, dans le *Censeur
européen* (27 mai), d'*Ivanhoe* de Walter Scott :

> « Le jour où Guillaume-le-Bâtard, *duc* de Normandie, à la fa-
> veur d'un vent d'est, entra dans la baie de Hastings avec
> 700 vaisseaux et 60 000 soldats, pour envahir le pays des An-
> glo-Saxons, une lutte à mort commença entre ce peuple et la
> troupe des envahisseurs. Il y allait de la propriété, il y allait
> de l'indépendance, il y allait de la vie : la contestation devait
> être longue ; elle le fut en effet ; mais vainement en cherche-
> rait-on le récit fidèle dans les historiens modernes de l'Angle-
> terre. [...] les conséquences de l'invasion semblent se borner,
> pour la nation vaincue, à un simple changement de dynastie.
> L'asservissement des indigènes de l'Angleterre, leur expro-
> priation en masse et le partage de leurs biens entre les enva-
> hisseurs étrangers, tous ces actes de conquête et non de gou-
> vernement, perdent leur caractère véritable pour prendre mal
> à propos une couleur administrative.
>
> Un homme de génie, Walter Scott, vient de présenter une vue
> réelle de ces événements si défigurés par la phraséologie mo-
> derne ; et, chose singulière, mais qui ne surprendra point ceux
> qui ont lu ses précédents ouvrages, c'est dans un roman qu'il

a entrepris d'éclairer ce grand point d'histoire, et de présenter vivante et nue cette conquête normande. »

Le romancier écossais (1771-1832), poète et folkloriste, grand amateur d'antiquités, a inventé avec *Waverley* (1814) une nouvelle forme de roman qui connaît un succès foudroyant. Le choix de héros imaginaires ou peu connus relègue à l'arrière-plan les grands personnages historiques : les titres des romans scottiens sont *Ivanhoe* ou *Quentin Durward*, non pas *Richard-Cœur-de-Lion* ou *Louis XI*. Ce qui n'est probablement à l'origine qu'une nécessité romanesque donne au lecteur l'impression que l'Histoire est faite par de petites gens, que les événements ne sont pas des combats entre grands capitaines, mais des affrontements entre grandes masses ethniques ou religieuses : l'on retrouve ainsi, tout en s'accordant à l'histoire récente, l'épopée perdue.

Walter Scott, en effet, ne tombe pas dans le travers d'un Scudéry qui déroule une intrigue romanesque traditionnelle sur une toile de fond historique ou pseudo-historique ; il ne s'agit pas de savoir avant tout si Waverley épousera la belle Rosa ou la mystérieuse Flora. C'est le drame d'une époque et d'une nation qui est en scène et l'intention du romancier est peut-être, au premier chef, de sauver de l'oubli ce que la modernité risque de faire disparaître, l'identité nationale d'un peuple vaincu par les Anglais et voué à perdre son particularisme. Le critique du *Journal des Débats* du 9 octobre 1835 ne s'y trompait pas :

> « [...] ce qui a fait le principal intérêt des créations de Walter Scott [...] ce n'était pas une forme de roman nouvelle, un plus habile mélange de la fiction et de l'histoire, une mise en scène originale [...] c'était par-dessus tout la reconstruction de nationalités qui finissent, la restauration de mœurs, de souvenirs qui tombent, la consécration de légendes qui se perdent. »

La volonté de faire revivre le « bon vieux temps » conduit Scott à des innovations décisives en matière de technique romanesque. La description, très développée, n'est pas chez lui un exercice d'école, mais un souci d'« antiquaire », et surtout une prise de conscience du rôle essentiel de l'espace qui acquiert, dans ces romans, toute sa gamme de significations : fonctionnel, référentiel, pittoresque ou symbolique, l'espace tend à devenir un personnage à part entière.

Le héros, de son côté, suit un itinéraire dans lequel l'Histoire joue un rôle initiateur : le passage de l'enfance à l'âge adulte est ici passage de l'ancien monde au nouveau : Waverley accepte le changement, sort de son aventure transformé, adapté au monde nouveau ; Edgar Ravenswood (*La Fiancée de Lammermoor*, 1818) refuse le changement et meurt. Les héros balzaciens vivront de semblables épreuves pour entrer dans la société nouvelle. A leurs côtés apparaissent des anti-héros, comiques ou attendrissants, illustrations d'une passion ou d'un comportement, qui passent du monde de la comédie à celui du roman ; dans ce domaine encore, la dette de Balzac sera importante, le père Grandet, le baron Hulot, le cousin Pons et bien d'autres justifient l'appellation « comédie humaine ».

Le fait que les héros soient des personnages secondaires, donc inconnus du lecteur, a d'autres incidences : l'exposition du roman est, chez Scott, particulièrement développée, souvent sous la forme d'un dialogue qui accentue l'aspect théâtral que soulignent, dès 1823, Victor Hugo qui crédite Scott de l'invention du « roman *dramatique* » (*La Muse française*) et Stendhal qui parle de « tragédie romantique entremêlée de descriptions » (*Racine et Shakespeare*), ou plus tard Balzac, qui place dans la bouche d'un personnage d'*Illusions perdues* l'expression : « drame dialogué ».

Le succès en France des romans de Walter Scott, malgré quelques discordances (Chateaubriand l'accuse d'avoir « créé un genre faux, [...] perverti le roman et l'histoire »), s'explique par la nostalgie d'un passé encore proche et de ses valeurs, par la nécessité, ressentie à peu près par tous, de survivre au changement inévitable, mais sans se couper radicalement des origines, par la peur d'une révolution de la « table rase ». Une bonne part de la littérature romantique rejoint Scott par son désir de retrouver les racines, de ressentir l'Histoire comme une continuité bienfaisante et non comme une série d'insupportables ruptures.

3. Naissance de l'historiographie moderne

« Walter Scott n'a rien ignoré de tout cela ; simple romancier, il a porté sur l'histoire de son pays un coup d'œil plus ferme et plus pénétrant que celui des historiens eux-mêmes. Il a curieusement étudié, à chaque période, la composition essentielle de la nation écossaise ; et c'est ainsi qu'il est parvenu à donner aux scènes historiques où figurent ses personnages quelquefois imaginaires, le plus haut degré de réalité. Jamais il ne présente le tableau d'une révolution politique ou religieuse, sans la rattacher à ce qui la rendait inévitable, à ce qui doit, après elle, en produire d'analogues, au mode d'existence du peuple, à sa division en races distinctes, en classes rivales et en factions ennemies. »

Cet hommage rendu en 1824 par Augustin Thierry (1795-1856) qui fait du romancier écossais « le plus grand maître qu'il y ait jamais eu en fait de divination historique », le père de l'histoire moderne, peut surprendre. C'est que la vision historique de Walter Scott s'accordait avec la philosophie libérale de l'Histoire, telle que l'enseignait Victor Cousin. Non seulement c'est la lutte des peuples, des races — on dira bientôt des classes — qui fait l'Histoire, mais encore ces peuples sont déterminés par le pays dans lequel ils vivent, comme l'avait pressenti Montesquieu :

« Oui, donnez-moi la carte d'un pays, sa configuration, son climat, ses eaux, ses vents, et toute sa géographie physique ; donnez-moi ses productions naturelles, sa flore, sa zoologie, etc., et je me flatte de vous dire à peu près quel sera l'homme de ce pays, et quelle place ce pays jouera dans l'histoire, non pas accidentellement, mais nécessairement, non pas à telle époque, mais dans toutes, enfin l'idée qu'il est appelé à représenter. »

Victor Cousin, Cours d'histoire de la philosophie, 1828

On sait l'usage que fera Balzac de ces théories que Taine reprendra en 1853 avec trois mots : *race, milieu, moment.*

Augustin Thierry

La lutte des races, en France Francs conquérants devenus seigneurs contre Gallo-Romains, est le fondement de la vision historique d'Augustin Thierry :

« Nous croyons être une nation, et nous sommes deux nations sur la même terre, deux nations ennemies dans leurs souvenirs, inconciliables dans leurs projets : l'une a autrefois conquis l'autre ; et ses desseins, ses vœux éternels sont le ra-

jeunissement de cette vieille conquête énervée par le temps,
par le courage des vaincus et par la raison humaine. »

Le Censeur européen, 1820

Cette vision explique la Révolution, comme elle explique les
difficultés de la Restauration ; elle flatte en outre le sens esthétique en se rapprochant de l'épopée. Il s'agit donc d'écrire
cette histoire :

> « L'histoire de France, telle que nous l'ont faite les écrivains
> modernes, n'est point la vraie histoire du pays, l'histoire na-
> tionale, l'histoire populaire ; cette histoire est encore ensève-
> lie dans la poussière des chroniques contemporaines, d'où nos
> élégants académiciens n'ont eu garde de la tirer. La meilleure
> partie de nos annales, la plus grave, la plus instructive, reste à
> écrire ; il nous manque l'histoire des citoyens, l'histoire des
> sujets, l'histoire du peuple. Cette histoire nous présenterait en
> même temps des exemples de conduite et cet intérêt de sym-
> pathie que nous cherchons vainement dans les aventures de ce
> petit nombre de personnages privilégiés qui occupent seuls la
> scène historique. »

Ibidem

Cette prise en compte du peuple est ressentie par tous comme
une nécessité ; l'admirable portrait du paysan vendéen par Chateaubriand, qui n'a rien d'un libéral, le montre suffisamment
(voir Anthologie, p. 166-167). Thierry, en recherchant les
moyens d'écrire cette histoire, ouvre la voie à toute l'historiogra-
phie moderne par l'utilisation de documents de toutes sortes :
poésies populaires, traditions orales, littérature, peinture même
ont à ses yeux la même valeur que des documents historiques à
proprement parler. On s'est moqué de la manie de l'historien qui
restitue aux Mérovingiens leurs noms barbares ; il s'en explique à
propos de « Chlodowig » : « Le nom de Clovis, analogue à celui
d'Amadis, forme un véritable contresens avec les images rudes et
sanglantes de la barbarie germaine. »

La couleur locale, dont les romantiques sont si friands
trouve ainsi sa justification historique.

Michelet

Adoptant une perspective qui prolonge celle d'Augustin
Thierry, Jules Michelet (1798-1874) est le plus grand historien

romantique. Attaché, lui aussi, à la résurrection du passé par l'utilisation de tous les petits faits issus de toutes les sortes de documents, il s'écarte de son prédécesseur par la manière de faire revivre ce passé aux yeux du lecteur : là où Thierry cherche à convaincre par une interprétation rationnelle des événements, Michelet cherche à émouvoir par une vision lyrique ; plus qu'un historien libéral, Michelet est un écrivain romantique, souvent un visionnaire :

> « Avoir, dans les machines, créé des créateurs, de puissants ouvriers qui poursuivent invariablement l'œuvre qui leur fut imposée une fois, certes, c'est une grande tentation d'orgueil. Mais à côté, quelle humiliation, de voir en face de la machine, l'homme tombé si bas !... La tête tourne, et le cœur se serre, quand, pour la première fois, on parcourt ces maisons fées, où le fer et le cuivre éblouissants, polis, semblent aller d'eux-mêmes, ont l'air de penser, de vouloir, tandis que l'homme faible et pâle est l'humble serviteur de ces géants d'acier. »
>
> *Le Peuple*, I, 2, 1846

A l'historien se joint ici un sociologue qui regarde le présent, mais aussi l'avenir ; au pessimisme de nombre de ses contemporains quant à la possibilité d'améliorer le sort d'une population abrutie par l'alcoolisme, Michelet oppose une explication :

> « Cette foule n'est pas mauvaise en soi. Ses désordres dérivent en grande partie de sa condition, de son assujettissement à l'ordre mécanique qui pour les corps vivants est lui-même un désordre, une mort, et qui par cela provoque, dans les rares moments de liberté, de violents retours à la vie. Si quelque chose ressemble à la fatalité, c'est bien ceci. »,
>
> *Ibid.*

et propose un remède, l'instruction pour tous ; Michelet partage avec Hugo la foi en un avenir lumineux dans lequel l'éducation du peuple amènerait, sinon l'égalité, du moins la fraternité, la communion dans une religion de la Patrie :

> « Au reste, pour l'enfant, l'intuition durable et forte de la Patrie, c'est, avant tout, l'école, la grande école nationale, comme on la fera un jour. Je parle d'une école vraiment commune, où les enfants de toute classe, de toute condition, viendraient un an, deux ans, s'asseoir ensemble, avant l'éducation spéciale et où l'on n'apprendrait rien autre que la France. [...]

Que je voudrais, s'il faut que l'inégalité subsiste entre les
hommes, qu'au moins l'enfance pût suivre un moment son
instinct, et vivre dans l'égalité ! que ces petits hommes de
Dieu, innocents, sans envie, nous conservassent, dans l'école,
le touchant idéal de la Société ! Et ce serait l'école aussi pour
nous ; nous irions apprendre d'eux la vanité des rangs, la sot-
tise des prétentions rivales, et tout ce qu'il y a de vie vraie, de
bonheur, à n'avoir premier, ni dernier.

La patrie apparaîtrait là, jeune et charmante dans sa variété, à
la fois, et dans sa concorde. »

Ibidem, III, 9

Vision utopique qui introduit la religiosité, sinon la religion,
dans tous les domaines : Michelet rêve d'une histoire qui serait
la véritable science nouvelle de l'homme, rassemblant religion,
philosophie, sociologie dans une même volonté de construire
l'avenir.

4. Le roman historique en France

Le succès de Walter Scott devait inciter les écrivains français à suivre ses traces ; une impressionnante floraison de romans historiques marque en effet la période 1820-1850, et ce
type de roman n'est pas mort aujourd'hui. Il faut bien reconnaître, cependant, que les chefs-d'œuvre sont rares, si l'on
s'en tient aux normes implicitement mises en place par le romancier écossais. En fait, l'influence scottienne a été déterminante en France parce qu'elle a amené les romanciers à réflé-
chir sur leur art et à en modifier radicalement les techniques.
Ainsi, le romancier historique aura le souci, dès les premières
lignes — l'*incipit* —, de déplacer le lecteur dans le temps et
dans l'espace :

« Dans les premiers jours de l'an VIII, au commencement de
vendémiaire, ou, pour se conformer au calendrier actuel, vers
la fin du mois de septembre 1799, une centaine de paysans et
un assez grand nombre de bourgeois, partis le matin de Fougères pour se rendre à Mayenne, gravissaient la montagne de
la Pèlerine, située à mi-chemin environ de Fougères à Ernée,
petite ville où les voyageurs ont coutume de se reposer. »

Balzac,
Les Chouans, 1829

Le récit se trouve d'emblée ancré dans une réalité datable et localisable, pourvue de connotations historiques pour le lecteur. On trouverait ce type d'*incipit* dans la plupart des romans historiques de l'époque, *Notre-Dame de Paris* ou *Les Trois Mousquetaires,* mais on le trouve aussi dans beaucoup d'autres romans, chez Balzac, alors même que l'action se déroule à une date proche de la publication :

> « Vers le milieu du mois de juillet 1838, une de ces voitures nouvellement mises en circulation sur les places de Paris et nommées des *milords,* cheminait rue de l'Université, portant un gros homme de taille moyenne, en uniforme de capitaine de la garde nationale. »,
>
> *La Cousine Bette,* 1846

chez Stendhal :

> « Le 15 mai 1796, le général Bonaparte fit son entrée dans Milan à la tête de cette jeune armée qui venait de passer le pont de Lodi et d'apprendre au monde qu'après tant de siècles César et Alexandre avaient un successeur. »,
>
> *La Chartreuse de Parme,* 1839

et même chez Flaubert :

> « Le 15 septembre 1840, vers 6 heures du matin, *la Ville-de-Montereau,* près de partir, fumait à gros tourbillons devant le quai Saint-Bernard. »
>
> *L'Education sentimentale,* 1869

Le roman est ainsi en accord logique avec la nouvelle vision de l'homme apportée par le Romantisme ; l'histoire de Julie et de Saint-Preux (Rousseau, *La Nouvelle Héloïse),* pourrait se dérouler en d'autres lieux et en d'autres époques, le milieu et les événements historiques pèsent sur le destin des personnages romantiques.

Vigny : Cinq-Mars

Le premier roman historique français d'importance est l'œuvre d'Alfred de Vigny. Publié en 1826, époque à laquelle les conspirations sont encore d'actualité, *Cinq-Mars* relate la conjuration de Cinq-Mars contre Richelieu, image de la noblesse luttant contre un pouvoir centralisateur, combat d'arrière-garde qui marque la disparition de l'ancienne société féodale et d'une certaine forme d'aristocratie ; la question reste, elle aussi, d'actualité. Vigny reconstitue minutieusement la cour de Louis XIII, le monde des écrivains et de la préciosité, s'efforçant d'adapter le langage des personnages à leur état. Son roman est, comme le roman scottien, un roman *dramatique,* fait de grandes scènes où le dialogue tient une place importante et pour lesquelles les descriptions remplacent la mise en scène. Vigny, toutefois se sépare de Walter Scott sur un point essentiel ; il s'en explique dans une préface ajoutée en 1827 et intitulée « Réflexions sur la vérité dans l'art » :

> « Dans ces dernières années (et c'est peut-être une suite de nos mouvements politiques), l'Art s'est empreint d'histoire plus fortement que jamais. [...]
>
> Comme la France allait plus loin que les autres nations dans cet amour des faits et que j'avais choisi une époque récente et connue, je crus aussi ne pas devoir imiter les étrangers, qui, dans leurs tableaux, montrent à peine à l'horizon les hommes dominants de leur histoire ; je plaçai les nôtres sur le devant de la scène, je les fis principaux acteurs de cette tragédie. »

C'était là l'aspect le plus critiquable du roman, car il amenait Vigny à quelques invraisemblances : Corneille, Molière, Milton réunis dans le boudoir de la courtisane Marion de Lorme, par exemple ; mais surtout il donnait de Louis XIII et de Richelieu une vision intolérable pour beaucoup de lecteurs ; on ne le lui laissa pas ignorer, près de vingt ans plus tard encore, lors de sa réception à l'Académie française.

Balzac : Les Chouans

Balzac publie en 1829 avec *Les Chouans* (d'abord intitulé *Le Dernier Chouan,* puis *Les Chouans et la Bretagne en 1799*) le plus scottien des romans historiques français. Alors que Vigny ne montrait la lutte entre la noblesse et le pouvoir central qu'à travers deux individus, Balzac, sans jamais faire paraître aucun personnage historique, met en scène deux mondes qui s'affrontent par l'intermédiaire de l'armée républicaine et de la masse des Bretons révoltés. La Chouannerie sera avec les guerres de religion l'un des thèmes de prédilection du roman historique français : l'image de la France coupée en deux par

la guerre civile a de quoi émouvoir les lecteurs dans un pays
mal remis des secousses révolutionnaires et très divisé politi-
quement. Dans cette lutte, Balzac, royaliste comme Vigny,
donne raison, contrairement à son prédécesseur, au nouveau
monde contre l'ancien ; ce n'est pas par hasard qu'il choisit
également un combat d'arrière-garde, les derniers soubresauts
des révoltes de l'Ouest, mais c'est pour en montrer l'inutilité :

> « Là où une révolution a successivement passé dans les inté-
> rêts et dans les idées, elle est inattaquable ; il faut l'accepter
> comme un fait. [...] Le parti royaliste [...] doit accepter le
> combat dans les termes où il est posé par le dix-neuvième siè-
> cle. »

Dans chaque camp, quelques personnages mis en vedette.
Hulot, Merle, Gérard incarnent les forces vives de la nouvelle
France : promotion sociale due au mérite, idéal de liberté,
loyauté et humanité ; de l'autre côté d'ignobles individus à la
fois stupides, rusés et cruels, Marche-à-terre, Pille-Miche, Ga-
lope-chopine, représentent

> « les habitants de ces campagnes plus pauvres de combinai-
> sons intellectuelles que ne le sont les Mohicans et les Peaux-
> Rouges de l'Amérique septentrionale, mais aussi grands, aus-
> si rusés, aussi durs qu'eux »,

qui n'ont vu dans cette lutte que « des prétextes de pillage ».
La présence à leur tête d'aristocrates, au demeurant frivoles,
n'a pu agir sur ces « peuplades » dont le comportement peut
donner une leçon pour l'avenir :

> « quand de vrais défenseurs de la Monarchie vinrent recruter
> des soldats parmi ces populations ignorantes et belliqueuses,
> ils essayèrent, mais en vain, de donner, sous le drapeau blanc,
> quelque grandeur à ces entreprises qui avaient rendu la
> chouannerie odieuse, et les Chouans sont restés comme un
> mémorable exemple du danger de remuer les masses peu civi-
> lisées d'un pays. »
>
> Chapitre I

Le tableau pourrait être manichéen, il ne l'est pas entièrement ; dans chaque camp, Balzac a placé un personnage qui
joue un rôle de premier plan, mais tranche sur ses compagnons :
l'abject, mais efficace, Corentin, émissaire du pouvoir républicain, l'irréprochable, mais impuissant, Montauran, incarnation
des vertus de l'ancienne aristocratie. L'histoire d'amour entre

Montauran et Marie de Verneuil, manipulée par Corentin, forme un contrepoint à la lutte sans pitié que se livrent les deux camps.

Plus encore que Walter Scott, Balzac s'attache aux lieux et, comme Victor Cousin, explique les Bretons par la nature de leur pays : « immenses forêts primordiales », « monuments des Druides » encore debout, « nature d'un sol encore sillonné de ravins, de torrents, de lacs et de marais ; hérissé de haies, espèces de bastions en terre qui font de chaque camp une citadelle. » La documentation qu'il a pris soin de recueillir sur place lui permet de lier étroitement le déroulement de l'intrigue à la configuration des lieux :

> « Les derniers événements de cette histoire ayant dépendu de la disposition des lieux où ils se passèrent, il est indispensable d'en donner ici une minutieuse description, sans laquelle le dénouement serait d'une compréhension difficile. »
>
> Chapitre III

C'est la technique de ses romans à venir que Balzac met ici en place.

Mérimée : Chronique du temps de Charles IX

La même année que Balzac, Prosper Mérimée (1803-1870) publie sa *Chronique du temps de Charles IX,* où la lutte fratricide des catholiques et des protestants est représentée par deux frères, Georges et Bernard de Mergy. La vision libérale de l'histoire fait de la Saint-Barthélémy « une insurrection populaire qui ne pouvait être prévue, et qui fut improvisée », et Mérimée s'emploie à rapprocher cette époque de la sienne : ainsi le parti des Guises est celui « des ultra-royalistes du temps. » L'originalité de Mérimée réside surtout en l'introduction, dans un roman historique, des techniques d'« anti-roman » telles qu'elles apparaissaient chez Sterne et Diderot (*Jacques le Fataliste*). Le chapitre VIII, intitulé « Dialogue entre le lecteur et l'auteur » est une mise à distance ironique des problèmes posés par l'auteur de *Cinq-Mars* ; face à un lecteur supposé qui réclame : « Comment ! vous me transportez à l'année 1572, et vous prétendez esquiver les portraits de tant d'hommes remarquables ! », l'auteur objecte : « pourquoi voulez-vous que je vous fasse faire connaissance avec des gens qui ne doivent point jouer de rôle dans mon roman ? » Même désinvolture à la fin du roman : « Mergy se consola-t-il ? Diane prit-elle un autre amant ? Je le laisse à décider au lecteur qui, de la sorte, terminera toujours le roman à son gré. »

Mérimée n'aura pas d'imitateurs sur ce point : le roman historique parodique ne connaîtra pas d'œuvre notable, mais son ami Stendhal emploiera un ton analogue pour le « récit » de Waterloo dans *La Chartreuse de Parme,* et, un peu plus tard, Alexandre Dumas se souviendra que l'humour peut avoir sa place dans un roman historique.

Hugo : Notre-Dame de Paris

Avec *Notre-Dame de Paris* (1831), Victor Hugo sort du cadre mis en place par Walter Scott et ses imitateurs français. Les forces en présence sont bien deux civilisations, mais elles ne s'affrontent pas, c'est le passage, insensible pour la plupart des gens, de l'une à l'autre, du livre de pierre à l'imprimé, qui constitue une véritable révolution : « Ceci tuera cela » (titre du chapitre 2 du livre V). Hugo fait revivre tout le grouillement du Paris de la fin du Moyen Âge autour de la cathédrale, dans laquelle ses contemporains pouvaient voir la continuité du passé dans le présent, mais une continuité alors bien menacée par la négligence des hommes : l'un des objectifs de la publication est certainement d'obtenir la restauration de Notre-Dame. C'est plus profondément que la continuité est menacée : dans un monde sans foi, le livre de pierre est devenu lettre morte, remplacé, en quelque sorte, par le livre qui porte son nom. Ce n'est pas un hasard si, dans le roman, la cathédrale, personnage principal, apparaît comme une chose : sans fidèles, sans prêtres, sans cérémonies, sans piété, sans rien, qu'un sonneur de cloches bossu et sourd et un prêtre victime de la science et du désir. L'œuvre est particulièrement pessimiste : la fatalité (*Anankè,* « c'est sur ce mot qu'on a fait ce livre », déclare Hugo en avant-propos) entraîne êtres et choses. L'imprimé tuera la cathédrale, comme la pensée tuera la foi, comme l'amour tuera les personnages. L'Histoire ici n'apparaît faite ni par les grands, ni par le peuple, elle se fait seule en les écrasant tous sur son passage. *Notre-Dame* est bien, elle aussi, un produit du « désenchantement ».

La création, en 1836, de deux quotidiens à bon marché, utilisant la publicité, *La Presse* et *Le Siècle,* redonne vie à un type de roman que l'on avait pu croire perdu, irrémédiablement dégradé dans des publications qui cherchent le pathétique à tout prix et pratiquent une escalade dans l'horreur. La pression des annonceurs (le système de l'« audimat » est en marche...) incite les directeurs à attirer et à « fidéliser » les lecteurs en leur offrant des romans dont les épisodes occupent la partie inférieure des premières pages, le *feuilleton.* Ce *feuilleton-roman* ou *roman-feuilleton,* qui maintient le lecteur en haleine par la formule consacrée, « la suite au prochain numéro », connaît un succès prodigieux et envahit tous les quotidiens. Apparaissant aussitôt après la crise du théâtre (voir p. 114-118), il vient à point nommé pour des écrivains désireux de gagner beaucoup d'argent et de toucher un public populaire.

Alexandre Dumas

Alexandre Dumas est, avec Eugène Sue (*Les Mystères de Paris,* 1842-1843), le maître incontesté de ce nouveau roman auquel il adapte des méthodes de production que l'on a dites « industrielles » en s'entourant de collaborateurs, ses « nègres ». Entre 1842 et 1848, il publie onze grands romans historiques dont *Les Trois Mousquetaires* (1844), *Vingt ans après* (1845) et entame une longue série consacrée à l'époque pré-révolutionnaire et révolutionnaire, les *Mémoires d'un médecin* (1849-1855). Dumas s'oppose au roman scottien sur deux points au moins : les personnages imaginaires et les personnages historiques sont sur le même plan, le Richelieu des *Trois Mousquetaires* n'est pas sans ressemblance avec celui de *Cinq-Mars,* et surtout le mode de publication conduit à une présentation très différente, début *in medias res* (c'est-à-dire en pleine action) suivi d'un retour en arrière :

> « Commencer par l'intérêt, au lieu de commencer par l'ennui ; commencer par l'action, au lieu de commencer par la préparation ; parler des personnages après les avoir fait paraître, au lieu de les faire paraître après avoir parlé d'eux. »
>
> *Mémoires de mes bêtes,* 1868

Cette même exigence amène Dumas à retrouver un système de composition que connaissait le roman médiéval : l'entrecroisement des intrigues qui ménage le suspense et que Dumas pratique avec une grande habileté. Ce type de roman fut l'objet de vives critiques : infidélité à l'histoire, mais surtout utilisation de l'histoire comme prétexte à aventures, sans véritable intention de la peindre :

> « Chez l'auteur d'*Antony,* l'histoire est un clou auquel il suspend son tableau, tandis que chez le romancier écossais, c'est l'histoire, et non le roman, qui est le tableau. »
>
> H. Babou,
> *Revue de Paris,* 1844

Il n'importe, le roman historique « populaire » a encore de beaux jours devant lui avec Ponson du Terrail, Paul Féval, Michel Zévaco, et combien d'autres, mais la possibilité pour le roman-feuilleton de diffuser des « doctrines subversives » (Eugène Sue, *Les Mystères du Peuple,* 1849) attire l'attention du pouvoir : alors que Louis-Napoléon Bonaparte se prépare doucement à devenir empereur, une loi sur la presse frappe d'une taxe supplémentaire les journaux qui publient des romans-feuilletons (1850).

Derniers feux

Peu de romans du XIXe siècle échappent à l'omniprésence de l'Histoire et la frontière qui sépare des œuvres ouvertement historiques d'autres qui ne le sont pas, chez Stendhal, les *Chroniques italiennes* et *La Chartreuse de Parme* (1839) ou chez Flaubert, *Salammbô* (1862) et *L'Education sentimentale* (1869), semble bien fragile. Chez Flaubert, en tout cas, une coupure radicale se produit : aucun rapport n'est à percevoir entre passé et présent dans une Histoire qui n'a pas de sens ; la civilisation carthaginoise de *Salammbô* est un monde en voie de disparition totale, sans raison, qui ne laissera aucun vestige ; ce roman est, à sa manière, comme le rêve Flaubert, un « livre sur rien ».

C'est hors des limites que nous nous sommes fixées que Victor Hugo publie son dernier roman, un des plus beaux romans historiques du siècle, aboutissement d'une longue réflexion sur la Révolution française, *Quatrevingt-treize* (1874). Après la défaite de 1871, la Commune, les difficultés de mise en place de la République, le roman propose pour la première

fois une image de la France coupée en deux dans laquelle aucun des partis n'est détenteur de la Vérité. Chacun des trois héros incarne une logique inattaquable : l'impitoyable Lantenac,
fidèle aux traditions de l'ancienne France, le pur et dur Cimourdain qui justifie la Terreur par l'avenir à construire, « la
république de l'absolu », Gauvain, petit-neveu du premier et
fils adoptif du second, qui lui oppose « la république de
l'idéal » et rêve de « mettre tout en harmonie » (III, VII, 5).
L'enjeu de leur lutte, ce sont trois petits enfants, représentant
la foule des « misérables », victimes d'une Histoire à laquelle
ils ne comprennent rien. La mère des enfants et le mendiant
font, au sergent bleu et à Lantenac, des réponses identiques :

> « Pourquoi n'es-tu pas dans ta maison ?
> — Parce qu'on l'a brûlée.
> — Qui ça ?
> — Je ne sais pas. Une bataille [...]
> — De quel parti es-tu ?
> — Je ne sais pas. »

> I, 1

> « Etes-vous républicain ? êtes-vous royaliste ?
> — Je suis un pauvre.
> — Ni royaliste, ni républicain ?
> — Je ne crois pas. [...]
> — Depuis quand mourez-vous de faim ?
> — Depuis toute ma vie. »

> I, IV, 4

Le dernier roman historique romantique est bien loin du modèle scottien : l'Histoire ne pourra réellement être l'œuvre du
peuple que lorsque ce peuple sera instruit, éduqué, comme le
propose Gauvain à Cimourdain :

> « Vous voulez la caserne obligatoire, moi je veux l'école.
> Vous rêvez l'homme soldat, je rêve l'homme citoyen. Vous le
> voulez terrible, je le veux pensif. Vous fondez une république
> de glaives [...] Je fonderais une république d'esprits. »

> III, VII, 5

5. Le théâtre et l'Histoire

Les écrivains romantiques ne sont pas entièrement respon-
sables de l'entrée de l'histoire moderne au théâtre ; l'effort en-

trepris sous la Révolution pour créer un théâtre national et civique, le succès de pièces à grand spectacle représentant les grandes victoires sous l'Empire ont lancé un mouvement que l'on retrouvera sous la Restauration. Nombre de tragédies qui respectent les normes classiques traitent des sujets modernes : *Louis XI* d'Ancelot (1819) ou, la même année *Les Vêpres siciliennes* de Casimir Delavigne connaissent un grand succès que Stendhal commente en ces termes :

> « Ces pièces font beaucoup de plaisir, mais elles ne font pas un *plaisir dramatique*. Le public [...] aime à entendre réciter des sentiments généreux exprimés en beaux vers. Mais c'est là un plaisir *épique* et non pas dramatique. Il n'y a jamais ce degré d'illusion nécessaire à une illusion profonde. »
>
> *Racine et Shakespeare*, II, 1

Sont mis en accusation par Stendhal le vers, mais aussi le respect des unités de temps et de lieu qui empêche de représenter l'Histoire.

La « scène historique »

C'est au sein du groupe libéral auquel appartient Stendhal, où l'on se préoccupe également, autour d'Augustin Thierry, d'une nouvelle manière d'écrire l'histoire, que vont apparaître des tentatives originales. La tragédie historique souhaitée par Stendhal se heurtait à deux obstacles considérables. Le premier était d'ordre scénique : la rupture de l'unité de lieu et le désir de vérité dans la reconstitution historique nécessitaient des moyens de mise en scène qui ne seront réellement développés qu'à partir de 1830 et sur quelques scènes seulement. Le second obstacle tient à la censure qui place le dramaturge devant un dilemme : sa pièce ne contient pas d'allusion contemporaine, ne permet pas de rapprochement avec l'actualité politique, elle n'intéressera pas le public ; ou elle contient des allusions et sera interdite. De cette situation naît, dans les années 1820, la *scène historique,* théâtre écrit pour la lecture, qui respecte toutes les formes du théâtre, mais sans aucun souci des possibilités de représentation.

L'objectif premier d'une œuvre de ce genre peut donc être l'Histoire, et elle seule. Dans la préface des *Barricades* (1826), qui connurent un énorme succès de librairie, Ludovic Vitet (1802-1873), collaborateur du *Globe,* déclare nettement :

> « Ce n'est point une pièce de théâtre qu'on va lire, ce sont des faits historiques présentés sous forme dramatique, mais sans la prétention d'en composer un drame. »

Plus brutalement, Rœderer (1754-1835) : « Sur 80 pages dont mon drame est composé, il n'y en a pas six de moi. » Ni intrigue, donc, ni héros, ni dénouement dramatiques :

> « S'il se rencontre dans ces dialogues certains effets de scène, certaines situations qui peuvent à la rigueur passer pour théâtrales, ce sont de purs accidents [...] preuve que l'histoire recèle une poésie intérieure qu'elle ne doit qu'à elle-même ; ils attestent la vertu dramatique de l'histoire. »
>
> Préface des Barricades

Pour être fidèle à l'histoire, l'auteur développe différents moyens : *Les Barricades* se composent de seize scènes dont chacune donne une vue d'un quartier de Paris où paraissent différents acteurs, mais aussi toute la foule anonyme de la population parisienne, ce qui permet à Vitet de représenter le foisonnement de la vie qui ressuscite une époque, mais aussi d'être en accord avec la philosophie libérale de l'Histoire. Chacune de ces scènes occupe une des journées de mai 1588 qui marquent l'affrontement entre Henri III et le duc de Guise et se dénouent par la « journée des Barricades » ; c'est cette crise qui donne une unité à des scènes décousues et apparemment sans rapport les unes avec les autres. On retrouvera une semblable structure dans *Lorenzaccio,* on la trouvait dans le *Boris Godounov* de Pouchkine (1825). Par ailleurs, le souci d'exactitude amène à un développement quasi monstrueux des *didascalies* qui présentent décors et costumes. Dans son *Cromwell,* Victor Hugo procède de même : 30 lignes pour la description du décor et des figurants de l'acte II : par ses dimensions qui le rendent impropre à la représentation, comme par son sujet qui l'aurait fait interdire, ce drame, malgré l'emploi du vers, tient beaucoup à la scène historique, genre éphémère, dont le retentissement fut nécessairement limité, mais l'influence profonde, en particulier sur Musset. On doit signaler, dans un esprit différent, une autre tentative de théâtre pour la lecture émanant d'un membre du même groupe, le *Théâtre de Clara Gazul* de Mérimée (1825), recueil, publié sous un pseudonyme qui ne cherche pas la crédibilité, de petits drames et de petites comédies où l'histoire ne joue qu'un rôle secondaire, mais qui se caractérisent comme la *Chronique du temps de Charles IX,* par un recul ironique envers la violence et l'horreur qui produit un mélange de tons tout à fait nouveau.

Les objectifs des dramaturges romantiques étaient cependant de conquérir la scène et, surtout, la scène prestigieuse du Théâtre-Français. Il leur fallait donc se plier aux contraintes scéniques, abandonner les grandes scènes de foule chères aux libéraux dont l'idéologie, sur ce point, s'oppose au profond désir d'expression individuelle du Romantisme. L'Histoire aura alors tendance à passer au second plan, à être une toile de fond et non plus un but en soi. La conquête de la scène n'ira pas sans difficultés : les réticences des acteurs du Français devant les « audaces » romantiques amènent des conflits permanents. Plusieurs témoins nous ont conservé le souvenir des répétitions d'*Hernani* durant lesquelles Mlle Mars, jouant Doña Sol, demandait à Victor Hugo si elle devait vraiment dire à son partenaire : « Vous êtes mon lion superbe et généreux. »

C'est sans doute l'une des raisons pour lesquelles les dramaturges romantiques se tourneront volontiers vers la Porte-Saint-Martin dont les acteurs, Bocage, Frédérick Lemaître, Marie Dorval, sont formés à l'école du mélodrame. Après l'échec à l'Odéon, en 1828, d'*Amy Robsart,* adaptation de Walter Scott due à Victor Hugo et à son beau-frère Paul Foucher, c'est un jeune inconnu qui assure l'entrée triomphale du drame romantique sur la première scène française.

Dumas : Henri III et sa cour

Alexandre Dumas, alors employé au secrétariat du futur Louis-Philippe, y passe son temps de travail à lire Walter Scott avec enthousiasme et à composer des drames historiques. Malgré sa réception au Théâtre-Français, un premier essai, *Christine,* ne sera pas représenté, les acteurs s'effrayant des audaces. *Henri III et sa cour,* cinq actes en prose, reçu par acclamations, connaît un triomphe en février 1829. L'auteur est inconnu, les partisans des classiques n'ont pas jugé utile de monter une cabale ; à l'entracte les jeunes romantiques crient : « Enfoncé Racine ! », et Hugo, le lendemain, constate : « la

brèche est ouverte, nous passerons ». Le drame de Dumas est
habilement construit : partant d'une scène historique à la Vitet,
sur un sujet maintes fois abordé par ce genre, l'auteur développe une intrigue entre personnages secondaires de l'histoire,
Saint-Mégrin, l'un des mignons du roi, et la duchesse de
Guise, qui lui permet de faire jouer les ressorts pathétiques du
mélodrame. Violence, suspense, somptueuse reconstitution
historique due au célèbre décorateur de l'Opéra, Cicéri, la formule du drame nouveau est trouvée. L'œuvre connaît 43 représentations (*Hernani* n'en aura que 36) et, suprême consécra-
tion, est l'objet de quatre parodies. En octobre de la même
année, l'adaptation d'*Othello* par Alfred de Vigny sur la même
scène confirme le succès, mais l'Histoire est loin d'y paraître
essentielle.

Hugo : Hernani

La bataille d'*Hernani* (25 février 1830) est l'un des « grands
événements littéraires ». S'il y eut bataille, c'est sans doute
que la situation politique devenait de plus en plus tendue, mais
surtout à cause de la personnalité de l'auteur : Hugo apparaissait comme le chef de file de la jeune école et tous les partisans des classiques se dressèrent contre lui (voir le récit de la
« bataille » en appendice, p. 168-170). L'aspect proprement
historique du drame n'est apparent que dans le quatrième acte
qui répond à l'un des titres envisagés par Hugo : *La jeunesse
de Charles-Quint ;* la métamorphose du jeune roi frivole en
empereur clément reste un aspect secondaire du drame. Deux
des personnages n'ont guère de rapports avec l'histoire : Don
Ruy Gomez intéresse plus pour la manière dont Hugo traite de
façon tragique le type comique du barbon, du vieillard amoureux, que par l'ancienne aristocratie féodale qu'il représente.
Quant à Doña Sol, belle figure de jeune femme noble et pas-
sionnée, elle domine moralement les trois hommes qui gravi-
tent autour d'elle dans un drame simplement humain, dont elle
est le pivot : un autre titre envisagé par le poète, *Tres para una*
(Trois pour une) illustre bien cet aspect. En définitive, Hugo
choisit *Hernani,* à raison : toute une jeunesse pouvait se reconnaître dans ce héros du mal du siècle avant la lettre. Victime de l'Histoire, le héros, impuissant, vit une descente aux
enfers :

> « Tu me crois peut-être
> Un homme comme sont tous les autres, un être
> Intelligent, qui court droit au but qu'il rêva.
> Détrompe-toi. Je suis une force qui va !
> Agent aveugle et sourd de mystères funèbres !
> Une âme de malheur faite avec des ténèbres !
> Où vais-je ? je ne sais. Mais je me sens poussé
> D'un souffle impétueux, d'un destin insensé.
> Je descends, je descends, et jamais ne m'arrête.
> Si parfois, haletant, j'ose tourner la tête,
> Une voix me dit : Marche ! et l'abîme est profond,
> Et de flamme ou de sang je le vois rouge au fond ! »

Acte III, scène 4

Ecrasé par l'image d'un père héroïque qu'il est condamné à venger, Hernani est un rêveur jeté malgré lui dans l'action :

> « Je m'en vais, inutile, avec mon double rêve,
> Honteux de n'avoir pu ni punir ni charmer,
> Qu'on m'ait fait pour haïr, moi qui n'ai su qu'aimer ! »

Ibid.

C'est sans doute là, dans la situation historique du héros, plus que dans la couleur locale, que réside l'historicité profonde d'*Hernani*. Histoire et drame humain bien liés par l'intrigue, mélange des tons particulièrement réussi (la scène d'exposition qui semble annoncer une comédie, sinon une farce, en est un bon exemple), la pièce était bien représentative des ambitions du drame nouveau. Elle reste malheureusement sans véritable lendemain : l'équilibre est beaucoup moins réussi dans *La Maréchale d'Ancre* de Vigny (1831) ou dans *Le Roi s'amuse* de Victor Hugo (1832) ; le portrait de François Ier dans ce dernier drame avait de quoi choquer et la pièce n'eut qu'une représentation. Le drame hugolien s'oriente vers la peinture de personnages-symboles et l'histoire proprement dite, qui reste comme toile de fond, s'efface au profit des questions morales et sociales.

Hugo : Cromwell

Nous avons déjà souligné les difficultés qu'il y avait à porter l'histoire sur la scène ; l'existence de la censure durant la majeure partie de cette période interdisait en particulier qu'on

traitât le problème politique qui était alors au centre des préoccupations : le pouvoir et sa légitimité. Hugo ne s'y était pas
trompé en abordant ce thème dès son premier drame, *Cromwell,* et en ne le destinant pas à être représenté. Le sujet avait
tenté bien des écrivains sous la Restauration, il permettait de
poser des questions d'une brûlante actualité : peut-on justifier
un régicide ? quel pouvoir peut succéder à une révolution ?
peut-il y avoir encore une légitimité ? En faisant de Cromwell
un génie comparable à Napoléon, en situant le drame précisément au moment où Cromwell veut se faire couronner roi, Hugo touchait aux points les plus délicats du problème politique :
le génie a-t-il des droits au pouvoir ? peut-on instaurer — ou
restaurer — un pouvoir personnel après le passage de la Révolution ? Les impasses de la politique française de la Restauration sont parfaitement illustrées par un drame sans dénouement, n'ouvrant sur aucun avenir ; à la question posée par le
dernier vers, le spectateur sait bien que la réponse est : jamais.

> « OVERTON : Il inspire l'amour, il inspire l'effroi.
> Il doit être content.
> CROMWELL (rêveur) : Quand donc serai-je roi ? »

Musset : Lorenzaccio

Cet avenir fermé apparaîtra de manière encore plus pessimiste dans *Lorenzaccio* (1834) ; reprenant un projet de scène
historique de George Sand, Musset écrit — pour le lecteur —
un drame qui, comme *Cromwell,* s'apparente à ce type de
« théâtre », mais qui, comme *Cromwell* également, lui est
étranger par la volonté de construire une action dramatique et
de peindre des personnages, ainsi que pour la dignité de l'expression, vers chez Hugo, prose chez Musset. Le désir de représenter la totalité du réel est cependant plus affirmé chez
Musset qui éparpille les scènes dans de multiples décors, chez
tous les personnages et dans plusieurs quartiers de Florence,
faisant alterner lieux clos et espaces publics. De même, l'action est répartie dans divers « clans », l'unité étant assurée par
l'objectif qu'ils visent tous : comment débarrasser Florence de
la tyrannie d'Alexandre ? Les différents complots permettent à
Musset de passer en revue toutes les sortes d'action possibles.
Chez les Strozzi, Philippe, qui rêve d'une république à l'anti-

que, mais recule devant l'action violente, s'oppose à son fils Pierre, activiste irréfléchi :

> « PHILIPPE : Et quand vous aurez renversé ce qui est, que vou-lez-vous mettre à la place ?
> PIERRE : Nous sommes toujours sûrs de ne pas trouver pire. »
>
> Acte III, scène 2

Pierre, pousé par l'ambition personnelle, n'hésiterait pas à livrer la Toscane au roi de France ; son père, même après le meurtre de sa fille, refuse d'agir. Chez les Cibo, la marquise, maîtresse du duc, croit pouvoir le réformer par son amour :

> « Ah ! sais-tu bien ce que c'est qu'un peuple qui prend son bienfaiteur dans ses bras ? Sais-tu ce que c'est que d'être montré par un père à son enfant ? »

mais Alexandre réplique :

> « Je me soucie de l'impôt ; pourvu qu'on le paye, que m'im-porte ? »
>
> Acte III, scène 6

Le cardinal, beau-frère de la marquise qu'il cherche à manipu-ler, intrigue dans l'ombre et fera élire, après la mort d'Alexan-dre, un duc qu'il gouvernera à son gré.

Lorenzo, pour sa part, a accepté toutes les compromissions, assumé tous les vices pour gagner la confiance du duc, son cousin ; mû par l'idée de devenir un « Brutus moderne », il s'est peu à peu complu dans sa déchéance : « Le vice a été pour moi un vêtement ; maintenant il est collé à ma peau. » Il a perdu toute illusion sur l'utilité de son geste :

> « Je connais la vie et c'est une vilaine cuisine [...] Je vais tuer Alexandre ! une fois mon coup fait, si les républicains se comportent comme ils le doivent, il leur sera facile d'établir une république, la plus belle qui ait jamais fleuri sur la terre. »

A la question de Philippe Strozzi : « Si tu crois que c'est un meurtre inutile à ta patrie, pourquoi le commets-tu ? », Loren-zo répond : « ce meurtre, c'est tout ce qui me reste de ma ver-tu. » (acte III, scène 3). Lorenzo accomplit son geste, sans au-cun résultat pour Florence ; quant à lui, privé de sa seule raison de vivre, « plus creux et plus vide qu'une statue de fer-blanc », il ne lui reste qu'à disparaître, poignardé et jeté dans la lagune de Venise ; « pas même un tombeau ! » s'exclame Philippe

Strozzi (acte V, scène 6). La conclusion du drame est particulièrement désespérante : on ne peut rien faire pour le bonheur des hommes. Plus que jamais, l'Histoire semble sans issue.

Elle n'en a pas davantage dans le drame que, cinq ans plus tard, Alexandre Dumas et Gérard de Nerval font représenter, après de longs démêlés avec la censure, *Léo Burckart*. Le héros, pamphlétaire idéaliste devenu ministre, fait connaissance avec les nécessaires compromissions du pouvoir : on ne peut pas gouverner en gardant les mains propres et en appliquant ses idées généreuses. Un jeune conspirateur, chargé de l'assassiner, recule devant l'accomplissement de son geste et se suicide. Toutes les formes de l'action politique paraissent, ici encore, inutiles. C'est au théâtre que le Romantisme a donné la vision la plus pessimiste de l'Histoire.

6. Histoire et poésie :
le rêve d'une épopée

S'il est évident que l'épopée n'est pas de l'histoire, il est non moins clair que ses rapports avec l'histoire sont étroits ; elle permet, comme l'écrit Alessandro Manzoni, auteur de drames historiques et d'un roman historique célèbre, *Les Fiancés* (1827) :

> « de produire un plaisir d'une espèce plus vive et une admiration d'un degré plus élevé que ceux que pourrait produire une simple et sincère narration historique de l'événement lui-même. »

A une époque qui s'interroge sur l'Histoire, l'épopée, genre noble entre tous, devait apparaître, par ses possibilités de simplification et d'amplification, comme un moyen privilégié pour éclairer un sens.

On peut laisser de côté la querelle autour du merveilleux chrétien et du merveilleux païen qui dure depuis le XVIIe siècle, comme le débat sur la possibilité d'écrire une épopée en prose qu'illustrent *Les Martyrs* de Chateaubriand (1809). On ne peut pas oublier totalement les immenses ambitions de tous les poètes, plus ou moins obscurs, qui rêvèrent, à l'aube du Romantisme, d'écrire la grande épopée moderne, l'histoire de l'Humanité animée par la religion du Progrès : Ballanche qui n'écrit que des fragments de son épopée sociale, *Les Visions d'Hébal* (1831) ; Edgar Quinet, avec *Ahasvérus* (1833) et *Prométhée* (1838), Alexandre Soumet qui publie en 1840 le fruit de vingt-six années de travail, *La Divine Epopée,* toute l'histoire du monde en 12 000 vers... Des ambitions démesurées mènent au gigantisme qui se solde par l'inachèvement ou par l'échec. A ce piège, les plus grands sauront échapper.

Vigny a exprimé de bonne heure le souhait de « mettre une pensée philosophique sous forme épique ». Ecrits entre 1822 et 1824, certains des poèmes qui trouveront place dans les *Poèmes antiques et modernes,* sont de petites épopées : *Moïse* illustre l'éternel problème de la solitude de l'homme supérieur qui a reçu mission de guider un peuple vers l'avenir ; *Le Déluge* pose le problème métaphysique du mal frappant les innocents ; *Eloa ou la sœur des anges,* surtout, aborde un thème majeur qui unit métaphysique et histoire : la vertu et l'amour peuvent-ils amener la disparition du mal ? l'innocente Eloa, née d'une larme du Christ, échouera dans son amour pour Satan :

> « J'ai cru t'avoir sauvé. — Non, c'est moi qui t'entraîne. »

Lamartine

Lamartine, pour sa part, reste fidèle aux grandes ambitions et projette d'écrire toute l'histoire de l'Humanité dont ne seront écrits que des fragments : *Jocelyn* (1836) et surtout *La Chute d'un ange* (1838), 15 000 vers où voisinent les épisodes romanesques et les vues philosophico-religieuses liées au thème de la chute de l'esprit dans la matière. La huitième vision est consacrée à la peinture de Babel, vision stupéfiante et prophétique de la cité future qui n'a, ici, rien de radieux, où le développement industriel a réduit l'homme à l'état de machine soumise aux gouvernants, nouveaux « dieux », qui l'asservissent par la débauche :

> « Leur avilissement, empreint dans leur posture,
> De leurs profanateurs révélait l'imposture.
> Ils ne redressaient pas leur front horizontal
> Comme un homme qui voit dans l'homme son égal ;
> Leurs pieds ne portaient pas leur corps droit sur sa base.

Comme la brute immonde, et qu'un lourd bât écrase,
Sous les verges de fer dont les bouts les frappaient,
Les yeux sur la poussière en passant ils rampaient.
On sentait qu'énervés jusqu'à la pourriture,
Ils avaient dans leur moelle abdiqué leur nature,
Et descendu le vice à ce dernier degré
Où ce qui nous dégrade à nos yeux est sacré ! [...]
A ces travaux divers pliés par l'habitude,
Chacun de son métier conservait l'attitude ;
On voyait qu'avec soin ces êtres abrutis
En outils animés étaient tous convertis,
Et que sous leurs tyrans l'imbécile esclavage
De l'image de Dieu faisait un vil rouage !
Ils passaient, ils passaient, squelettes de la faim,
L'instrument de leur art élevé dans la main.
Les dieux les regardaient, foule immonde et grossière,
Comme le haut rocher voit passer la poussière :
Distraits, d'un coup d'œil même ils ne recueillaient pas
Cette adoration qui montait de si bas. »

Comme tant d'autres entreprises colossales, *La Chute d'un ange* reste inachevée : l'inachèvement n'est-il pas inscrit dans le projet de donner un sens à l'Histoire au moment où elle paraît sans issue ? C'est l'œuvre épique de Hugo qui mettra le mieux en relief cette contradiction et lui apportera une solution.

Hugo

L'ambition épique était déjà présente dans un drame *Les Burgraves* (1843), fresque ambitieuse sur l'affrontement des générations, la décadence d'une race, la dégradation du pouvoir, mais c'est l'irruption du Mal, dans la vie privée avec la mort de Léopoldine en 1843, dans la vie publique avec le coup d'Etat de Louis-Napoléon Bonaparte en 1851, qui va amener Hugo à se poser, de façon pressante, des questions à la fois métaphysiques et historiques : que signifient la mort des enfants et la régression incompréhensible de l'Histoire ? le petit martyr de la nuit du 4 (voir Anthologie, p. 183-184), comparé avec insistance au Christ, est-il mort pour les autres, ou mort pour rien ? En 1853, *Châtiments,* au milieu du déferlement de la satire, souvent d'une violence inouïe (« On loge à la nuit », « L'Egout de Rome »,...), laisse place à de grandes pages qui se réclament explicitement de l'épopée : les conquérants de la liberté,

> « O soldats de l'an deux ! ô guerres ! épopées !

> « A l'obéissance passive »

s'opposent aux troupes de « Napoléon-le-petit » tirant sur la foule ; l'aventure napoléonienne, grande jusque dans ses désastres, est mise en parallèle avec le grotesque de la cour du nouvel empereur

> « Epopée ! épopée ! oh ! quel dernier chapitre ! »

> « L'expiation »

Le poète est désormais le seul gardien de l'épopée dans un monde où elle est tombée dans la caricature :

> « Donc l'épopée échoue avant qu'elle commence ! »,

où elle disparaît dans « un immense avortement » (« La reculade »). Le poème final, « Lux », maintient cependant l'espoir :

> « Au fond des cieux un point scintille.
> Regardez, il grandit, il brille,
> Il approche, énorme et vermeil.
> O République universelle,
> Tu n'es encor que l'étincelle,
> Demain tu seras le soleil ! »

Six ans plus tard, lorsque le poète publie la première série de *La Légende des siècles,* le Second Empire est toujours là et semble plus fort que jamais ; entre temps, Hugo a abandonné sa *Fin de Satan* qui devait montrer l'aboutissement de l'Histoire dans la disparition du Mal, grâce à l'avènement de l'ange Liberté, mais l'Histoire, décidément, ne suit pas. L'épopée dérive vers une histoire rêvée, de plus en plus mythique. La première série de *La Légende des siècles. Histoire. Les petites épopées* est précédée d'une préface qui veut encore laisser croire au progrès de l'humanité « en un seul et immense mouvement d'ascension vers la lumière » :

> « L'épanouissement du genre humain de siècle en siècle, l'homme montant des ténèbres à l'idéal, la transfiguration paradisiaque de l'enfer terrestre, l'éclosion lente et suprême de la liberté, droit pour cette vie, responsabilité pour l'autre ; une espèce d'hymne religieux à mille strophes, ayant dans ses entrailles une foi profonde et sur son sommet une haute prière ;

le drame de la création éclairé par le visage du créateur, voilà ce que sera, terminé, ce poème dans son ensemble ; si Dieu, maître des existences humaines, y consent. »

Pourtant, c'est une autre préface, en vers, que le poète avait d'abord rédigée, « La Vision d'où est sorti ce livre » ; l'Histoire y apparaît déchirée entre un passé obscur et un avenir inconnu, actuellement champ de ruines où il est impossible de découvrir un sens :

> « Ce livre, c'est le reste effrayant de Babel ;
> C'est la lugubre Tour des Choses, l'édifice
> Du bien, du mal, des pleurs, du deuil, du sacrifice,
> Fier jadis, dominant les lointains horizons,
> Aujourd'hui n'ayant plus que de hideux tronçons,
> Epars, couchés, perdus dans l'obscure vallée ;
> C'est l'épopée humaine, âpre, immense, — écroulée. »

Chacun des poèmes qui composent l'ouvrage — et dont un grand nombre figure dans toutes les anthologies — n'est ainsi qu'une épave à partir de laquelle on s'efforcerait en vain de reconstituer un ensemble. Le morcellement de l'épopée n'est pas tant adhésion aux habitudes de lecteurs qui ne supportent plus les longs poèmes, qu'adaptation de la forme à un sens, ou plutôt à un non-sens.

II. L'âge d'or du spectacle

1. Le renouveau du théâtre

L'évolution de la législation sur les théâtres joue un rôle non négligeable dans l'histoire dramatique du XIXᵉ siècle. La loi du 13 janvier 1791 avait accordé une liberté totale, aussi bien pour l'ouverture de salles (une cinquantaine s'ouvrirent cette année-là) que dans le domaine de la censure préalable, qui était abolie. Cette liberté n'avait duré qu'une année et la Convention avait dû rétablir la censure ; Napoléon Iᵉʳ instaura une réglementation qui fut en vigueur durant presque tout le siècle par un décret de juillet 1807 : interdiction d'ouvrir de nouveaux théâtres, limitation à huit du nombre des théâtres parisiens ; on sait qu'il fixa en outre le statut de la Comédie-Française par le décret de Moscou en 1812, et que ce statut est encore en vigueur aujourd'hui. Durant toute l'époque romantique les théâtres fonctionnent avec le système du *privilège* : autorisation de représenter un certain type de pièces, exclusivement. Ainsi, il est interdit de parler aux Funambules, de nombreux procès opposent l'Opéra-comique à des théâtres qui font représenter des pièces avec chants. Sous la Restauration, la censure subsiste, mais le nombre des théâtres augmente à Paris : une quinzaine. La révolution de 1830 permet l'abolition de la censure : ce sera une période de liberté sans précédent, mais la censure sera rétablie en 1835 ; même processus en 1848-1850. Sous la monarchie de Juillet, on compte jusqu'à trente salles de spectacles à

Paris, les théâtres sont côte à côte sur le boulevard du Temple (aujourd'hui place de la République) où l'on trouve également toutes sortes de spectables de rue ; c'est, en raison des sanglants mélodrames qui s'y représentent, le « Boulevard du crime » auquel Marcel Carné a rendu, avec son film *Les Enfants du paradis,* un magnifique hommage.

On ne manquera pas de remarquer que cette situation juridique s'oppose fortement à deux tendances fondamentales du romantisme ; sujets interdits par crainte de la censure, nécessité d'écrire pour un théâtre donné avec ses acteurs et son public, entravent sérieusement « la liberté dans l'art » ; le système du privilège, quant à lui, fait obstacle à un véritable mélange des genres. L'échec relatif du théâtre romantique est contenu en germe dans cette antinomie entre les principes et les conditions matérielles, il illustre à sa manière l'affrontement du rêve et du réel.

Le public, peut-être en réaction aux époques troublées de la Révolution et de l'Empire, se presse en foule à tous ces divertissements. Sans doute chaque classe sociale a-t-elle ses propres spectacles, mais le brassage qui s'opère est très important : Musset n'a pas caché son goût du mélodrame

> « Vive le mélodrame où Margot a pleuré »
>
> « Après une lecture », 1842

ni Hugo sa fascination lorsqu'il était enfant, et le Tout-Paris court applaudir Deburau aux Funambules ou admirer les merveilles de décoration de Daguerre au Diorama. De son côté, le public populaire peut aller applaudir le drame romantique à la Porte-Saint-Martin : il n'en coûtera à un ouvrier que le quart de sa journée de salaire, alors qu'il lui faudrait sacrifier une semaine de ce salaire pour acquérir un roman ; au demeurant, la plupart des ouvriers, sous la Restauration au moins, ne savent pas lire... On s'explique mieux dès lors l'intérêt attaché au théâtre par des auteurs qui veulent diffuser leurs idées, et, par contre-coup, la vigilance de la censure : « Le théâtre est une tribune », écrit Hugo dans la préface de *Lucrèce Borgia* (1833), il « a une mission nationale, une mission sociale, une mission humaine. » Il faut ajouter un argument terre à terre, mais de poids : le théâtre rapporte gros ; en un an, *Hernani,* écrit en deux mois, rapporte à Hugo sept ou huit fois plus que *Notre-Dame de Paris* qu'il a mis deux ans à écrire ; chaque soirée lui fournit ce qu'un ouvrier gagnerait en cinq ou six mois !

Le mélodrame

Aux origines du drame romantique et bien avant que les théories ne fleurissent en France, il y a le mélodrame qui prospère sous l'Empire et la Restauration. Il doit son nom à la présence de la musique qui accompagne la représentation (où les acteurs parlent, sans jamais chanter), souligne les effets et supplée aux insuffisances de la mise en scène. Son esthétique doit beaucoup aux exigences du « drame bourgeois » du XVIIIe siècle : émouvoir par des situations pathétiques ; l'importance attachée aux décors, aux objets restera une constante du théâtre à venir. « J'écris pour ceux qui ne savent pas lire » déclare le maître du genre, Pixérécourt (1773-1844, 94 mélodrames, 30 000 représentations) ; c'est dire que le dramaturge cherche à frapper les sens, les nerfs de son public : décors inquiétants où se succèdent châteaux mystérieux, souterrains, cimetières, trappes, cachettes et passages secrets, tout un matériel dont le drame romantique fera également grand usage : « l'escalier dérobé » et l'armoire, à la première scène d'*Hernani*, et le tombeau de Charlemagne au quatrième acte, la procession des pénitents et les cercueils à la fin de *Lucrèce Borgia* appartiennent à cette lignée qui est aussi celle du roman noir. Le style du mélodrame concourt à la création du pathétique : bourré d'épithètes, haletant, il fait alterner la déclamation grandiloquente et la divagation désordonnée, ménageant des silences plus terribles encore : le célèbre Frédérick Lemaître y excellait. Dans ce domaine également, la dette du drame romantique est visible (voir Anthologie, p. 171-175).

C'est en bouleversant le système traditionnel des personnages que le mélodrame apporte l'innovation la plus décisive. Plus de jeune héros triomphant des obstacles pour obtenir la main de la jeune fille, mais, au centre de l'intrigue, une victime et son persécuteur, le Traître ; autour d'eux, parfois le père de la victime, dépossédé par le traître, un héros pas nécessairement jeune, mais efficace justicier, et, autre innovation remarquable, un personnage comique, souvent un domestique, le Niais, qui détend les nerfs des spectateurs, éprouvés par les situations violentes, et contribue au suspens en s'embarrassant dans les fils de l'intrigue ; Don César de Bazan dans *Ruy Blas* de Victor Hugo (1838) dérive de ce type. L'action rapporte le retour à l'Ordre originel, un moment menacé par les agissements du Traître — qu'on a pu prendre pour un bienfaiteur —, grâce à l'intervention du Héros — qui a pu passer pour un ennemi. La Victime, après être allée de catastrophe en catastrophe, sera rétablie dans ses droits et sa splendeur passée. Il est aisé de percevoir le rapport entre ces situations et les événements historiques qui avaient secoué la France avant que Napoléon Ier, puis Louis XVIII, n'y ramenassent l'ordre. Nodier était déjà sensible à cet aspect :

> « à cette époque difficile où le peuple ne pouvait recommencer son éducation religieuse et sociale qu'au théâtre, il y avait dans l'application du mélodrame au développement des principes fondamentaux de toute espèce de civilisation une vue providentielle [...] ce n'était pas peu de chose que le mélodrame : c'était la moralité de la Révolution. »

> Préface au *Théâtre* de Pixérécourt, 1841

On mesure mal l'influence de ce théâtre sur l'ensemble du drame romantique ; ainsi, il est permis de lire *Lorenzaccio* comme une parodie de ce type d'intrigue ; Florence y serait la victime et Alexandre le bourreau, l'héroïsme ambigu de Lorenzo n'aboutissant pour finir qu'au rétablissement du *statu quo* : au « conducteur de bœufs » succèdera un « planteur de choux ». Influence importante encore d'une donnée essentielle du mélodrame, la méprise sur l'identité, qu'illustre, naturellement, *Lorenzaccio,* mais plus encore *Le Roi s'amuse* de Victor Hugo (1832) : non seulement Triboulet, bouffon cruel à la cour est un père tendre à la ville, mais la thématique du *caché* est matérialisée par le bandeau que porte Triboulet lorsqu'il aide, sans le savoir, les courtisans à enlever sa propre fille, et par le sac où il trouve sa fille mourante au lieu du cadavre du roi qu'il avait voulu faire assassiner.

Le drame

Ira-t-on jusqu'à dire que le drame romantique ne diffère du mélodrame que par le sujet, souvent historique, et par le style ?

Ce serait excessif, mais il est vrai que les réalisations des dramaturges romantiques ne sont pas à la hauteur de leurs grandes ambitions : ressusciter l'histoire, mêler intimement les genres, exprimer la dualité de l'être humain, se réduisent trop souvent à l'utilisation des recettes du mélodrame au service d'une intrigue qui pose, malgré le rang des personnages, des problèmes proches de ceux que traitait le drame bourgeois. L'heure des grands débats passée, les préfaces de Victor Hugo nous éclairent :

> « la paternité sanctifiant la difformité physique, voilà *Le Roi s'amuse* ; la maternité purifiant la difformité morale, voilà *Lucrèce Borgia*.
>
> Préface de Lucrèce Borgia

> « Mettre en présence, dans une action toute résultante du cœur, deux graves et douloureuses figures, la femme dans la société, la femme hors de la société ; c'est-à-dire, en deux types vivants, toutes les femmes, toute la femme. »
>
> Préface d'Angelo, tyran de Padoue, 1835

De telles intentions requièrent-elles un cadre historique ? évidemment non, pas plus que la majesté du vers : Hugo d'ailleurs, malgré la volonté affichée dans la préface de *Cromwell,* écrit *Lucrèce Borgia* et *Angelo* en prose.

Il y a donc une tendance des dramaturges romantiques à traiter des problèmes moraux et/ou sociaux. Alexandre Dumas est le premier à le faire ouvertement, en 1831, avec un drame dont l'action se situe à l'époque même de la représentation — cas à peu près unique —, *Antony.* L'intrigue ne manque pas d'effets pathétiques : héros arrêtant les chevaux emballés et rapporté tout sanglant sur scène, guet-apens tendu par Antony à Adèle dans une auberge (le fameux « viol », qui fera scandale), mot de la fin lorsque Antony poignarde sa maîtresse alors que le mari enfonce la porte : « Elle me résistait. Je l'ai assassinée !... » Le drame n'en est pas moins dirigé contre l'hypocrisie de la société qui rejette le bâtard, l'enfant trouvé, fût-il riche et brillant, qui interdit le divorce, qui ferait rejaillir sur la fille le « déshonneur » de la mère. La critique bien-pensante, scandalisée, ne s'y trompe pas :

> « séduction, viol, adultère, rapt, assassinat. [...] l'auteur [...] s'est occupé à détruire la société dans les détails [...] le rôle

de l'héroïne [...] est l'apologie, est presque l'apothéose de l'adultère. »

La Quotidienne, 6 mai 1831

Dumas récidive la même année avec *Richard Darlington* où est brossé, non sans effets violents, le portrait d'un arriviste criminel.

C'est Alfred de Vigny qui donne, en 1835, le chef-d'œuvre du drame romantique non historique — encore que le héros soit un personnage réel — avec *Chatterton.* Le sujet pose l'un des grands problèmes débattus à l'époque, nous l'avons vu, la place de l'artiste dans la société et, plus généralement, la question : comment vivre dans ce monde ? « J'ai voulu montrer l'homme spiritualiste étouffé par une société matérialiste », écrit Vigny. L'action que Vigny reprend au récit qui figurait dans *Stello,* est d'une grande simplicité : « C'est l'histoire d'un homme qui a écrit une lettre le matin et qui attend la réponse jusqu'au soir : elle arrive et le tue. » Le style sacrifie parfois à la grandiloquence ambiante et la scène finale, où triompha Marie Dorval, utilise le décor, un escalier, comme l'aurait fait une scène de mélodrame ; Vigny pourtant, après Dumas, mais avec un lyrisme qu'*Antony* ne possédait pas, montre qu'il y avait là une voie que les romantiques ont peut-être trop peu explorée. Il semble au contraire que la tendance soit refoulée, *La Somnambule* (1831) est le seul opéra non historique de Bellini, comme *Luisa Miller* (1849) pour Verdi. La tendance bourgeoise s'épanouira, on le sait, dans la période suivante ; sous la Restauration et la monarchie de Juillet, c'est en dehors du drame romantique, en dépit des discussions qu'il a suscitées, qu'il faut chercher les grandes œuvres dramatiques.

2. Le théâtre hors de la scène : les comédies de Musset

Le drame romantique n'a pas réussi à supplanter la tragédie — qui connaîtra un regain de faveur à partir de 1838 avec la célèbre actrice Rachel —, il n'a pas davantage réussi à être cette forme littéraire des temps modernes que rêvait Victor Hugo, mais au moins a-t-il laissé des œuvres notables dont certaines sont régulièrement reprises aujourd'hui. Il n'en va pas de même pour la comédie : aucune des comédies créées entre le début du siècle et les premières réussites de Labiche, autour de 1845, n'est passée à la postérité. Depuis Beaumarchais et Marivaux, le genre semble en complète décadence ; curieusement, il n'attire aucun des grands écrivains romantiques — à une exception près — malgré le patronage de Shakespeare. Ce sont d'habiles faiseurs comme Eugène Scribe, qui alimentent les scènes parisiennes en comédies qui flattent les goûts d'un public bourgeois et connaissent de grands succès, mais exaspèrent des critiques comme Théophile Gautier : « Ces sentiments commerciaux, exprimés en prose assortie, doivent faire et font réellement le charme d'une société avant tout industrielle ». Musset, pour sa part, souligne le caractère mécanique des intrigues contemporaines : se trouvant presque seul au Théâtre-Français où l'on joue Molière, il constate ironiquement.

> « Que ce grand maladroit qui fit un jour Alceste,
> Ignora le bel art de chatouiller l'esprit
> Et de servir à point un dénoûment bien cuit. »

> « Une soirée perdue », 1840

Il y a pourtant une comédie romantique, celle de Musset, justement, mais, paradoxalement, ces chefs-d'œuvre du théâtre du XIXe siècle, bien qu'ils fussent écrits durant la période de totale liberté des spectacles, ne furent pas représentés alors. L'échec de *La Nuit vénitienne* à l'Odéon en décembre 1830 fut une aubaine pour la postérité. Dégoûté des rapports avec directeurs et acteurs, du mauvais goût du public, de l'absence de soutien de la « camaraderie » romantique qui avait assuré le succès d'*Hernani,* Musset renonce à écrire pour la scène, mais il ne renonce pas à écrire du théâtre, dont il est « enragé » depuis sa prime jeunesse : « Je veux être Shakespeare ou Schiller » déclare-t-il à dix-sept ans. Peut-être son éducation dans une famille cultivée, où l'on tenait salon, où l'on représentait des *proverbes,* a-t-elle contribué à la décision qu'annonce le titre du volume publié à la fin de 1832 : *Un spectacle dans un fauteuil.* De 1833 à 1835, les chefs-d'œuvre se succèdent : *Andrea del Sarto, Les Caprices de Marianne, Fantasio,* contemporains de *Lorenzaccio, On ne badine pas avec l'amour, Le Chandelier ;* quelques charmants proverbes jalonnent encore les années suivantes. Libéré des contraintes scéniques, du public et de la critique, Musset peut rêver à son aise.

Ce marginal du romantisme a réussi, c'est un autre de ses paradoxes, à atteindre les objectifs visés par les théoriciens romantiques. Le mélange intime des genres, tout d'abord. Un mari cocu, un amant qui envoie son rival à sa place au rendez-vous pour recevoir les coups de bâton du mari, c'est un sujet de farce ; c'est aussi le sujet du *Chandelier,* où l'on peut sourire, et celui des *Caprices de Marianne,* où l'on pleurerait plutôt. En scène, dans cette dernière « comédie », le juge Claudio et son valet Tibia ; le juge s'est impatienté des sérénades que l'on donne sous les fenêtres de sa femme :

> CLAUDIO : « As-tu remarqué que sa mère, lorsque j'ai touché cette corde, a été tout d'un coup du même avis que moi ?
> TIBIA : Relativement à quoi ?
> CLAUDIO : Relativement à ce qu'on chante sous ses croisées.
> TIBIA : Chanter n'est pas un mal, je fredonne moi-même à tout moment.
> CLAUDIO : Mais bien chanter est difficile.
> TIBIA : Difficile pour vous et pour moi, qui, n'ayant pas reçu de voix de la nature, ne l'avons guère cultivée. Mais voyez comme ces acteurs de théâtre s'en tirent habilement.
> CLAUDIO : Ces gens-là passent leur vie sur les planches.
> TIBIA : Combien croyez-vous qu'on puisse donner par an ?...
> CLAUDIO : A qui ? à un juge de paix ?
> TIBIA : Non, à un chanteur. »

Extraordinaire dialogue mécanique qui rebondit sur des mots et que l'on croirait parfois de Ionesco ; mais le jeu n'est pas entièrement gratuit : de juge en greffier et de femme en amant, on en arrive à l'annonce du piège mortel qui se refermera sur Cœlio :

> « CLAUDIO : Non, c'est le président qui a une jolie femme, j'ai soupé hier avec eux.
> TIBIA : Le greffier aussi ! Le spadassin qui va venir ce soir est l'amant de la femme du greffier. »

Acte I, scène 3

Ces personnages dérisoires, ces « fantoches », qui peuplent les comédies de Musset et se caractérisent par un langage vidé de son sens, sont aussi des personnages redoutables, car ils détiennent le pouvoir et savent se montrer cruels. Le monde des adultes, qu'ils représentent, est irrémédiablement coupé du monde des jeunes, lesquels parlent un langage poétique où la métaphore dévoile parfois les désirs secrets :

> « MARIANNE (à Octave) : N'est-ce pas une chose bien ridicule que [...] la fierté d'un cœur qui s'est figuré qu'il vaut quelque chose et qu'avant de jeter au vent la poussière de sa fleur chérie, il faut que le calice en soit baigné de larmes, épanoui par quelques rayons de soleil, entrouvert par une main délicate ? »

> Acte II, scène 1

Sans doute les jeunes gens sont-ils les victimes de ces adultes, « robotisés », pourrait-on dire, par la vie sociale, mais ils sont avant tout victimes d'eux-mêmes, de leur orgueil qui les empêche de se livrer dans l'amour et qui corrompt leur langage :

> « PERDICAN : Orgueil, le plus fatal des conseillers humains, qu'es-tu venu faire entre cette fille et moi ? [...] Elle aurait pu m'aimer et nous étions nés l'un pour l'autre ; qu'es-tu venu faire sur nos lèvres, orgueil, lorsque nos mains allaient se joindre ? »

> *On ne badine pas avec l'amour,* acte III, scène 8

Le théâtre de Musset est peut-être l'expression la plus pessimiste que le Romantisme nous ait laissée ; issu de l'époque du désenchantement, parfois « daté » par un lyrisme déclamatoire, il reste étonnamment moderne par les problèmes qu'il pose : absurde, duplicité du moi, tendance à l'autodestruction, revendications féminines, confrontation tragique entre un monde intérieur façonné par les lectures, et la réalité de l'autre, à jamais incompréhensible.

3. Le spectacle romantique

Le *Spectacle dans un fauteuil* de Musset, comme plus tard le *Théâtre en liberté* de Hugo, démontrent par l'absurde que, contrairement aux affirmations des théoriciens, le théâtre n'était pas une forme littéraire adaptée au Romantisme. La matérialité de la scène s'opposait au désir de rêve, aux aspirations surnaturalistes, à l'expression de sentiments exacerbés. C'est l'opéra — et plus généralement toute forme de spectacle musi-

cal — qui prend en charge ces aspirations et qui constitue le
véritable spectacle romantique. Tout Paris se presse à l'Opéra,
à l'Opéra-comique, aux Italiens, on y a « sa loge » ; Balzac,
non content d'être présent tous les soirs ou presque, situe,
comme Stendhal, nombre de scènes de ses romans dans ces fa-
meuses loges, mais aussi dans les coulisses. Mieux encore :
Stendhal écrit une *Vie de Rossini,* Balzac fait de musiciens les
héros de *Gambara* et de *Massimila Doni,* cependant que Nerval écrit des livrets d'opéra-comique et Gautier des arguments
de ballet (*Giselle,* 1841).

Pourquoi cet engouement ? Il y a des compositeurs de grand
talent, certes, Rossini, Bellini, Donizetti, Meyerbeer, mais aucun n'a le génie dramatique de Mozart — qu'on représente
fréquemment, toutefois — ni de Verdi dont les triomphes viendront après 1850 et qui ne fera pas l'unanimité à Paris. Dans le
répertoire même, des surprises : les opéras les plus prisés de
Rossini sont *Sémiramis* (1823) ou *Tancrède* (1813) ; malgré
des reprises récentes, ce ne sont pas les œuvres les plus fréquemment représentées de nos jours. De la même façon, *Robert-le-Diable* (1831) de Meyerbeer, qui fut un triomphe, n'a
connu que deux reprises au XXᵉ siècle. Faire ces constatations
amène à donner une explication : les deux opéras de Rossinis
sont des œuvres de haute virtuosité vocale pour cantatrices, celui de Meyerbeer est un grand spectacle fantastique ; ce sont là
deux aspects du goût de l'époque. Le culte de la virtuosité a
été l'une des caractéristiques de la sensibilité romantique, on a
peine à imaginer, sinon en lisant la presse du temps, l'événement que représente l'arrivée de Paganini à Paris en 1831. Le
délire s'empare non seulement des spectateurs, mais d'un
poète comme Henri Heine qui évoque « sa figure pâle et cada-
vérique où le chagrin, le génie et l'enfer avaient imprimé leurs
ineffables stigmates. », ou d'un musicologue rassis comme
Castil-Blaze : « Qui de nous après l'avoir entendu, pourrait
croire qu'il y a pour lui quelque chose d'impossible ? », sans
parler des innombrables chroniqueurs qui évoquent la légende
du pacte avec le diable pour expliquer une manière de jouer inconnue, dépassant ce que l'on pensait être les possibilités d'un
instrumentiste. Le virtuose est spectacle à lui seul, et spectacle
fantastique. Les pianistes ne seront pas en reste et les duels —
et non duos — entre Liszt et son rival Thalberg feront courir
Paris sous la monarchie de Juillet.

On s'est beaucoup moqué de ces manifestations du « mauvais goût » romantique. Il faut y regarder de plus près. Remarquer tout d'abord qu'à l'opéra la virtuosité cesse d'être gratuite ; avec Rossini s'achève la liberté laissée au chanteur d'orner les airs de vocalises *ad libitum*. La virtuosité reste un ornement, certes, qu'on peut trouver superflu, mais le compositeur s'efforce de placer ces morceaux de bravoure en situation, de faire correspondre ce délire vocal à des moments d'exaltation intense. On ira plus loin en plaçant cette virtuosité en dehors des états normaux de la conscience : l'héroïne de *La Somnambule* (Bellini, 1831) durant sa crise, celle des *Puritains* (1835) frappée de folie par la trahison supposée de son amant, comme, la même année, la *Lucie de Lammermoor* de Donizetti ; à la folie, tous les excès sont permis. Il est clair, dès lors, que le culte rendu au virtuose s'adresse à un homme qui va au-delà des possibilités humaines, qui, par la main ou par la voix, qui le distinguent de l'animal, proclame la domination de l'homme sur la nature, à une époque où l'invasion de la machine inquiète. Romantique, le virtuose l'est pleinement par la transgression des normes, y compris celles du bon goût, par l'affirmation de la liberté dans l'art. L'exaltation de l'individu se manifeste par le rôle écrasant donné aux solistes, à l'opéra bien entendu, mais aussi dans la musique instrumentale : le concerto pour soliste et orchestre, dont tant de chefs-d'œuvre datent de ce temps, est une mise en scène musicale, mais aussi dramatique, du combat de l'individu contre la société.

Autre phénomène notable : le virtuose est souvent un homme, dans le domaine instrumental en particulier, mais, dans l'opéra comme dans le ballet, c'est une femme. La promotion de la cantatrice se fait par des rôles où l'héroïne est une grande amoureuse, menacée dans sa raison, face à un monde masculin où le « héros » est veule, versatile, soumis aux intérêts familiaux ou politiques : nulle part la condition féminine d'alors n'a trouvé une représentation plus fidèle. Il en va de même pour le ballet où la danseuse ravit la vedette au danseur, mais pour interpréter une victime.

Le ballet romantique développe une thématique que l'opéra abordait avec les scènes de délire ou de folie : l'accès au surnaturel. La technique des *pointes,* qui apparaît au début du siècle, permet à la danseuse de s'affranchir des lois du mouvement vulgaire, de s'évader de la réalité. Ce n'est pas un hasard si les plus grands succès du ballet romantique, *La Sylphide* (1832) et *Giselle* (1841) entre autres, mettent en scène des créatures mi-divines : sylphides, ondines, fées, fantômes... A propos de l'interprète illustre de *La Sylphide,* Théophile Gautier écrit :

> « Mlle Taglioni est une danseuse chrétienne [...] Elle voltige comme un esprit au milieu des transparentes vapeurs des blanches mousselines dont elle aime à s'entourer, elle ressemble à une âme heureuse qui fait ployer à peine du bout de ses pieds roses les pointes des fleurs célestes. »

Ainsi conçue, la virtuosité est l'expression d'une métaphysique spiritualiste (« la musique n'est-elle pas le langage mystérieux d'un royaume lointain des esprits », écrivait Hoffmann) et le spectacle, selon le vœu de Goethe, n'est plus seulement « un régal des sens », mais « *la réalisation de l'imaginaire* ».

Comme le constate Théophile Gautier, l'Opéra est le seul lieu où les aspirations du romantisme puissent pleinement s'exprimer :

> « Nous voudrions que le romanesque, le fantasque, l'idéal, le poétique, eussent une place plus large dans le théâtre moderne. [...] L'opéra seul [...] échappe à la prose par la musique, admirable faux-fuyant. [Il] a toujours dédaigné la réalité comme il convient [...] nulle part la convention n'est aussi forcée ni aussi éloignée de la nature [...] L'opéra est le seul refuge de la poésie et de la fantaisie [...] on est dans un monde enchanté. »

4. La crise de 1835

L'opéra transporte les spectateurs dans un monde enchanté, il est vrai, mais les moyens qu'il utilise ne sont pas toujours ceux que souhaiteraient les artistes. A côté de l'opéra italien que nous venons d'évoquer, presque toujours représenté à Paris dans une salle réservée à une troupe italienne, l'Opéra de Paris représente de « grands opéras à la française » où l'on poursuit des objectifs quelque peu différents. Il s'agit avant tout de spectacle, et même de grand spectacle que facilitent les effets rendus possibles par l'éclairage au gaz et les progrès de la décoration théâtrale, qui s'inspire des spectacles d'illusion d'optique que sont les « fantasmagories », panoramas et autres dioramas. Daguerre, Cicéri, Cambon, ont attaché leur nom au triomphe d'œuvres pour lesquelles la postérité n'a guère de considération : *Fra Diavolo* (1828) d'Auber, *Robert-le-Diable* (1831) et *Les Huguenots* (1836) de Meyerbeer, *La Juive* (1835) de Halévy. Sous prétexte de reconstitution historique — que le drame recherche également —, se multiplient les décorations fastueuses dont la perspective savamment travaillée plonge les spectateurs dans l'illusion, mais aussi les défilés (avec chevaux !) qui amènent à alourdir les passages orchestraux et les chœurs. On en arrive à ce paradoxe : les figurants et les choristes recueillent tous les applaudissements :

> « On les a proclamés les héros de la fête [...] Leurs habits somptueux taillés sur des patrons authentiques, leurs parures éclatantes ont fait si vive impression sur le public, ont tellement accaparé les applaudissements qu'il en est resté peu pour tout le reste. »

lit-on dans un compte rendu de *La Juive*. Le drame n'est pas à l'abri et les chroniqueurs font des gorges chaudes sur les innovations de certaines scènes, comme la Porte-Saint-Martin « livrée aux bêtes ». Les connaisseurs protestent : *L'Artiste* publie, en août 1834, la lettre d'un lecteur :

> « Voilà donc où en est venu l'art dramatique aujourd'hui, à être représenté par un morceau de velours brodé, par un morceau de carton peint. [...] c'est surtout en voyant l'exactitude de nos costumes et la richesse de nos décorations que l'on peut bien comprendre comment l'art dramatique est arrivé à son déclin. »

Ajoutons que tout opéra à la française doit comporter au moins un ballet et qu'il est de bon ton de choisir sa maîtresse parmi les petits sujets du corps de ballet, et l'on comprendra qu'une foule d'intrigues sans grand rapport avec l'art lyrique ait régné autour de l'Opéra. Dès cette époque apparaît pour la première fois un personnage qui ne tardera pas à devenir toutpuissant : le metteur en scène.

D'autres facteurs concourent à précipiter la décadence de l'art dramatique. Balzac ne nous a pas laissé ignorer les mœurs des théâtres ; la claque, tout d'abord, qui est une institution. Un directeur de théâtre parle :

> « Il y a une cabale montée par les trois théâtres voisins, on va siffler quand même ; mais je me suis mis en mesure de dé-

jouer ces mauvaises intentions. J'ai surpayé les claqueurs en-
voyés contre moi, ils siffleront maladroitement. Voilà trois
négociants qui, pour procurer un triomphe à Coralie et à Flo-
rine, ont pris chacun cent billets et les ont donnés à des
connaissances capables de faire mettre la cabale à la porte. La
cabale, deux fois payée, se laissera renvoyer, et cette exécution dispose toujours bien le public. »

Illusions perdues, II

Outre les billets donnés aux claqueurs, il y a ceux qui sont
attribués aux journalistes ; Lousteau conseille son jeune ami
Lucien, qui débute dans le métier, sur l'usage à faire de ces
billets :

« vous pouvez demander mensuellement à vos théâtres dix
billets, en tout quarante billets, que vous vendrez quarante
francs au Barbet des théâtres, un homme avec qui je vous
mettrai en relation. »

Ibid.

Dans ces conditions, la recette est bien compromise, et l'on
devine que les comptes rendus sont souvent faits par ouï-dire,
ou à la suite d'un bref passage au fond d'une loge : il n'est pas
rare que le même chroniqueur rende compte de trois ou quatre
représentations de la veille... On peut ajouter que la qualité des
places offertes, l'amitié du directeur, les relations avec tel ou
telle interprète jouent un rôle non négligeable dans les éloges
décernés.

La concurrence des théâtres amène les directeurs à des sur-
enchères : plusieurs pièces représentées dans la même soirée
qui commence à 17 h et se termine passé minuit ; le Préfet de
police devra y mettre bon ordre. Pour attirer le public, il faut
créer sans cesse de nouvelles pièces : en 1834 le Vaudeville,
comme les Variétés, crée une pièce tous les dix jours. On imagine les conséquences : répétitions bâclées, acteurs usés,
pièces écrites à la chaîne par les auteurs de la maison qui s'as-
surent des collaborateurs. Alexandre Dumas n'est qu'un parmi
d'autres « fabricants » ; la liste des œuvres qu'il fait représenter
entre 1831 et 1834 éclaire bien ce mouvement de décadence en
même temps que la désaffection envers le drame romantique.
En 1831, à l'Odéon, *Napoléon Bonaparte* et *Charles VII chez
ses grands vassaux* (en vers) ; à la Porte-Saint-Martin, *Antony*
et *Richard Darlington.* En 1832, salle Ventadour, *Teresa ;* à la

Porte-Saint-Martin, *La Tour de Nesle*. A la Porte-Saint-Martin, *Angèle* en 1833, *Catherine Howard* en 1834. Baisse quantitative, on le voit, mais aussi qualitative, du drame au mélodrame, marquée par l'abandon de l'Odéon, scène « noble ». La même analyse s'appliquerait, dans une moindre mesure, aux drames de Victor Hugo.

Le drame musical est dévoré par le spectacle, mais survivra ; le théâtre est malade de l'argent, une campagne de presse va l'achever. La surenchère s'était aussi portée dans le domaine du scandale, et les meilleurs auteurs n'y échappent pas :

> « les dix drames les plus célèbres et les plus vantés de cette nouvelle école renferment huit femmes adultères, cinq prostituées de différentes classes, six victimes de la séduction, et deux malheureuses jeunes filles, dont les couches se font presque sous les yeux du spectateur ; de plus, cinq amants qui s'introduisent la nuit chez leurs maîtresses : ces dernières viennent de se déshabiller sur la scène. Si nous continuons cet intéressant catalogue, nous trouverons quatre mères amoureuses de leur propre fils ; trois d'entre elles qui consomment l'inceste ; onze amants ou maîtresses qui assassinent l'objet de leur amour ; six héros bâtards qui déclament contre la société et la légitimité de la naissance. Il n'a fallu, pour créer toutes ces merveilles, que deux cerveaux d'auteurs à la mode : ceux de M. V. Hugo et de M. Dumas. »
>
> *Quarterly Review,*
> trad. dans la *Revue de Paris,* avril 1834

La presse bien-pensante se déchaîne lorsqu'il s'agit de reprendre au Théâtre-Français — scène subventionnée — *Antony* « l'ouvrage le plus hardiment obscène qui ait paru en ces temps d'obscénité » (*Gazette des Théâtres,* mai 1834). En 1835, le théâtre réussit le tour de force de réconcilier tous les partis politiques, unanimes à voter le rétablissement de la censure ; Lamartine lui-même déclare à cette occasion :

> « La société ne peut pas impunément souffrir que le cauchemar du premier venu aille souiller l'imagination de tout un peuple de la contagion de ses débauches de cœur ou d'esprit. »

Un dernier sursaut du drame romantique se produira en 1838 avec *Ruy Blas,* chef-d'œuvre, sans doute, de Victor Hugo, dont le succès tient peut-être à ce qu'il combine harmonieusement le drame historique de la décadence de la monarchie espa-

gnole, le drame social du ministre salvateur issu du peuple,
le drame d'amour du « ver de terre amoureux d'une étoile » :
c'est ce dernier aspect qui retint surtout l'attention de la critique. Cinq ans plus tard, l'échec retentissant des *Burgraves* ap-
prendra au poète qu'il n'y a plus de public pour un théâtre qui
cherche à donner une vision épique de l'Histoire.

III. La révolution poétique

1. La poésie, nouveau regard sur le monde et sur l'homme

On trouve dans les *Lettres persanes* (1721) une présentation des poètes en ces termes : « ces auteurs dont le métier est de mettre des entraves au bon sens et d'accabler la raison sous les agréments » (Lettre 137) ; même si Montesquieu ne prend pas cette boutade à son compte, elle reflète une conception avant tout décorative de la poésie contre laquelle toutes les formes de la poésie romantique se dresseront. La poésie n'est pas ornementale, elle doit être *essentielle*. Persuadés que la véritable connaissance ne passe pas par la raison, les poètes romantiques s'attachent à rendre les sentiments fugitifs, les états d'âme impalpables, cette rêverie que Rousseau avait mise en honneur. Refusant le goût de l'antique d'André Chénier comme la révolte blasphématoire de Byron, la jeune poésie française se tourne plutôt vers Ossian et vers les *lakistes* anglais qui, toutefois, ne seront réellement connus qu'à partir de 1825.

Le genre intime

Regard sur la nature et les sentiments qu'elle inspire, retour à une veine élégiaque, celle des *Amours* de Ronsard, religiosité diffuse, caractérisent ce que l'on va appeler le genre *intime*. Premier événement littéraire du siècle dans le domaine de la poésie, la publication des *Méditations* de Lamartine (1820) satisfait entièrement le goût pour ce type de poésie. Ni les thèmes abordés, ni la langue, ni la versification ne sont révolutionnaires, mais cette poésie élégiaque n'en est pas moins moderne, par l'expression du vague des passions, tout d'abord, proche de celle d'un René :

> « Quand la feuille des bois tombe dans la prairie,
> Le vent du soir s'élève et l'arrache aux vallons ;
> Et moi je suis semblable à la feuille flétrie :
> Emportez-moi comme elle, orageux aquilons ! »

« L'Isolement »

Par le refus du grandiose, la fuite hors du monde, le refuge dans la nature, la poésie lamartinienne rejoignait les rêveries de Senancour :

> « Mon cœur est en repos, mon âme est en silence ;
> Le bruit lointain du monde expire en arrivant,
> Comme un son éloigné qu'affaiblit la distance,
> A l'oreille incertaine apporté par le vent. »

« Le Vallon »

L'aspiration à retrouver un autre monde perdu,

> « L'homme est un dieu tombé qui se souvient des cieux »,

« L'Homme »

s'accorde au grand retour du sacré, mais avec une discrétion, une familiarité dans le ton qui rompaient avec le désespoir bruyant par lequel s'exprimait parfois le mal du siècle. Bref, il y avait là une tonalité particulière, la marque d'une personnalité poétique originale, le public et la critique ne s'y trompèrent pas.

Beaucoup plus tard, Lamartine donnera, dans la préface des *Recueillements* (1839) une définition de sa poésie :

> « La poésie, c'est le chant intérieur [...] l'heure de ce chant pour moi, c'est la fin de l'automne ; ce sont les derniers jours de l'année qui meurt dans les brouillards et dans les tristesses du vent. [...] le cœur gros de sentiments et de souvenirs, la pensée pleine de vagues images, les sens en repos ou tristement bercés par les grands murmures des forêts qui viennent tinter et expirer sur mes vitres, je me laisse aller à tous mes rêves. [...] Je passe quelques heures assez douces à épancher sur le papier dans ces mètres qui marquent la cadence et le mouvement de l'âme, les sentiments, les idées, les souvenirs, les tristessses, les impressions dont je suis plein [...], ces harmonieuses confidences de ma propre rêverie. »

Certes, le choix que nous avons opéré donne un aspect presque caricatural à ces lignes ; y sont mis en relief les défauts que l'on a trouvés aux recueils de Lamartine postérieurs aux *Méditations :* imprécision, complaisance, abandon à la facilité guettent ce type de poésie.

D'autres poètes s'illustrent dans ce nouveau lyrisme où l'âme se met à nu : Marceline Desbordes-Valmore (1786-1859) dont deux recueils portent un titre qui contient le mot « élégie » ; mélancolie, religiosité, abandon sont exprimés avec une musicalité un peu floue qui annonce de près la « chanson grise » chère à Verlaine. Sainte-Beuve, avec les *Poésies et Pensées de Joseph Delorme* (1829), suivies des *Consolations* (1830), exploite la même veine et cultive la confidence à mi-voix ; dans un poème comme « Les Rayons jaunes », l'invasion du moi par une sensation infime isole le poète des bruits d'une « réalité vulgaire » et lui permet de tisser un réseau subtil de correspondances. Baudelaire rendra hommage au volume dans une formule flatteuse : « *Joseph Delorme,* c'est *Les Fleurs du Mal* de la veille » (Lettre du 15 mars 1865). Ce type de poésie restera en honneur tout au long du siècle : *Les Feuilles d'automne* (1831) de Victor Hugo s'y rattachent, mais aussi *L'Art d'être grand-père* (1877) du même auteur ; un des thèmes de prédilection, l'association amour-souvenir-nature inspire Lamartine pour « Le Lac » (1820), Hugo pour « Tristesse d'Olympio » (1840), Musset pour « Souvenir » (1841) et même Verlaine pour « Après trois ans » (1866).

« Tout est symbolique »

On aurait tort cependant de réduire la poésie « intime » à une expression des sentiments individuels, et l'attention portée aux humbles réalités qui entourent la vie quotidienne ne doit pas occulter une autre dimension ; les ambitions de cette poésie sont plus hautes et, dès 1822, Victor Hugo les avait énoncées dans la préface des *Odes :*

> « Sous le monde réel, il existe un monde idéal, qui se montre resplendissant à l'œil de ceux que des méditations graves sont accoutumés à voir dans les choses plus que les choses. [...] La poésie, c'est tout ce qu'il y a d'intime dans tout. »

Ce qui n'est peut-être alors que platonisme un peu vague se constituera, dans les années suivantes en véritable doctrine

poétique appuyée sur des considérations philosophico-religieuses héritées de ceux que l'on a désignés — un peu rapidement — par le terme d'*illuminés*.

L'on ne peut s'attarder ici sur un courant de pensée multi-
forme et, au demeurant, antérieur à l'époque qui nous intéresse, mais son influence fut si profonde sur le mouvement romantique, sur des personnalités aussi diverses que celles de
Balzac, Hugo, Nerval ou Baudelaire, pour ne citer que ceux-là,
qu'on ne peut le passer sous silence. Opposés au rationalisme
des Lumières, les Illuminés n'en sont pas moins animés du
même esprit de curiosité scientifique — qui s'exerce volontiers dans les « sciences occultes », astrologie, magie, arithmo-
sophie. Témoignant d'un esprit religieux prononcé, ils se distinguent des religions officielles en réservant la connaissance
aux initiés et en développant une théorie de la création du
monde par chute de l'esprit dans la matière, avec possibilité de
réintégration future de l'homme au sein de l'Esprit originel. La
croyance en un système d'êtres intermédiaires entre l'homme
et le divin, en la possibilité, pour les initiés, d'entrer en contact
avec ces êtres et, éventuellement, d'agir sur le monde par leur
intermédiaire, la conception de l'univers comme analogique,
telles sont les constantes que l'on trouve dans toutes les
branches de l'illuminisme.

L'un des plus influents de ces Illuminés, Louis-Claude de
Saint-Martin (1743-1803), développe une idée qui se révèlera
particulièrement féconde : tout est symbole, « la matière n'est
qu'une représentation et une image de ce qui n'est pas elle. »
C'est ce que savait traduire une poésie primitive et mystique,
aujourd'hui oubliée, mais qu'il serait possible de retrouver. Un
poète

> « Qui du suprême agent serait vraiment l'oracle
> Ne ferait pas un vers qu'il ne fît un miracle. »

Saint-Martin,
« Le Cimetière d'Amboise », 1801

C'est cependant Swedenborg (1688-1772) qui est le plus
souvent cité par les Romantiques français : Balzac s'en inspire
et le cite longuement dans *Séraphita* (1835), insistant sur un
aspect de la doctrine du philosophe suédois : « le plus grand
d'entre vous a deviné sur la fin de ses jours que tout était cause
et effet, et réciproquement. » De l'extraordinaire fatras qui oc-

cupe des dizaines de volumes dans lesquels Swedenborg rapporte ses visions de l'autre monde, se dégage une théorie de l'universelle analogie, des *correspondances,* à laquelle s'alimenteront Delacroix (« Dans la nature, tout est reflet »), Nerval (« Tout vit, tout agit, tout se correspond », *Aurélia,* II, 6), et, bien entendu Baudelaire qui intitule « Correspondances » le quatrième poème de son recueil en enrichissant la perspective swedenborgienne de sa propre perception synesthésique et qui développe, dans ses *Notes nouvelles sur Edgar Poe* (1857) une conception de la poésie en rapport avec ces doctrines :

> « C'est cet admirable, cet immortel instinct du beau qui nous fait considérer la terre et ses spectacles comme un aperçu, comme une correspondance du Ciel. La soif insatiable de tout ce qui est au-delà, et que révèle la vie, est la preuve la plus vivante de notre immortalité. C'est à la fois par la poésie et *à travers* la poésie, par et *à travers* la musique, que l'âme entrevoit les splendeurs situées derrière le tombeau ; et, quand un poème exquis amène les larmes au bord des yeux, ces larmes ne sont pas la preuve d'un excès de jouissance, elles sont bien plutôt le témoignage d'une mélancolie irritée, d'une postulation des nerfs, d'une nature exilée dans l'imparfait et qui voudrait s'emparer immédiatement, sur cette terre même, d'un paradis révélé. »

A la lumière de ces doctrines, le poète recherche l'accès à un monde situé au-delà des apparences. L'évolution de Victor Hugo est, à cet égard, significative ; le poète se présente d'abord comme un déchiffreur :

> « Quand, tâchant d'entendre
> Ce que dit l'esprit,
> Je cherche, ô nature,
> La parole obscure
> Que le vent murmure,
> Que l'étoile écrit ! »

Les Chants du crépuscule, 1835, XX

Il est élu, dès l'enfance, pour accéder au mystère du monde :

> « Viens, je vais t'entr'ouvrir des profondeurs sans nombre !
> Viens, je vais de clarté remplir tes yeux pleins d'ombre !
> Viens, écoute avec moi ce qu'on explique ailleurs,
> Le bégaiement confus des sphères et des fleurs ;
> Car, enfant, astre au ciel ou rose dans la haie,
> Toute chose innocente ainsi que toi bégaie !

> Tu seras le poète, un homme qui voit Dieu ! [...]
> Écoute la nature aux vagues entretiens.
> Entends sous chaque objet sourdre la parabole.
> Sous l'être universel vois l'éternel symbole. »
>
> *Les Rayons et les Ombres*, 1840, XXXV.

C'est en fait l'abandon à la rêverie, amorcé dès le poème XXIX des *Feuilles d'automne* (1831), « La pente de la rêverie » qui amène le poète à laisser son regard se perdre, s'absorber dans la *contemplation :*

> « Car, des effets allant aux causes,
> L'œil perce et franchit le miroir,
> Enfant ; et contempler les choses,
> C'est finir par ne plus les voir. »
>
> *Les Contemplations*, 1856, III, 30.

Alexandre Soumet est le premier à avoir énoncé, sous tous ses aspects, le *credo* de la poésie nouvelle :

> « La poésie n'a été appelée le premier des arts que parce qu'elle explique et achève pour ainsi dire l'œuvre du créateur. [...] Tout est symbolique aux yeux du poète, et, par un échange continuel d'images et de comparaisons, il cherche à retrouver quelques traces de cette langue primitive, révélée à l'homme par Dieu même, et dont nos langues modernes ne sont qu'une image affaiblie. »
>
> *La Muse française*, 1823

Ballanche, Pierre Leroux, Sainte-Beuve (voir Anthologie, p. 176-177) ne feront que reprendre ces principes qui supposent que le poète, pour atteindre le but qu'il se propose, accomplisse un important travail sur la forme.

2. Poésie et langage

Si toute réalité, même la plus humble, recèle un sens, le poète ne devra pas hésiter à la nommer ; or, l'emploi du mot propre est proscrit par la tradition classique, surtout lorsqu'il s'agit d'un terme considéré comme bas que l'on remplace, le cas échéant, par une périphrase. Au XIXe siècle, le langage de la tragédie en particulier est irrémédiablement figé dans les stéréotypes. Hugo s'est glorifié à juste titre d'avoir libéré le vocabulaire poétique :

> « La poésie était la monarchie ; un mot
> Etait un duc et pair, on n'était qu'un grimaud ; [...]
> La langue était l'état avant quatre-vingt neuf ; [...]
> Je mis un bonnet rouge au vieux dictionnaire.
> Plus de mot sénateur ! plus de mot roturier ! [...]
> Je nommai le cochon par son nom, pourquoi pas ? [...]
> On entendit un roi dire : « Quelle heure est-il ? »
> Je massacrai l'albâtre, et la neige, et l'ivoire ;
> Je retirai le jais de la prunelle noire,
> Et j'osai dire au bras : Sois blanc, tout simplement. [...]
> J'ai dit à la narine : Eh mais ! tu n'es qu'un nez !
> J'ai dit au long fruit d'or : Mais tu n'es qu'une poire [...]
> Tous les mots à présent planent dans la clarté.
> Les écrivains ont mis la langue en liberté. »

Les Contemplations, I, 7

Les résistances restent vives : en 1829 le mouchoir de Desdémone dans *Le More de Venise* (adapté d'*Othello*) de Vigny déclenche les huées ; en 1837 encore, une partie de la critique fut scandalisée par le titre provocateur du poème XV des *Voix intérieures* : « La Vache » et par les « ignobles détails » (Gustave Planche) peignant des enfants

> « Frais, et plus charbonnés que de vieilles murailles ».

Dès le début du siècle, les poètes avaient compris ce qu'affirmera avec force Mallarmé à la fin du siècle : la poésie est affaire de mots ; de vocabulaire, sans doute, mais aussi de graphie et de sonorités, l'intérêt manifesté par Hugo pour les noms propres, ou pour l'argot, le manifeste. Très tôt également, la réflexion se porte sur le vers. Dans les *Ballades* (1828), puis dans *Les Orientales* (1829), Hugo multiplie les formes métriques, rythmiques, strophiques, se livrant à une véritable expérimentation qui rappelle les Grands rhétoriqueurs du XVe siècle. Il y a là, il est vrai, une part de jeu, mais le goût de la virtuosité n'est pas plus gratuit dans ce domaine que dans d'autres. La montée de l'angoisse et sa disparition progressive sont peintes dans « Les Djinns » (*Les Orientales*, XXVIII) par l'accroissement puis le décroissement progressif du nombre de syllabes des vers, le balancement du hamac de Sara la baigneuse (*Ibid.*, XIX, voir Anthologie, p. 182-183) par la forme strophique, aussi bien, mieux même, que par les mots qui les décrivent. On a coutume d'opposer la poésie *intime* à la poésie *pittoresque,* à tort : l'une et l'autre cherchent l'accès à une réalité cachée, par les rapprochements insolites de mots et de sonorités suscités par les rimes batelées ou léonines, aussi bien que par l'expression familière des sentiments. Au-delà d'une volonté de comique, la onzième Ballade rejoint les effets incantatoires des comptines enfantines — Hugo ne cessera jamais d'écrire des chansons — ou des formules magiques :

> « Daigne protéger notre chasse,
>   Châsse
> De monseigneur Saint-Godefroi
>   Roi ! »

Incantatoire, c'était là un des caractères du *langage primitif* qui fait l'objet, dès le début du siècle sinon même avant, d'une véritable quête que les poètes poursuivront bien au-delà du Romantisme. Ce mythe d'un langage primitif et universel, authentique, en accord avec le monde, a des origines à la fois religieuses et philosophiques : création du monde par la parole de Dieu (Genèse, 1), « vrai nom » donné aux animaux de la terre et du ciel par Adam (Genèse, 2, 19-20), confusion des langues à Babel (Genèse, 11, 1-9), assimilation de la parole à Dieu lui-même au début de l'évangile de Jean ; réflexion sur les rapports des mots, de leur forme et de leur sonorité, avec les choses qu'ils désignent dans le *Cratyle* de Platon. Un érudit, plus ou moins illuminé, Court de Gébelin (1728-1784) avait échafaudé sur ces bases une théorie linguistique qui suscita un intérêt auquel le déchiffrement des hiéroglyphes par Champollion (1822) donna un regain d'actualité. La poésie devenait ainsi une entreprise sacrée, jusque dans le travail artisanal du poète :

> « Car le mot, qu'on le sache, est un être vivant.
> La main du songeur vibre et tremble en l'écrivant ;
> La plume, qui d'une aile allongeait l'envergure,
> Frémit sur le papier quand sort cette figure,
> Le mot, le terme, type on ne sait d'où venu,
> Face de l'invisible, aspect de l'inconnu ;
> Créé, par qui ? forgé, par qui ? jailli de l'ombre ; [...]
> Oui, vous tous, comprenez que les mots sont des choses. [...]
> Oui, tout-puissant ! tel est le mot. Fou qui s'en joue ! [...]

Il est vie, esprit, germe, ouragan, vertu, feu,
Car le mot, c'est le Verbe, et le Verbe, c'est Dieu. »

Victor Hugo,
Les Contemplations, I, 8

Tous les grands poètes du siècle seront des chercheurs de formes, remettront en honneur des formes négligées (le sonnet chez Sainte-Beuve et Théophile Gautier) et s'efforceront d'en épuiser les diverses combinaisons.

Pour Soumet, on s'en souvient, l'arme principale du poète pour retrouver la langue primitive et exprimer le symbolisme universel, était l'échange d'images et de comparaisons. L'utilisation des images, non par volonté décorative, mais par nécessité fondamentale, est une constante du langage poétique nouveau. Baudelaire l'explicite parfaitement à propos de Hugo :

> « Chez les excellents poètes, il n'y a pas de métaphore, de comparaison ou d'épithète qui ne soit d'une adaptation mathématiquement exacte dans la circonstance actuelle, parce que ces comparaisons, ces métaphores et ces épithètes sont puisées dans l'inépuisable fonds de l'*universelle analogie* et qu'elles ne peuvent être puisées ailleurs. »

Réflexions sur quelques-uns de mes contemporains, 1861

Aussi Baudelaire emploie-t-il pour sa part comparaisons et métaphores surprenantes dont les termes associent monde physique et monde moral :

> « Chaque fleur s'évapore ainsi qu'un encensoir ;
> Le violon frémit comme un cœur qu'on afflige ;
> Valse mélancolique et langoureux vertige !
> Le ciel est triste et beau comme un grand reposoir. »

Les Fleurs du Mal, « Harmonie du soir », XLVII

> « Vous êtes un beau ciel d'automne clair et rose ! »

Ibid., LV, « Causerie »

Les plus grandes audaces, cependant, sont à mettre au compte de Victor Hugo qui, par l'accouplement insolite de deux substantifs, donne naissance à une réalité nouvelle et inconnue, monstrueuse et admirable :

> « [...]
> Et, là-bas, devant moi, le vieux gardien pensif
> De l'écume, du flot, de l'algue, du récif,
> Et des vagues sans trêve et sans fin remuées,

Le pâtre promontoire au chapeau de nuées,
S'accoude et rêve au bruit de tous les infinis,
Et, dans l'ascension des nuages bénis,
Regarde se lever la lune triomphale,
Pendant que l'ombre tremble et que l'âpre rafale
Disperse à tous les vents avec son souffle amer
La laine des moutons sinistres de la mer. »

Les Contemplations, V, 23

3. Vers la poésie moderne

Trois recueils poétiques marquent, à quelques années d'intervalle, la grande mutation de la poésie française, sa véritable accession au *surnaturalisme,* pour reprendre le mot de Baudelaire.

Nerval : Les Chimères

Ecrits vraisemblablement de 1841 à 1853, les douze sonnets des *Chimères* de Nerval (1854) constituent le recueil le plus étrange de cette triade, mais aussi celui qui eut le moins de retentissement alors et, peut-être, le moins de postérité. Composés dans un « état de rêverie *super-naturaliste,* [...] ils ne sont guère plus obscurs que la métaphysique d'Hegel ou les *Mémorables* de Swedenborg, et perdraient de leur charme à être expliqués si la chose était possible », déclare l'auteur. Cette obscurité est très différente de ce que sera l'obscurité mallarméenne ; ici la syntaxe est limpide et le poète semble énoncer des évidences, mais il utilise un système de références dont lui seul a la clef. L'emploi systématique de l'article défini accentue l'impression de mystère : quelle est *la* fleur ? où est *la* grotte ? qui sont *la* reine, *la* sainte, *la* fée ? (voir Anthologie, p. 190). Les sonnets des *Chimères* semblent nous révéler des vérités lumineuses, mais nous en dissimulent le sens profond et les questions posées sont d'autant plus irritantes que ces sonnets touchent à des domaines essentiels de la destinée humaine.

La division intérieure, le déchirement propres à l'homme romantique s'expriment dans ces sonnets à travers deux interrogations fondamentales : dans quel temps vivons-nous, tout

d'abord ? pouvons-nous espérer, dans une perspective virgi-
lienne, le retour d'un âge d'or :

> « Ils reviendront ces dieux que tu pleures toujours !
> Le temps va ramener l'ordre des anciens jours »
>
> « Delfica »

Ou, au contraire, faut-il renoncer à cette conception cyclique
au profit d'un temps linéaire où la venue du Christ constitue le
passage d'un *avant* à un *après* :

> « L'univers étourdi penchait sur ses essieux
> Et l'Olympe un instant chancela vers l'abîme. »
>
> « Le Christ aux Oliviers », V

A moins que le Christ ne soit qu'un imposteur involontaire,
découvrant sur la Croix que

> « Un souffle vague émeut les sphères vagabondes,
> Mais nul esprit n'existe en ces immensités. »
>
> *Ibid.,* II

Cette interrogation sur le temps en recouvre une autre, plus essentielle encore, sur l'identité : savoir dans quel temps je vis
serait savoir qui je suis. « El Desdichado » s'articule sur une
affirmation : « Je suis... » reprise par une interrogation :
« Suis-je... » ; « Antéros » mentionne l'appartenance possible à
deux races :

> « Sous la pâleur d'Abel, hélas ! ensanglantée,
> J'ai parfois de Caïn, l'implacable rougeur ! »

et le poète semble choisir, en définitive, le culte des dieux souterrains :

> « Tombez fantômes blancs de votre ciel qui brûle :
> — La sainte de l'abîme est plus sainte à mes yeux ! »
>
> « Artémis »

Jaillis spontanément d'une rêverie délirante et (ou ?) savamment construits, les sonnets des *Chimères* s'approchent au plus
près de la poésie primitive, oraculaire ; le recueil se referme
sur « Vers dorés » dont le titre est emprunté à Pythagore et sur
cet ultime vers :

> « Un pur esprit s'accroît sous l'écorce des pierres. »

Hugo : Les Contemplations

Victor Hugo n'aurait pas renié cette affirmation lorsqu'il publie, en 1856, *Les Contemplations ;* il n'aurait pas renié davantage l'interrogation sur la nature du temps, lui qui compose son recueil de façon à la fois binaire (deux parties : « *Autrefois, Aujourd'hui.* Un abîme les sépare, le tombeau. ») et ternaire : chaque partie comprend trois livres. La forme manifeste ainsi la volonté du poète de concilier les deux conceptions du temps ; le cycle des réincarnations successives s'associe à l'histoire linéaire de l'âme tombée dans la matière et remontant vers « l'évanouissement des cieux » (« Les Mages », VI, 23), à la marche lente, mais inexorable de l'humanité vers la lumière. Synthèse de l'expérience du poète : mort de sa fille, exil, révélation des « tables parlantes » de Jersey, contemplation « au bord de l'Infini », l'œuvre tient la gageure de rassembler la totalité des ambitions poétiques du Romantisme. A la fois autobiographique (« Mémoires d'une âme », dit la préface) et didactique — il s'agit de révéler à tous les secrets de l'univers et de la destinée humaine —, le recueil mêle tous les tons. La plainte élégiaque sur la mort de Léopoldine s'allie à la prière :

> « Seigneur je reconnais que l'homme est en délire
>   S'il ose murmurer ;
> Je cesse d'accuser, je cesse de maudire,
>   Mais laissez-moi pleurer ! »

« A Villequier », IV, 15

La fantaisie et le pittoresque des « fêtes galantes » (« La fête chez Thérèse », I, 22), l'églogue (II, 2), la chanson (II, 4), la fable (III, 6), l'érotisme (voir Anthologie, p. 185), l'émerveillement devant le spectacle de la nature (I, 14, 27) n'en ont pas moins leur place et équilibrent, de touches radieuses et légères, un aspect nocturne et inquiétant qui s'accentue au fil des livres.

Deux grands poèmes du livre VI font paraître l'auteur comme un prophète, un nouvel Orphée, un Messie des temps modernes. Dans « Les Mages » (VI, 23), poème consacré aux savants, artistes et poètes, « les esprits conducteurs des êtres », nouveaux prêtres « altérés d'infini » qui entraînent le genre humain « dans le progrès audacieux », Hugo écrit l'épopée de la connaissance, de tous ces Prométhées, voleurs de Dieu, conquérants de l'invisible qui « émiettent aux âmes Dieu » :

> « Oui, grâce aux penseurs, à ces sages,
> A ces fous qui disent : Je vois !
> Les ténèbres sont des visages,
> Le silence s'emplit de voix !
> L'homme, comme âme, en Dieu palpite,
> Et, comme être, se précipite
> Dans le progrès audacieux ;
> Le muet renonce à se taire ;
> Tout luit ; la noirceur de la terre
> S'éclaire à la blancheur des cieux. »

Le long poème qui termine le livre VI, « Ce que dit la Bouche d'ombre » expose la révélation faite au poète par un mystérieux « être sombre et tranquille ». Chute de l'esprit dans la matière, (« Tout est plein d'âmes »), échelle des êtres, réincarnations qui sont châtiment, migrations des âmes dans les astres, appartiennent à la pensée illuministe, la rédemption par la pitié universelle constitue l'originalité de cette « religion hugolienne ». L'intérêt majeur du poème est peut-être dans la peinture hallucinée de la face cachée du monde :

> « Et d'abord sache
> Que le monde où tu vis est un monde effrayant,
> Devant qui le songeur, sous l'infini ployant,
> Lève les bras au ciel et recule terrible.
> Ton soleil est lugubre et ta terre est horrible.
> Vous habitez le seuil du monde châtiment. »,

dans la complaisance (sadique ?) avec laquelle est évoqué l'enfer terrestre :

> « L'âme que sa noirceur chasse du firmament
> Descend dans les degrés divers du châtiment
> Selon que plus ou moins d'obscurité la gagne.
> L'homme en est la prison, la bête en est le bagne,
> L'arbre en est le cachot, la pierre en est l'enfer. [...]
> Ayez pitié ! voyez des âmes dans les choses. [...]
> La hache et le billot sont deux êtres lugubres ;
> La hache souffre autant que le corps, le billot
> Souffre autant que la tête ; ô mystères d'en haut !
> Ils se livrent une âpre et hideuse bataille ;
> Il ébrèche la hache et la hache l'entaille ;
> Ils se disent tout bas l'un à l'autre : Assassin !

Et la hache maudit les hommes, sombre essaim,
Quand, le soir, sur le dos du bourreau, son ministre,
Elle revient dans l'ombre, et luit, miroir sinistre,
Ruisselante de sang et reflétant les cieux ;
Et, la nuit, dans l'étal morne et silencieux,
Le cadavre au cou rouge, effrayant, glacé, blême,
Seul, sait ce que lui dit le billot, tronc lui-même. »

Baudelaire : Les Fleurs du Mal

A partir d'un même itinéraire autobiographique, de la naissance du poète (« Bénédiction ») à sa mort (« La Mort des artistes » et « Le Voyage »), Baudelaire emprunte de tout autres voies, explore d'autres contrées de l'univers intérieur. A la publication des *Fleurs du Mal* (1857), « tout est dit » pour le Romantisme ; Baudelaire pourtant saura faire éprouver un « frisson nouveau » (Victor Hugo) en restant pleinement romantique dans un recueil dominé par la révolte et par l'ennui, où la tragique division de l'homme s'exprime par deux mots qui fournissent le titre de la première et plus importante section : « Spleen et Idéal ». La révolte de l'homme qui rend grâce au démon pour ses bienfaits (« Les Litanies de Satan ») et choisit le parti des maudits :

> « Race d'Abel, dors, bois et mange ;
> Dieu te sourit complaisamment.
> [...]
> Race de Caïn au ciel monte,
> Et sur la terre jette Dieu. »,
>
> « Abel et Caïn », CXIX

cette révolte n'est certes pas neuve ; Satan et Caïn sont, depuis Byron au moins, les figures privilégiées d'un mythe de la rébellion métaphysique, mais elle n'a peut-être jamais été aussi personnelle. Baudelaire a choisi d'être maudit, réprouvé ; contre sa famille, la société, l'insuffisance de la vie, les déceptions de la débauche, l'imperfection de l'amour qui ne peut atteindre l'Idéal, sa révolte est constante, mais constamment larvée, avortée, rongée ou plutôt grignotée par l'Ennui. Ennui de vivre dans la France du milieu du siècle, d'un manque de véritable foi religieuse, d'absence d'idéal politique, de sa propre paresse surtout, de sa difficulté à créer qui le pousse à toujours remettre au lendemain le combat sans espoir pour atteindre une Beauté inaccessible : « faut-il éternellement souffrir, ou fuir éternellement le beau ? » (*Le Spleen de Paris, Petits poèmes en prose*, III, « Le *Confiteor* de l'artiste »).

La brièveté des poèmes des *Fleurs du Mal,* nécessaire à l'intensité, à « la *totalité* d'effet » (*Notes nouvelles sur Edgar Poe*) est aussi consubstantielle à ces alternances d'accablement et d'exaltation. Souvent écrasé par le Spleen,

> « Quand le ciel bas et lourd pèse comme un couvercle
> Sur l'esprit gémissant en proie aux longs ennuis »,

le poète traduit par d'étonnantes images les hallucinations qui s'emparent de lui :

> « Et de longs corbillards, sans tambours, ni musique,
> Défilent lentement dans mon âme. »
>
> « Spleen », LXXVIII

Il peut aussi chercher à ressaisir les instants d'extase du plaisir :

> « Tu te rappelleras la beauté des caresses,
> La douceur du foyer et le charme des soirs,
> [...]
> Ces serments, ces parfums, ces baisers infinis,
> Renaîtront-ils d'un gouffre interdit à nos sondes,
> Comme montent au ciel les soleils rajeunis
> Après s'être lavés au fond des mers profondes ? »
>
> « Le Balcon », XXXVI

Des instants seulement, car la beauté éternelle, harmonieuse et immuable, évoquée par une assonance obsédante :

> « Je suis belle, ô mortels ! comme un rêve de pierre, »
>
> « La Beauté », XVII

reste lointaine et inaccessible ; seule se manifeste au poète, en de brèves rencontres, la beauté moderne « toujours *bizarre* » :

> « Que tu viennes du ciel ou de l'enfer, qu'importe,
> O Beauté ! monstre énorme, effrayant, ingénu !
> Si ton œil, ton souris, ton pied, m'ouvrent la porte
> D'un Infini que j'aime et n'ai jamais connu ? »
>
> « Hymne à la Beauté », XXI

Ainsi, le poète est condamné à ne vivre que des instants fugitifs qu'il voudrait rendre éternels. Dans « La Mort des Amants » (CXXI, voir Anthologie, p. 189), la coupe insolite du solennel décasyllabe en deux hémistiches impairs et sautillants permet de rassembler, dans un rythme à la fois funèbre et joyeux ces deux durées inconciliables, ici réunies par l'amour, mais dans la mort :

> « Nous échangerons un éclair unique,
> Comme un long sanglot tout chargé d'adieux. »

4. Au-delà du vers : le poème en prose

Baudelaire se veut avant tout le poète de la modernité, « d'un monde en question » ; la poésie devient avec lui « une attitude existentielle, une manière de vivre » (Claude Pichois). Il devait plus qu'un autre sentir les insuffisances de la poésie traditionnelle, soumise quoi qu'on fasse à l'héritage classique dont, moins audacieux sur ce point que Hugo, il ne s'est pas entièrement dégagé : l'utilisation, pour originale qu'elle soit, de l'allégorie le montre suffisamment :

> « [...] l'Espoir,
> Vaincu, pleure, et l'Angoisse, atroce, despotique,
> Sur mon crâne incliné, plante son drapeau noir. »
>
> « Spleen », LXXVIII

Assoiffé de *nouveau,* Baudelaire ne pouvait se satisfaire des limites que lui imposaient le vocabulaire, la rhétorique, la prosodie ; pour être entièrement moderne, la poésie devait se délivrer de ces contraintes, la forme s'adapter totalement à de nouvelles sources d'inspiration dont la principale est la vie urbaine. En 1859 Baudelaire commence à écrire son hommage à Constantin Guys, *Le Peintre de la vie moderne* (publié en 1863) ; il y pousse à la limite la « théorie rationnelle et historique du beau » qui est à la base de l'esthétique romantique : peindre la modernité, c'est saisir « le transitoire, le fugitif, le contingent ». La fréquentation assidue d'Edgar Poe, poète et prosateur qui applique dans ses poèmes et dans ses « histoires » des principes identiques, s'ajoutait à la volonté, sousjacente à tant d'entreprises romantiques, d'effacer les frontières entre les genres, pour inciter Baudelaire à faire sauter la plus infranchissable en apparence de ces barrières, celle qui sépare la prose de la poésie.

A vrai dire, il n'était pas tout à fait le premier : la « prose poétique » de Fénelon, de Rousseau, de Chateaubriand surtout, de Senancour encore, avait montré que la prose peut se faire chant, mais c'était, en quelque sorte, en imitant les ressources du vers. Dans sa préface-dédicace de 1862, Baudelaire refuse ces artifices : il rêve, pour sa part, « d'une prose poétique, musicale sans rythme et sans rime, assez souple et assez heurtée pour s'adapter aux mouvements lyriques de l'âme, aux ondulations de la rêverie, aux soubresauts de la conscience ».

Le « modèle » revendiqué par Baudelaire, « le fameux *Gaspard de la Nuit* d'Aloysius Bertrand », ne peut aider à comprendre le projet de Baudelaire que dans la mesure où Bertrand s'attache à une ville, Dijon, dont il peint « la vie ancienne, si étrangement pittoresque. Ce provincial romantique (il avait troqué son prénom bourgeois de *Louis* contre un médiéval *Aloysius*), « monté » à Paris, fidèle de l'Arsenal, était un beau type de poète maudit ; ayant connu l'échec dans sa carrière littéraire comme dans ses tentatives politiques, il mourut de tuberculose en 1841 à 34 ans, laissant une œuvre qui ne sera publiée qu'en 1842, sans aucun succès, grâce aux soins d'amis, dont Sainte-Beuve. De *Gaspard de la Nuit,* Baudelaire ne retient pas l'aspect ouvertement pictural : le recueil portait en sous-titre « Fantaisies à la manière de Rembrandt et de Callot », ce qui impliquait un désir de représenter aussi bien un pittoresque extérieur (et bizarre) que la vie intérieure, les angoisses de la conscience ; il ne peut davantage reprendre les effets rythmiques par lesquels Bertrand rattache ses poèmes à une poésie strophique :

> « Il était nuit. Ce furent d'abord, — ainsi j'ai vu, ainsi je raconte, — une abbaye aux murailles lézardées par la lune, une forêt percée de sentiers tortueux, — et le Morimont grouillant de capes et de chapeaux.
>
> Ce furent ensuite, — ainsi j'ai entendu, ainsi je raconte, — le glas funèbre d'une cloche auquel répondaient les sanglots funèbres d'une cellule, — des cris plaintifs et des rires féroces dont frissonnait chaque feuille le long d'une ramée, — et les prières bourdonnantes des pénitents noirs qui accompagnaient un criminel au supplice. »
>
> *Gaspard de la nuit,* « Un rêve »

Ce qui retient certainement l'attention de Baudelaire, c'est l'aspect parfois anecdotique, c'est surtout le recul ironique pris par Bertrand envers nombre de ses tableaux, le ton narquois ; *Le Spleen de Paris* pousse la dérision jusqu'au sarcasme : « Le Mauvais vitrier », « Mademoiselle Bistouri », « Assommons les pauvres ! » reposent sur des sujets et sont traités d'une manière qui rendaient inconcevables alors leur désignation comme « poèmes ». Si nous sommes prêts aujourd'hui à reconnaître sans difficulté ce statut à « L'Etranger », à « Un hémisphère dans une chevelure » ou à « L'Invitation au voyage », ne sommes-nous pas dérangés par « Le Miroir » ?

> « Un homme épouvantable entre et se regarde dans la glace.
> "— Pourquoi vous regardez-vous au miroir, puisque vous ne pouvez vous y voir qu'avec déplaisir ?"
> L'homme épouvantable me répond : "— Monsieur, d'après les immortels principes de 89, tous les hommes sont égaux en droits ; donc je possède le droit de me mirer ; avec plaisir ou déplaisir, cela ne regarde que ma conscience."
> Au nom du bon sens, j'avais sans doute raison ; mais, au point de vue de la loi, il n'avait pas tort. »

Par cette « poésie d'un prosaïsme » (Georges Blin), Baudelaire poussait sa recherche poétique plus loin encore qu'avec les déjà paradoxales *Fleurs du Mal*. Il n'eut pas le temps d'achever, ni d'ordonner ces « petits poèmes en prose » : eût-il donné un sens au recueil ? Peut-être au contraire le volume devait-il marquer l'acceptation du discontinu, le renoncement à la volonté de regrouper des fragments pour en former un ensemble signifiant : si cela est, la publication en 1869 du *Spleen de Paris* marque, comme celle de *l'Education sentimentale,* la fin du Romantisme.

IV. Métamorphoses du récit

Que le XIXe siècle soit le grand siècle poétique de la France peut être admis à peu près par tous ; l'accord serait vraisemblablement plus unanime encore sur le domaine romanesque. C'est dire qu'un panorama du roman serait plus difficile à établir — et demanderait encore plus d'espace — qu'une vue perspective de la poésie. En outre, les grands romanciers de la première moitié du siècle partagent-ils tout à fait les aspirations définies précédemment ? Balzac, que les réalistes revendiquent, est-il bien un romancier romantique ? et Stendhal ? On ne pourra donc explorer ici que quelques secteurs de la production romanesque, non sans remarquer au préalable que l'adjectif *romanesque* est loin de rendre compte de la prolifération des récits : à peine reconnu comme genre littéraire, le roman se voit investi par d'autres formes qui attaquent ses frontières.

1. Situation du roman

Le roman avait, sur d'autres genres littéraires, un avantage : inconnu d'Aristote, il n'avait pas de normes et n'était même pas reconnu comme genre au début du siècle. De là une facilité à servir la « liberté dans l'art » si souvent revendiquée, mais aussi une disposition à servir de cible aux adversaires de la jeune école toujours prêts à poursuivre l'« anarchie » : il apparaît en 1833 comme « le cadre banal de tous les bavardages où se ruent tous ceux dont la pensée n'est pas encore ferme, [...] qui écrivent en attendant qu'ils aient la force de penser » (Désiré Nisard). Il faut attendre le milieu du siècle pour le voir reconnu ; encore est-ce à regret : « Nous n'avons pas dit qu'on dût rejeter d'une manière absolue le roman ; c'est une forme littéraire, elle vaut ce que vaut celui qui l'emploie » (Alfred Nettement, 1846). D'autres cependant, plus perspicaces, voient en lui « le vrai fruit des temps modernes » (Philarète Chasles, 1842). La vogue du roman-feuilleton ne fait que multiplier les accusations de facilité, et surtout d'immoralité : en 1843, Théodore Muret parle de « tristes inventions » et de « productions immondes » et se justifie : « la mission de les signaler et de les flétrir m'a forcé d'en surmonter le dégoût » ; il s'agissait des *Mystères de Paris* d'Eugène Sue et de *La Rabouilleuse* de Balzac... On sait que, en 1857, un procès sera intenté à Flaubert pour l'immoralité de *Madame Bovary*.

La difficulté à définir le roman apparaît bien dans les catalogues des libraires qui, au début du siècle, cherchent à classer des ouvrages qu'ils considèrent tantôt du point de vue du sujet traité, tantôt selon la forme adoptée ; on voit ainsi voisiner romans historiques, romans par lettres, romans sentimentals [*sic*], mémoires, nouvelles, etc. La prolifération des œuvres romanesques s'accompagne en effet, d'un renouvellement des thèmes. A côté d'un roman sentimental qui survit, souvent sous forme épistolaire (Mme de Krüdener, *Valérie,* 1804), grâce à des romancières surtout (Mme Cottin, Mme de Duras), et qui continue à mettre en scène dans une société atemporelle des héros qui restent conventionnels, s'affirment d'autres types de roman : le roman historique, on l'a vu, mais aussi le roman noir. C'est encore l'Angleterre qui avait montré la voie : le succès du *Moine* de Lewis (1795), du *Melmoth* de Maturin (1820) furent immenses, les châteaux pseudo-fantastiques et les paysages sauvages de Mrs Radcliffe se prêtaient à l'appellation « romantique » — au sens initial du terme. Les imitations françaises se signalent par une grande médiocrité, sur laquelle tranchent à peine les premiers essais de Balzac, écrits sous des pseudonymes ; il n'empêche, le romancier fait là ses premières armes et constitue son arsenal pour l'œuvre à venir en expérimentant un type de roman qui a ses normes : minutieuses descriptions des lieux, nécessaire à l'intelligence de l'action ; présence de l'étrange, mis sur le compte du surnaturel ou finalement expliqué rationnellement ; système de personnages qui met en vedette, comme le mélodrame, une victime et son bourreau.

Ce dernier personnage subit d'importantes transformations en passant d'Angleterre en France ; ouvertement satanique outre-Manche, il se fait plus volontiers brigand (Nodier, *Jean Sbogar,* 1818) ou monstre à demi humain (Hugo, *Han d'Islande,* 1823) doté d'une force physique exceptionnelle (Vautrin et Jean Valjean en hériteront). Dans cette lignée, beaucoup de personnages évoluant dans des romans qui ne sont plus vraiment des romans noirs, disposent d'un pouvoir mystérieux, dû à une association secrète (Vautrin encore, ou Ferragus, chez Balzac) ou à une profonde connaissance du monde et à une immense fortune, acquises lors d'une véritable « descente aux enfers », comme le héros du *Comte de Monte-Cristo* d'Alexandre Dumas. La fascination d'une époque pour toute forme de grandeur d'âme, fût-elle criminelle (que l'on songe à Lacenaire, l'assassin-poète, exécuté en 1836) s'explique par la conscience de la décadence des gouvernants : Napoléon est surnommé *l'Ogre* par ses adversaires. Les catholiques pourront même emboîter le pas : Barbey d'Aurevilly ne peut cacher son admiration pour Sombreval, le défroqué satanique doté, lui aussi, d'une force exceptionnelle (*Un prêtre marié,* 1864) ; dans un monde où il n'y a plus de saints, les « diaboliques » intéressent davantage que les médiocres. On a compris que, comme le virtuose, le surhomme romanesque est une manifestation du *surnaturalisme* romantique.

On a complètement oublié de nos jours le *roman gai ;* les œuvres de Paul de Kock et de Pigault-Lebrun connurent pourtant d'impressionnants tirages. S'il nous intéresse ici, c'est qu'il a contribué à influencer le roman à venir en retrouvant les traditions du roman picaresque ou bourgeois du XVIIIᵉ siècle, plus généralement d'un roman qui refuse le monde de personnages conventionnels du roman aristocratique et sentimental. Pris dans la bourgeoisie ou dans le peuple, les « héros » de ces romans doivent faire rire, avant tout par leurs défauts, ils sont proches des types de la comédie. Balzac, qui écrit aussi des romans gais à ses débuts, s'en souviendra pour *La Comédie humaine.* La dégradation des héros provient peut-être de la même origine : aucun héros romanesque du XIXᵉ siècle ne sera pourvu de toutes les qualités et tel lecteur pourra trouver parfaitement antipathique un Julien Sorel, un Lucien de Rubempré, une Emma Bovary.

La technique du roman a, elle aussi, profité de ces œuvres sans véritable postérité : le roman noir était amené à désorganiser la chronologie romanesque traditionnelle, la préservation du mystère nécessitait des retours en arrière ultérieurs qui fournissaient les explications. La majorité des romans du XIXe siècle non seulement pratiquera le début *in medias res* (en pleine action), mais encore multipliera les changements de vitesse, utilisera l'ellipse, dissimulera une partie des faits, sollicitera la participation du lecteur.

2. La révolution romanesque de 1830

A moins d'un an d'intervalle, deux chefs-d'œuvre ouvrent une ère nouvelle, celle d'un roman résolument moderne. Moderne tout d'abord par l'époque à laquelle se déroule l'action, qui coïncide avec l'époque de la publication : *Le Rouge et le Noir* de Stendhal, publié en novembre 1830, porte en sous-titre : « Chronique de 1830 » ; *La Peau de chagrin* de Balzac, publiée en août 1831, s'ouvre sur cette formule : « Vers la fin du mois d'octobre dernier, [...] un jeune homme... ». *Un* jeune homme : l'indéfini n'est pas le fruit du hasard ; nous n'apprendrons le nom du héros qu'au bout d'une cinquantaine de pages. « Histoire d'un jeune homme », ce sous-titre de *L'Éducation sentimentale* pourrait résumer les deux romans ; il les résumerait cependant incomplètement et prêterait à contresens. L'aventure d'un héros, prénommé Julien ou Raphaël, dans le cadre de la société de 1830, n'est pas le sujet du roman, c'est la place de tout jeune homme dans cette société, c'est cette société même qui en sont la matière. L'un et l'autre sont, chacun à leur manière, les premiers romans de « l'aventure sociale » (P.-G. Castex).

L'entrée du jeune homme dans la société, tel est bien le thème dominant du roman nouveau : *Le Père Goriot, Illusions perdues,* et tant d'autres chez Balzac, *La Chartreuse de Parme* et *Lucien Leuwen* chez Stendhal, *L'Éducation sentimentale* chez Flaubert. La nouvelle aventure n'est plus la conquête d'une belle Dame, ni la découverte du vaste monde d'où le héros revient adulte après avoir subi ses épreuves ; c'est la conquête d'une position sociale, l'initiation à un monde qui n'est pas seulement celui des adultes, mais un monde nouveau et inconnu. Dans un tel roman, la place laissée à l'amour est nécessairement restreinte — et ce n'est pas la moindre des innovations —, même si, dans bien des cas, l'initiation du jeune homme est assurée par une femme (ou par des femmes) : *Volupté* de Sainte-Beuve ou *Le Lys dans la Vallée* de Balzac, entre autres. L'amour, en effet, fait partie d'un domaine étranger aux valeurs sociales et le roman, comme l'a montré Hegel, s'alimente souvent au

> « conflit entre la poésie du cœur et la prose opposée des relations sociales. [...] [Les jeunes gens] regardent comme un malheur qu'en général il y ait une famille, une société civile, des lois, des devoirs de profession, parce que ces rapports, qui constituent la base des mœurs réelles, opposent leur barrière violente à l'idéal et aux droits infinis du cœur. »
>
> *Poétique*

Le roman de l'ascension sociale au XIXe siècle diffère donc radicalement de celui qu'on pouvait trouver précédemment, avec *La Vie de Marianne* ou *Le Paysan parvenu* de Marivaux par exemple ; certes le héros, l'héroïne, devait accepter bien des compromissions pour se faire une place, mais la conquête restait aimable, elle est devenue un affrontement violent ; la société, cette « femme sans cœur » (*La Peau de chagrin*) ne fait pas de cadeau et broie impitoyablement celui qui commet la moindre faute, Lucien de Rubempré en fera l'expérience, par deux fois. Autant que l'éternel conflit entre le monde des jeunes et le monde des vieux, si bien représenté par le personnage de l'antiquaire dans *La Peau de chagrin,* c'est donc la peinture de la société et, plus que la peinture encore, la découverte de son fonctionnement, la compréhension de ses lois cachées qui solliciteront l'attention du romancier et feront de ce roman, en particulier chez Balzac, un roman historique et philosophique.

Balzac

En imaginant de faire reparaître les mêmes personnages dans différents romans, Balzac se donnait, en 1835, les moyens de présenter une vue d'ensemble de la société de son temps. L'avant-propos de *La Comédie humaine,* en 1842, s'efforce de faire toute la lumière sur ses intentions. Parti d'une observation à caractère scientifique : « une comparaison entre l'Humanité et l'Animalité », et d'un ferme déterminisme :

> « La Société ne fait-elle pas de l'homme, suivant les milieux où son action se déploie, autant d'hommes différents qu'il y a de variétés en zoologie ? »,

Balzac entreprend — rejoignant ainsi les vœux d'un Augustin Thierry — d'écrire une « histoire oubliée par tant d'historiens, celle des mœurs ». Pour cela, le roman « genre de composition injustement appelé secondaire », qui peut « faire concurrence à l'Etat-Civil » et que Walter Scott a élevé « à la valeur philosophique de l'histoire », est l'instrument privilégié pour donner la vision totale qu'ambitionne Balzac : « La Société française allait être l'historien, je ne devais être que le secrétaire ».

On objectera : en quoi ce grand dessein se rattache-t-il au Romantisme ? Balzac n'est-il pas bien plutôt le père du Réalisme ? Certes, mais il faut y regarder de plus près. D'abord en ne négligeant pas la part d'irrationnel contenue dans l'œuvre : fantastique de la peau de chagrin, pouvoirs visionnaires conquis par Louis Lambert, télépathie du *Réquisitionnaire,* voyance « magnétique » d'Ursule Mirouet, mysticisme de *Séraphita*... Plus profondément, l'avant-propos de 1842 nous renseigne sur la démarche de Balzac ; y sont cités en effet, à côté d'indiscutables savants comme Cuvier et Geoffroi Saint-Hilaire, « des écrivains mystiques qui se sont occupés des sciences dans leurs relations avec l'infini, tels que Swedenborg, Saint-Martin, etc. ». La description de la Société est aussi recherche et affirmation d'un *sens,* « la belle loi du *soi pour soi* sur laquelle repose l'*unité de composition* », recherche enfin de solutions aux problèmes sociaux dans le domaine religieux. Cette même loi justifie l'unité de *La Comédie humaine,* où chaque fragment prend un sens par rapport à l'ensemble, comme, dans la pensée illuministe, tout fait est en rapport avec la marche de l'univers :

> « En saisissant bien le sens de cette composition, on reconnaîtra que j'accorde aux faits constants, quotidiens, secrets ou patents, aux actes de la vie individuelle, à leurs causes et à leurs principes autant d'importance que jusqu'alors les historiens en ont attaché aux événements de la vie publique des nations. La bataille inconnue qui se livre dans une vallée de l'Indre entre *Madame de Mortsauf* et la passion est peut-être

aussi grande que la plus illustre des batailles connues (*Le Lys dans la vallée*). Dans celle-ci, la gloire d'un conquérant est en jeu ; dans l'autre, il s'agit du ciel. »

Stendhal

Une telle vision globalisante est bien étrangère à Stendhal ; sans doute la société est-elle présente dans ses romans, et tout aussi hostile à la jeunesse, mais elle est réduite à des proportions qui la rendent dérisoire : le petit cercle de Valenod à Verrières, le salon du marquis de La Mole, la cour de Ranuce Ernest IV à Parme, pour redoutables qu'ils puissent être, sont avant tout des caricatures. L'aventure sociale, pour Stendhal est d'abord une recherche individuelle, « égotiste », où il s'agit moins, pour Julien Sorel, Lucien Leuwen ou Fabrice del Dongo, de se faire une place que de s'affirmer à leurs propres yeux et de trouver le bonheur.

Aux antipodes de la conception balzacienne d'un univers ordonné où tout se correspond, du « constant souci » du romancier « de ne pas déconcerter le lecteur, de lui faire tout comprendre » (Madeleine Ambrière), le monde de Stendhal est fragmentaire, parfois mystérieux, et ne tient son unité que du regard qui est posé sur lui. Le romancier pousse à la limite l'individualisme, le subjectivisme, hérités des Idéologues, pour rechercher la réalité, non dans le monde extérieur, mais dans la perception et la représentation d'un personnage. C'est, selon la formule de Georges Blin, le « réalisme subjectif » qui s'exprime par la technique de la « restriction de champ » ; le lecteur, souvent perplexe, ne connaît des événements que ce qu'en perçoit le héros dont, à ce moment, Stendhal a choisi de donner le « point de vue ».

La collaboration ainsi demandée au lecteur l'amène à considérer les personnages stendhaliens comme il considérerait des êtres réels, avec les mêmes pans d'ombre qui laissent subsister les mêmes interrogations : de tous les personnages romanesques, ce sont peut-être ceux-là qui donnent le plus l'illusion de la vie, et cette illusion est renforcée par les fréquentes interventions de l'auteur ; s'interrogeant sur ses personnages ou les jugeant, parfois sévèrement, il laisse à penser que ces êtres ont conquis leur autonomie. C'est là une des clés du charme du roman stendhalien : des personnages en liberté.

3. Un roman populaire ?

Que ce soit dans le cadre de la société balzacienne ou par le point de vue du personnage stendhalien, l'aventure sociale reste une aventure individuelle et ce type de roman ne répond ni aux exigences de l'histoire libérale qui privilégie le rôle du Peuple, ni au désir d'engagement de nombreux écrivains et artistes au service de ce peuple. En 1836, Emile Souvestre exprime cette volonté en appelant de ses vœux un « roman populaire », « trop méprisé jusqu'à présent », « encore à créer », qui serait véritablement un « livre initiateur ». Ecrire à la fois *sur* le peuple pour le faire connaître au public non populaire, et *pour* le peuple, ce sera l'ambition de nombre d'écrivains qui « représentent le socialisme idéaliste, humanitaire, optimiste, sentimental, attendri, attendrissant » (Claude Pichois). Ambition difficile à réaliser, but que n'atteint pas entièrement Eugène Sue avec *Les Mystères de Paris* en 1842, que reprend Hugo pour *Les Misérables* auxquels il travaille à partir de 1845 et qui ne paraîtront qu'en 1862, œuvre dans laquelle le poète voyait « un des principaux sommets, sinon le principal » de son œuvre.

Hugo : Les Misérables

S'il y a bien, dans *Les Misérables,* un héros central dont l'histoire fournit le fil conducteur du roman, les intrigues sont multiples ; au début de la rédaction, Hugo notait : « Histoire d'un saint. Histoire d'un homme. Histoire d'une femme. Histoire d'une poupée ». La multitude des personnages populaires permet au romancier de représenter le peuple sous différents aspects : Jean Valjean et Fantine, que la misère amène au « crime » par la « damnation sociale », mais aussi les Thénardier qui s'y complaisent, et leurs innocents enfants, Eponine ou Gavroche. L'entrecroisement des intrigues, la multiplication des lieux, parisiens en particulier, restituent, avec d'autres moyens que ceux de Balzac et de Stendhal, la complexité du réel, cependant que les actions extérieures, rythmées par l'Histoire (Waterloo, les barricades de 1832), sont accompagnées des débats internes qui ponctuent l'évolution des personnages : Jean Valjean, Marius, Cosette, Javert. C'est peut-être là, pour

Hugo, l'essentiel de son roman, non du côté des réalités socio-économiques, mais du côté des valeurs spirituelles. L'histoire de Jean Valjean, rédemption d'un Satan qui devient Christ, inscrit le destin du peuple dans l'ensemble de l'histoire du monde et illustre l'ambition épique de l'œuvre ; du mal au bien pour l'individu, de la misère et de l'ignorance au règne futur pour le peuple, de l'ombre à la lumière, l'itinéraire est identique.

> « Faire le poème de la conscience humaine, ne fût-ce qu'à propos d'un seul homme, ne fût-ce qu'à propos du plus infime des hommes, ce serait fondre toutes les épopées dans une épopée supérieure et définitive. »

> « *Une tempête sous un crâne* », I, VII, 3

George Sand

Une autre voie s'ouvrait pour le roman — et, plus généralement, pour l'art, — populaire : écrire *avec* le peuple. L'idéal eût été que le peuple écrivît lui-même sa littérature ; George Sand ne ménagea pas ses encouragements à des écrivains issus du peuple, comme Agricol Perdiguier (1805-1875), aux poètes ouvriers, mais le seul d'entre eux qui ait laissé un nom, Pierre Dupont (1821-1870) n'appartient pas vraiment au monde du travail. George Sand eut surtout le mérite de révéler au public, après Nodier et Nerval, qu'il existait une littérature populaire traditionnelle de grande qualité, non pas celle que l'on trouvait dans les livres de colportage, mais le trésor des chansons et des contes, qu'il fallait sauver de l'oubli.

On a coutume d'opposer différentes époques dans la production romanesque de George Sand et il est vrai que les références à la chanson populaire n'apparaissent qu'avec les premiers « romans champêtres », *Jeanne* en 1844, puis *La Mare au diable* en 1846, mais l'intérêt constant qu'elle manifeste, depuis ses débuts, pour les victimes de l'ordre social (*Indiana* et la critique du mariage en 1832) comme pour les paysages des campagnes berrichonnes (*Valentine,* 1832) devait la conduire, dans la ligne des revendications sociales qu'elle soutient (*Le Compagnon du tour de France,* 1840), à mettre en scène le peuple des campagnes, les mœurs populaires. Ce faisant, elle pouvait donner une représentation apitoyée de la mi-

sère rurale pour émouvoir son lecteur, mais « le rêve de la vie
champêtre », « la pente qui ramène l'homme civilisé aux
charmes de la vie primitive » devaient l'emporter. L'introduction de *La Mare au Diable* est explicite sur ce point : refusant
un réalisme tragique à la manière de peintres comme Holbein,
elle s'oriente vers une vision rousseauiste de l'homme de la
nature ; « les figures douces et suaves » lui paraissent plus propres à « amener des conversions » que « la peinture d'épouvante et de menace ».

Malgré les citations de chansons populaires attestant qu'il existait un art du peuple, ces romans n'étaient encore que romans sur
le peuple et pour le peuple. Ils s'écartaient du combat social en
détournant de la société moderne, en incitant au refuge au sein de
valeurs archaïques. L'amitié de la cantatrice Pauline Viardot, la
liaison surtout, de 1838 à 1847, avec Chopin qui puisait une
grande part de son inspiration dans le folklore polonais, amenè-
rent George Sand à donner une inflexion originale au mythe romantique de l'artiste, héros des temps modernes, avec *Consuelo*
(1842-1844) dont l'héroïne est une cantatrice sublime, issue du
petit peuple vénitien, plus encore avec *Les Maîtres sonneurs*
(1853) où ce mythe se combine avec celui du langage primitif :
Joset, petit paysan, joue et crée une musique authentiquement populaire, liée au terroir, à la nature. L'issue, il est vrai, est pessimiste : incompris, l'artiste populaire est condamné à vivre en
marge du peuple, comme l'artiste romantique en marge de la société de son temps.

4. Aux frontières du roman

La vogue du récit bref

Si les années qui avoisinent 1830 voient paraître les premiers grands romans modernes, elles voient aussi proliférer les
récits bref, contes ou nouvelles. On ne s'attardera pas ici sur
les distinctions qui ont été proposées entre ces deux types, la
confusion est grande tout au long du siècle, mais la majorité
des contes, cependant, touche au domaine du passé et de l'irrationnel, merveilleux ou fantastique, alors que l'on considère
plutôt comme nouvelle un récit situé dans la réalité du monde
contemporain. On peut repérer plusieurs causes à cette « inon-
dation du conte », à cet « étrange moment de délire », sans

s'arrêter aux accusations des adversaires du Romantisme qui voient dans l'écriture d'un récit bref le signe de l'impuissance à en écrire un long, oubliant apparemment que Voltaire et Diderot s'étaient illustrés dans le genre. Une bonne part de cette production témoigne d'un désir de fuir, par l'accès à un monde irrationnel, une réalité décevante, oppression du pouvoir, désenchantement en 1831, choléra de 1832, matérialisme grandissant. Les causes majeures semblent cependant d'ordre économique : le récit bref permet de toucher un public qui appartient à la partie active de la société, qui dispose de peu de temps pour lire et qui ouvre plus volontiers un périodique qu'un volume : la grande vogue de ce type de récit correspond à la fondation, en 1829, de deux revues qui publieront la plupart des contes et nouvelles des grands écrivains romantiques : la *Revue des Deux Mondes* et la *Revue de Paris*. Pouvant être publié dans une livraison de revue, le récit bref trouvait également sa place dans de jolis petits livres d'étrennes venus d'Angleterre, les *Keepsakes,* qui mêlent récits en prose, poèmes et gravures.

Ces considérations terre à terre ne doivent pas faire perdre de vue que le récit bref satisfait aussi de nombreux créateurs sur le plan esthétique ; il faudra attendre 1857 pour voir Baudelaire énoncer, à propos d'Edgar Poe, une loi que les écrivains des années trente avaient découverte : la « brièveté ajoute à l'intensité de l'effet ». Curieusement, à peine a-t-on dit cela, qu'on doit reconnaître que contes et nouvelles sont bien souvent regroupés en recueils, collectifs ou à auteur unique, comme s'ils étaient des fragments d'un ensemble ; il semble bien que le Romantisme, par une démarche analogue à celle qui le fait s'intéresser avant tout à l'individu, mais rêver de grandes constructions sociales, attache un grand prix à la perfection du fragment, mais ne peut s'empêcher de chercher à constituer une somme. C'est ce que faisait Balzac avec les romans de *La Comédie humaine,* il ne procède pas autrement avec ses *Contes drolatiques.* Peu de grands romanciers n'ont pas abordé ce type de récit, de Balzac à Flaubert (*Trois Contes,* 1877) en passant par Stendhal et ses *Chroniques italiennes* ; d'autres sont des spécialistes : Mérimée (1803-1870) fut, avant Maupassant, le « maître du genre ». Rapidité d'une crise saisie à son point culminant, montée vers un événement central où tout bascule pour s'acheminer inéluctablement vers le seul dénouement possible, la mort, souvent atroce, tout concourt à faire de la nouvelle mériméenne un concentré de tragédie. La maîtrise apparaît dès la première nouvelle, *Mateo Falcone* (1829) : le petit Fortunato, fils unique de Mateo Falcone, cache un bandit fugitif, puis le livre aux soldats contre une montre en argent ; son père le tue. L'art de la nouvelle a connu d'autres grandes réussites avec des récits qui sont presque de petits romans, notamment *Sylvie* de Gérard de Nerval (1853) ; aucune qui atteigne, comme la nouvelle mériméenne, une telle puissance de choc sur le lecteur.

Le conte fantastique

Le genre de récit bref le plus caractéristique de l'époque romantique est sans doute le conte fantastique. La traduction des *Contes* de l'allemand Hoffmann (1776-1822) à partir de 1828 rencontre un succès foudroyant et déclenche aussitôt une série d'imitations. Certains, comme Charles Nodier, n'avaient pas attendu ces traductions pour explorer les frontières du réel : *Smarra ou les démons de la nuit* paraît dès 1821, *Trilby ou le Lutin d'Argail* en 1822. Le conte fantastique, qui se caractérise « par une intrusion brutale du mystère dans la vie réelle » (Pierre-Georges Castex), se prêtait particulièrement bien à l'expression d'un mal du siècle : satisfaisant les aspirations au surnaturel et la curiosité pour toutes les manifestations du paranormal (« magnétisme », voyance, somnambulisme...), il ne rompait pas pour autant avec le réel quotidien dont il montrait le visage caché, inquiétant. En outre, les meilleurs de ces contes se gardent bien d'attester l'existence des phénomènes surnaturels, plusieurs explications sont implicitement proposées au lecteur qui se trouve plongé dans l'hésitation ; le conte fantastique est le mode d'expression privilégié d'une époque qui doute, qui souhaiterait pouvoir se satisfaire des certitudes du rationalisme scientifique ou des vérités affirmées par les religions, mais qui ne peut décider en faveur de l'un des systèmes et découvre par surcroît que l'un et l'autre peuvent se révéler également inquiétants. Dès 1830, dans son essai *Du fantastique en littérature,* Nodier faisait du genre « la seule littérature essentielle de l'âge de décadence ou de transition où nous sommes parvenus ».

C'est un objet particulièrement banal qui donne son nom au premier conte fantastique de Théophile Gautier : *La Cafetière* (1831). Le narrateur, qui passe la nuit dans une maison de

campagne, voit s'animer les objets de la chambre et les personnages de la tapisserie, il danse avec une jeune femme qu'on
appelle Angela ; à l'aube, elle s'écroule et le narrateur ne
trouve à sa place que les débris de la cafetière au milieu des-
quels ses amis le ramassent au matin. Rien jusqu'ici qui ne
puisse s'expliquer par un simple cauchemar, mais le héros se
prend à dessiner machinalement la cafetière de son rêve et son
hôte y voit la ressemblance frappante de sa sœur Angela,
morte deux ans auparavant. Un objet inanimé est aussi au centre de *La Vénus d'Ille* de Mérimée (1837) : est-ce vraiment la
statue au doigt de laquelle Alphonse a imprudemment passé
son anneau nuptial qui l'a horriblement étouffé en venant ré-
clamer sa nuit de noces, comme l'affirme sa jeune épouse devenue folle ? L'enquête menée élimine les autres explications
rationnelles... Le malaise du lecteur, l'impression d'« inquié-
tante étrangeté », selon l'expression de Freud, proviennent de
la disparition d'une frontière entre deux catégories du réel, ici
l'animé et l'inanimé ; le conte fantastique joue très souvent sur
cette transgression : l'on abolit les distinctions entre mort et vivant (Th. Gautier, *La Morte amoureuse,* 1836), entre humain
et animal (Mérimée, *Lokis,* 1869), l'on supprime le temps
(Th. Gautier, *Le Pied de Momie,* 1840, *Arria Marcella,* 1852).
Franchissement et effacement des limites sont des constantes
du Romantisme, ils prennent ici un caractère particulièrement
angoissant pour le lecteur, privé des repères habituels de la
conscience, pénétrant malgré lui dans un monde qu'il peut
identifier comme celui de la folie.

On doit mentionner que le conte fantastique refuse parfois
de se prendre au sérieux, prend un tour parodique (Th. Gautier,
Onuphrius Wphly, 1832 ; Gérard de Nerval, *La Main de gloire,*
1832) ; est-ce réaction envers la prolifération d'un type de récit
dont le public commence à être saturé, ou désir d'exorciser une
inquiétude qui atteint les couches profondes de la conscience ?
dans le premier des deux contes, il s'agit des sources de la
création artistique et du risque de folie couru par le créateur,
dans le second, il est question de mutilation.

Le récit à la première personne

Face au grand roman balzacien où un narrateur, non représenté comme personnage, donne une vision globale du monde
social, le conte fantastique privilégiait, souvent par l'intermé-

diaire d'un narrateur-héros racontant à la première personne, la subjectivité, la perception du monde par un individu ; dans ce cas particulier, cette perception, sujette à des aberrations, pose problème au lecteur, mais l'objet du récit est avant tout le narrateur lui-même.

L'usage de la première personne, si fréquent à l'époque romantique, permet au créateur d'exalter l'individu selon une des grandes aspirations du temps, il lui permet aussi de se peindre lui-même. On doit noter, à ce sujet, la transformation radicale de l'attitude du lecteur face à la première personne : au XVIIIe siècle, l'abondance des prétendus *Mémoires, Confessions, Lettres,* dont l'authenticité est trop bien affirmée dans une « préface de l'éditeur », conduisait à ranger la plupart des récits de ce type dans la catégorie des fictions. Il en va tout autrement au XIXe siècle et, en 1835, Balzac doit protester, à propos du *Lys dans la vallée :*

> « Dans plusieurs fragments de son œuvre, l'auteur a produit un personnage qui raconte en son nom. Pour arriver au vrai, les écrivains emploient celui des artifices littéraires qui leur semble propre à prêter le plus de vie à leurs figures. [...] beaucoup de personnes se donnent encore aujourd'hui le ridicule de rendre un écrivain complice des sentiments qu'il attribue à ses personnages ; et s'il emploie le *je,* presque toutes sont tentées de le confondre avec le narrateur. [...] l'auteur [...] croit nécessaire de déclarer qu'il ne s'est nulle part mis en scène. »
>
> Préface de l'édition originale

Ce sera en vain.

Sans doute faut-il attribuer à la prolifération des *Mémoires* et *Souvenirs* de ceux qui avaient joué, ou cru jouer, un rôle dans les événements de la Révolution et de l'Empire, la confiance que l'on accorde désormais au *je* narratif ; il faut aussi compter pour beaucoup l'exemple des *Confessions* de Rousseau qui sont à l'origine de la vogue en France d'un « genre » et du terme qui le désigne : autobiographie. Un dictionnaire de 1833 le définit en l'opposant aux mémoires : « L'auteur de mémoires [...] écrit le *commentaire de l'histoire ;* l'autobiographe fait le roman du cœur. » (*Encyclopédie des gens du monde*).

Le roman personnel

Le roman du cœur : c'est bien ainsi qu'apparaissent tant de romans dans lesquels l'auteur se raconte, soit en incitant le lecteur à l'identifier au héros, par exemple en lui donnant un de ses prénoms (Chateaubriand, *René,* 1802), soit au contraire en transposant noms, lieux et situations comme le fait Musset dans *La Confession d'un enfant du siècle* (1836).

Ce « roman personnel » constitue l'une des formes d'expression privilégiées du romantisme, en particulier lorsqu'il s'agit de peindre le mal du siècle, et sa présence est constante, de *René* à *Dominique* d'Eugène Fromentin (1862), en passant par *Volupté* de Sainte-Beuve (1834). Le récit est concentré sur une crise qui a marqué toute la vie du narrateur, creusé un abîme entre l'*avant* et l'*après,* selon un schéma qui rappelle l'image obsédante de la Révolution dans la conscience romantique ; cette crise est avant tout subie par un héros que l'on peut juger peu reluisant. Elevé par son père dans le mépris des femmes, l'Adolphe de Benjamin Constant (1816), fait, par vanité, la conquête d'Ellénore :

> « Offerte à mes regards dans un moment où mon cœur avait besoin d'amour, ma vanité de succès, Ellénore me parut une conquête digne de moi. »
>
> Chapitre II

Sa résistance aiguise l'amour d'Adolphe : « je me sentais, de la meilleure foi du monde, véritablement amoureux » ; il triomphe, fait tout quitter à sa maîtresse et passe très vite de la passion triomphante à la conscience d'un esclavage honteux :

> « C'est un affreux malheur de n'être pas aimé quand on aime ; mais c'en est un bien plus grand d'être aimé avec passion quand on n'aime plus. »,

tout en n'arrivant jamais à faire le point sur ses sentiments véritables :

> « telle est la bizarrerie de notre cœur misérable, que nous quittons avec un déchirement horrible ceux près de qui nous demeurions sans plaisir. »
>
> Chapitre V

Après bien des tergiversations, Adolphe décide de quitter Ellénore, elle en meurt et le héros, qui a tant souhaité recouvrer sa
liberté, conclut ainsi :

> « J'étais libre en effet, je n'étais plus aimé : j'étais étranger
> pour tout le monde. »
>
> Chapitre X

Veule, velléitaire, incapable d'éprouver un sentiment sans
l'analyser, sans chercher à en suspecter la sincérité, Adolphe
est-il coupable ou victime ? Habilement, Benjamin Constant
encadre la confession d'Adolphe par un « avis de l'éditeur »,
une « lettre à l'éditeur » et la « réponse » de celui-ci : qui
croire ? celui qui met le destin du « bizarre et malheureux
Adolphe » sur le compte de la société qui « favorise ce penchant à l'inconstance », ou son correspondant qui hait « cette
faiblesse qui s'en prend toujours aux autres de sa propre impuissance, et qui ne voit pas que le mal n'est point dans ses
alentours, mais qu'il est en elle. » Quant à Ellénore, que nous
connaissons seulement par l'intermédiaire d'Adolphe, est-elle
bien une parfaite amoureuse, victime de la cruauté de son
amant ? ne se conduit-elle pas en épouse-mère abusive ? Par ce
jeu sur les points de vue que Balzac reprendra dans *Le Lys
dans la vallée,* Constant accentue la complexité d'un personnage qui, contrairement à ce que l'on attend d'un récit à la première personne, demeure indéchiffrable.

Le voyage

La plupart des « romanciers personnels » s'efforcent, quoique dans une moindre mesure, d'explorer, par l'intermédiaire
d'un héros insaisissable, incapable de se situer par rapport au
monde, les replis de leur propre cœur. Il est des écrivains qui
choisissent un autre mode d'exploration de soi, le voyage.
S'écartant à la fois de la relation géographique, archéologique,
ethnologique, et du voyage imaginaire, l'un et l'autre prisés
par les siècles précédents, le *Voyage* tend, à l'époque romantique, à devenir un genre à part entière. Relatant un voyage présumé réel, le narrateur y occupe une place de premier plan,
semblable sur ce point à celle qu'occupait le narrateur de
voyages imaginaires, le Cyrano des *États et Empires de la lune*
ou le Gulliver de Swift. Le titre d'*Impressions de voyage,* fréquemment utilisé alors (par Alexandre Dumas notamment)

rend bien compte de l'objet réel du récit : le *moi* du voyageur. A une époque où le monde est à peu près entièrement découvert, le voyageur entreprend, par son contact avec d'autres lieux, souvent évocateurs d'autres temps, une découverte de lui-même. L'*Itinéraire de Paris à Jérusalem* de Chateaubriand (1811), le *Voyage en Orient* de Lamartine (1832) restent en partie figés par les présupposés des voyageurs. Les deux *Rome, Naples et Florence* de Stendhal (1817 et 1826), comme les divers voyages de Dumas (par exemple les *Excursions sur les bords du Rhin,* 1841), mettent au premier plan le regard du voyageur ; que l'objet de ce regard soit un chef-d'œuvre de l'art ou une insignifiante salle d'auberge n'a plus alors aucune importance. *Le Rhin* de Victor Hugo (1842) et le *Voyage en Orient* de Gérard de Nerval (1851), mêlant inextricablement le *vu* et le *lu,* le voyage réel et le voyage rêvé, sont les chefs-d'œuvre d'un nouveau genre qui satisfait le désir romantique d'abolir les limites : réalité et fiction, présent et passé, conscience individuelle et monde extérieur se fondent pour échapper à l'inévitable désillusion apportée par le réel et pour proclamer la primauté de l'imaginaire :

> « [...] c'est une impression douloureuse, à mesure qu'on va plus loin, de perdre, ville à ville et pays à pays, tout ce bel univers qu'on s'est créé jeune, par les lectures, par les tableaux et par les rêves. Le monde qui se compose ainsi dans la tête des enfants est si riche et si beau, qu'on ne sait s'il est le résultat exagéré d'idées apprises, ou si c'est un ressouvenir d'une existence antérieure et la géographie magique d'une planète inconnue. »
>
> Nerval, *Voyage en Orient,* « Introduction », IV

Hors des genres

Deux œuvres illustrent, mieux que d'autres, nous semble-t-il, le rêve romantique d'échapper à toute notion de limite et de catégorie pour saisir la totalité du réel. Il paraît difficile, à première vue, de mettre sur le même plan les 2 000 pages des *Mémoires d'Outre-Tombe* (Chateaubriand, 1848) et les 60 pages d'*Aurélia* (Nerval, 1855) ; les deux récits, cependant, sont aussi inclassables l'un que l'autre. Leur effort pour ressaisir la totalité d'un *moi* fragmenté par le temps ou dissocié par la « maladie » les feraient rattacher à l'autobiographie si l'attention portée à l'Histoire par Chateaubriand, les visées « scientifiques » affirmées par Nerval, ne montraient clairement que, pour eux, l'histoire du moi se

confond avec l'histoire du monde ; le premier affirme orgueil-
leusement le rôle qu'il a tenu, mais en mêlant aux personnes
illustres qu'il a côtoyées les personnages, non moins illustres,
de son œuvre :

> « J'ai fait de l'histoire, et je pouvais l'écrire. Et ma vie solitaire,
> rêveuse, poétique, marchait au travers de ce monde de réalités,
> de catastrophes, de tumulte, de bruit, avec les fils de mes songes,
> Chactas, René, Eudore, Aben-Hamet ; avec les filles de mes chi-
> mères, Atala, Amélie, Blanca, Velléda, Cymodocée. »
>
> *Mémoires d'Outre-Tombe,* « Préface testamentaire », 1833

Le second, dans une vision, se croit

> « transporté dans une planète obscure où se débattaient les
> premiers germes de la création. »

Il ne se contente pas d'un rôle de spectateur devant les
monstres qui peuplent cette planète, il avoue :

> « Ils se livraient des combats auxquels je prenais part moi-
> même, car j'avais un corps aussi étrange que les leurs. »
>
> *Aurélia,* I, 7-8

Délire, sans doute, mais aussi, chez Nerval comme chez Chateaubriand, souci d'affirmer la pérennité d'un *moi* sans cesse menacé
par les ravages de la durée ou par l'apparition du « double », désir de se rendre maître du Temps. Le « roman personnel » avait
joué sur la distance temporelle qui sépare le narrateur du héros,
deux visages d'un même *moi,* et le voyage affirmait souvent la
présence du passé dans le présent ; il revient à Chateaubriand et à
Nerval d'avoir fait du Temps un personnage central de leur
œuvre, et Proust les a salués, à juste titre, comme des précurseurs
en ce domaine (« A propos du style de Flaubert », 1920).

La pratique systématique du télescopage d'époques différentes
aboutissant à la confusion des couches temporelles chez Chateaubriand, le désir chez Nerval de rendre compte de la totalité de
l'existence humaine, consciente et rêvée, de rendre indistincte la
barrière qui sépare la prétendue normalité d'une folie qui est
peut-être état supérieur de la conscience permettant d'accéder à
un autre monde, tous ces éléments qui perturbent profondément
la représentation habituelle du monde, ont conduit les auteurs à
créer, chacun à leur manière, une forme adaptée à leur projet,
nouvelle, unique et inimitable. Là se situait, sans doute, le
point culminant de la *liberté dans l'art.*

Anthologie de textes

I. Définitions ?

Alfred de Musset – Variations autour d'un mot[1]

Les bourgeois imaginés par Musset recensent les définitions du Romantisme qui se sont succédé ; on reconnaîtra au passage *Racine et Shakespeare,* la préface des *Etudes françaises et étrangères* et celle de *Cromwell.*

Nous crûmes d'abord, pendant deux ans, que le *romantisme,* en matière d'écriture, ne s'appliquait qu'au théâtre, et qu'il se distinguait du classique parce qu'il se passait des unités [...] Mais on nous apprend tout à coup (c'était, je crois, en 1828) qu'il y avait poésie romantique et poésie classique, roman romantique et roman classique, ode romantique et ode classique ; que dis-je ? un seul vers, mon cher monsieur, un seul et unique vers pouvait être romantique ou classique, selon que l'envie lui en prenait.

Quand nous reçûmes cette nouvelle, nous ne pûmes fermer l'œil de la nuit. Deux ans de paisible conviction venaient de s'évanouir comme un songe. Toutes nos idées étaient bouleversées ; car si les règles d'Aristote n'étaient plus la ligne de démarcation qui séparait les camps littéraires, où se retrouver et sur quoi s'appuyer ? Par quel moyen, en lisant un ouvrage, savoir à quelle école il appartenait ? [...]

Heureusement, dans la même année, parut une illustre préface, que nous dévorâmes aussitôt, et qui faillit nous convaincre à jamais. Il y respirait un air d'assurance qui était fait pour tranquilliser et les principes de la nouvelle école s'y trouvaient détaillés au long. On y disait très nettement que le romantisme n'était autre chose que l'alliance du fou et du sé-

---

1. Les titres des extraits sont donnés par l'éditeur.

rieux, du grotesque et du terrible, du bouffon et de l'horrible, autrement dit, si vous l'aimez mieux, de la comédie et de la tragédie. Nous le crûmes, Cotonet et moi, pendant l'espace d'une année entière [...] l'important pour nous était de répondre aux questionneurs : « Le romantisme est l'alliance de la comédie et de la tragédie, ou, de quelque genre d'ouvrage qu'il s'agisse, le mélange du bouffon et du sérieux. ». Voilà qui allait encore à merveille, et nous dormions tranquilles là-dessus. [...]

Nous crûmes, jusqu'en 1830, que le romantisme était l'imitation des Allemands, et nous y ajoutâmes les Anglais, sur le conseil qu'on nous en donna. [...] De 1830 à 1831, nous crûmes que le romantisme était le genre historique, ou, si vous voulez, cette manie qui, depuis peu, a pris nos auteurs d'appeler des personnages de romans et de mélodrames Charlemagne, François Ier ou Henri IV, au lieu d'Amadis, d'Oronte ou de Saint-Albin [...] De 1831 à l'année suivante, voyant le genre historique discrédité, et le romantisme toujours en vie, nous pensâmes que c'était le genre *intime*, dont on parlait fort. Mais quelque peine que nous ayons prise, nous n'avons jamais pu découvrir ce que c'était que le genre intime. [...] De 1832 à 1833, il nous vint à l'esprit que le romantisme pouvait être un système de philosophie et d'économie politique. [...] De 1833 à 1834, nous crûmes que le romantisme consistait à ne pas se raser, et à porter des gilets à larges revers, très empesés. L'année suivante, nous crûmes que c'était de refuser de monter la garde. L'année d'après, nous ne crûmes rien. »

Lettres de Dupuis et Cotonet,
parues dans *La Revue des Deux Mondes,* 1836-1837.

II. Le « mal du siècle »

Un modèle allemand : **Goethe**

La contemplation de la nature : source de bonheur et d'angoisse

Werther, amant de la nature et conscient de l'absurdité du monde, est l'ancêtre de tous les héros mélancoliques et désespérés du Romantisme français. Le succès prodigieux d'un roman à la fin duquel le héros met fin à ses jours par désespoir d'amour, provoqua, dit-on, une vague de suicides parmi les jeunes gens.

Pourquoi faut-il que ce qui fait la félicité de l'homme devienne aussi la source de son malheur ?

Cette ardente sensibilité de mon cœur pour la nature et la vie, qui m'inondait de tant de volupté, qui du monde autour de moi faisait un paradis, me devient maintenant un insupportable bourreau, un mauvais génie qui me poursuit en tous lieux. Lorsque autrefois du haut du rocher je contemplais, par-delà le fleuve, la fertile vallée jusqu'à la chaîne de ces collines ; que je voyais tout germer et sourdre autour de moi ; que je regardais ces montagnes couvertes de grands arbres touffus depuis leur pied jusqu'à leur cime, ces vallées ombragées dans leurs creux multiples, de petits bosquets riants, et comme la tranquille rivière coulait entre les roseaux susurrants, et réfléchissait les chers nuages que le doux vent du soir promenait sur le ciel en les balançant ; qu'alors j'entendais les oiseaux animer autour de moi la forêt ; que je voyais des millions d'essaims de moucherons danser gaiement dans le dernier rayon rouge du soleil, dont le regard, dans un dernier tressaillement, délivrait et faisait sortir de l'herbe le scarabée bourdonnant ; que le bruissement et le va-et-vient autour de moi rappelaient mon attention sur le sol ; et que la mousse qui arrache à mon dur rocher sa nourriture, et le genêt qui croît le long de l'aride colline de sable, m'indiquaient cette vie intérieure, ardente et sacrée qui anime la nature !... comme je faisais entrer tout cela dans mon cœur ! Je me sentais comme déifié par cette abondance débordante, et les majestueuses formes du monde infini vivaient et se mouvaient dans mon âme. Je me voyais environné d'énormes montagnes ; des précipices étaient devant moi, et des rivières d'orages s'y plongeaient ; des fleuves coulaient sous mes pieds, les forêts et les monts résonnaient, et toutes les forces impénétrables qui créent, je les voyais, dans les profondeurs de la terre, agir et réagir, et je voyais fourmiller sur terre et sous le ciel les innombrables races des êtres vivants. Tout, tout est peuplé, sous mille formes différentes ; et puis voici les hommes, qui ensemble s'abritent dans leurs petites maisons, et s'y nichent, et selon eux, règnent sur le vaste univers ! Pauvre insensé, qui crois tout si peu de chose, parce que tu es si petit ! Depuis les montagnes inaccessibles, à travers le désert, qu'aucun pied ne toucha, jusqu'au bout de l'océan inconnu, l'esprit de celui qui crée éternellement souffle et se réjouit de chaque atome qui le sent et vit de sa vie... Ah ! pour lors combien de fois j'ai désiré, porté sur les ailes de la grue qui passait sur ma tête, voler au rivage de la mer immensurable, boire à la coupe écumante de l'infini la vie qui, pleine de joie, en déborde, et seulement un instant sentir dans l'étroite capacité de mon sein une goutte de la béatitude de l'être qui produit tout en lui-même et par lui-même !

Mon ami, je n'ai plus que le souvenir de ces heures pour me soulager. Même les efforts que je fais pour me rappeler et rendre ces inexprimables sentiments, en élevant mon âme au-dessus d'elle-même, me font doublement sentir le tourment de la situation où je suis maintenant.

Devant mon âme s'est levé comme un rideau, et le spectacle de la vie infinie s'est métamorphosé devant moi en l'abîme du tombeau éternellement ouvert. Peut-on dire, « Cela est », quand tout passe ? quand tout, avec la vitesse d'un éclair, roule et passe ? quand chaque être n'épuise que si rarement la force que lui confère son existence, et est entraîné dans le torrent, submergé, écrasé sur les rochers ? Il n'y a point d'instant qui ne te dévore, toi et les tiens qui t'entourent ; point d'instant que tu ne sois, que tu ne doives être un destructeur. La plus innocente promenade coûte la vie à mille pauvres vermisseaux ; un seul de tes pas détruit le pénible ouvrage des fourmis, et foule un petit monde dans un tombeau ignominieux. Ah ! ce ne sont pas vos grandes et rares catastrophes, ces inondations qui emportent vos villages, ces tremblements de terre qui engloutissent vos villes, qui me touchent : ce qui me mine le cœur, c'est cette force dévorante qui est cachée dans toute la nature, qui ne produit rien qui ne détruise ce qui l'environne et ne se détruise soi-même... C'est ainsi que j'erre plein de tourments. Ciel, terre, forces actives qui m'environnent, je ne vois rien dans tout cela qu'un monstre toujours dévorant et toujours ruminant.

Les Souffrances du jeune Werther, 1774, Livre I
Traduction B. Groethuysen (1ʳᵉ trad. française : 1776).

Un rêve d'absolu : Faust

Echapper à la médiocrité de la condition humaine que la science ne permet pas de dépasser, entrer en harmonie avec l'univers, ne serait-ce que pour un instant et au prix de son salut éternel, c'est le rêve fou de Faust, qui sera, pour beaucoup de Romantiques français, le héros de la révolte métaphysique.

La scène suivante a été rédigée dès 1775.

La nuit

Dans une chambre à voûte élevée, étroite, gothique, Faust, inquiet, est assis devant son pupitre.

FAUST : Philosophie, hélas ! jurisprudence, médecine, et toi aussi, malheureuse théologie !... je vous ai donc étudiées à fond avec ardeur et patience : et maintenant me voici là, pauvre fou, tout aussi sage que devant. Je m'intitule, il est vrai, Maître, Docteur, et depuis dix ans je promène ça et là mes élèves par le nez. — Et je vois bien que nous ne pouvons rien connaître !... Voilà ce qui me brûle le sang ! J'en sais plus, il est vrai, que tout ce qu'il y a de sots, de docteurs, de maîtres, d'écrivains et de moines au monde ! Ni scrupule ni doute ne me tourmentent ! Je ne crains rien du diable, ni de l'enfer ; mais aussi toute joie m'est enlevée. Je ne crois pas savoir rien de bon en effet, ni pouvoir rien enseigner aux hommes pour les améliorer et les convertir. Aussi n'ai-je ni bien, ni argent, ni honneur, ni lustre dans le monde : un chien ne voudrait pas de la vie à ce prix ! Il ne me reste désormais qu'à me jeter dans la magie. Oh ! si la force et la voix de l'esprit me dévoilaient maint secret que j'ignore, et si je n'étais plus obligé de dire péniblement ce que je ne sais pas ; si enfin je pouvais connaître tout ce que le monde cache en lui-même, et, sans m'attacher davantage à des mots inutiles, voir ce que la nature contient de secrète énergie et de semences éternelles !

Astre à la lumière argentée, lune silencieuse, daigne pour la dernière fois jeter un regard sur ma peine !... j'ai si souvent la nuit veillé près de ce pupitre ! C'est alors que tu m'apparaissais sur un amas de livres et de papiers, mélancolique amie ! Ah ! que ne puis-je, à ta douce clarté, gravir les hautes montagnes, errer dans les cavernes avec les esprits, planer sur les prés dans ta pénombre, oublier toutes les misères de la science, et me baigner rajeuni dans la fraîcheur de ta rosée !

Hélas ! et je languis encore dans mon cachot ! Misérable trou de muraille, où la douce lumière du ciel ne peut pénétrer qu'avec peine à travers ces vitrages peints, à travers cet amas de livres poudreux et vermoulus, et de papiers entassés jusqu'à la voûte. Je n'aperçois autour de moi que verre, boîtes, instruments, meubles pourris, héritage de mes ancêtres... Et c'est là ton monde, et cela s'appelle un monde !

Et tu demandes encore pourquoi ton cœur se serre dans ta poitrine avec inquiétude, pourquoi une douleur secrète entrave en toi tous les mouvements de la vie ! Tu le demandes !... Et au lieu de la nature vivante dans laquelle Dieu t'a créé, tu n'es environné que de fumée et moisissure, dépouilles d'animaux et ossements de morts !

Délivre-toi ! Lance-toi dans l'espace ! Ce livre mystérieux, tout écrit de la main de Nostradamus, ne suffit-il pas pour te conduire ? Tu pourras connaître alors le cours des astres ; alors, si la nature daigne t'instruire, l'énergie de l'âme te sera communiquée comme un esprit à un autre esprit. C'est en vain que, par un sens aride, tu voudrais ici t'expliquer les signes divins... Esprits qui nagez près de moi, répondez-moi, si vous m'entendez ! (*Il ouvre le livre, et aperçoit le signe du macrocosme.*) Ah ! quelle extase à cette vue s'empare de tout mon être ! Je crois sentir une vie nouvelle, sainte et bouillante, circuler dans mes nerfs et dans mes veines. Sont-ils tracés par la main d'un Dieu, ces caractères qui apaisent les douleurs de mon âme, enivrent de joie mon pauvre cœur, et dévoilent autour de moi les forces mystérieuses de la nature ? Suis-je moi-même un dieu ? Tout me devient si clair ! Dans ces simples traits le monde révèle à mon âme tout le mouvement de sa vie, toute l'énergie de sa création. C'est maintenant seulement que je reconnais la vérité des paroles du sage : « Le monde des esprits n'est point fermé ; ton sens est assoupi, ton cœur est mort. Lève-toi, disciple, et va baigner infatigablement ton sein mortel dans les rayons pourprés de l'aurore ! » (*Il regarde le signe.*) Comme tout se meut dans l'univers ! Comme tout l'un dans l'autre agit et vit de la même existence ! Comme les puissances célestes montent et descendent en se passant de mains en mains les seaux d'or ! Du ciel à la terre elles répandent une rosée qui rafraîchit le sol aride, et l'agitation de leurs ailes remplit les espaces sonores d'une ineffable harmonie.

Quel spectacle ! Mais, hélas ! ce n'est qu'un spectacle ! Où te saisir, nature infinie ? Ne pourrai-je donc aussi presser tes mamelles, où le ciel et la terre demeurent suspendus ? Je voudrais m'abreuver de ce lait intarissable... mais il coule partout, il inonde tout, et moi je languis vainement après lui ! *(Il tourne avec dépit quelques feuillets et aperçoit le signe de l'Esprit de la terre.)* Comme ce signe opère différemment sur moi ! Esprit de la terre, tu te rapproches ; déjà je sens mes forces s'accroître ; déjà je pétille comme une liqueur nouvelle : je me sens le courage de me risquer dans le monde, d'en supporter les peines et les prospérités ; de lutter contre l'orage, et de ne point pâlir des craquements de mon vaisseau. Des nuages s'entassent au-dessus de moi ! — La lune cache sa lumière... la lampe s'éteint ! Des vapeurs montent !... Des rayons ardents se meuvent autour de ma tête. Il tombe de la voûte un frisson qui me saisit et m'oppresse. Je sens que tu t'agites autour de moi, Esprit que j'ai invoqué ! Découvre-toi. Ah ! comme son sein se déchire ! mes sens s'ouvrent à des impressions nouvelles ! Tout mon cœur s'abandonne à toi !... Parais ! parais ! m'en coûtât-il la vie !

Faust I, 1808
Traduction : Gérard de Nerval, 1827

Chateaubriand

Un état presque impossible à décrire

René fut pour les jeunes Français ce qu'avait été Werther pour les Allemands. Ce texte célèbre fait apparaître dans toute sa complexité le premier mal du siècle, fait d'aspirations vagues, de désirs sans objet, de pulsions morbides.

On m'accuse d'avoir des goûts inconstants, de ne pouvoir jouir longtemps de la même chimère, d'être la proie d'une imagination qui se hâte d'arriver au fond de mes plaisirs, comme si elle était accablée de leur durée ; on m'accuse de passer toujours le but que je puis atteindre : hélas ! je cherche seulement un bien inconnu, dont l'instinct me poursuit. Est-ce ma faute, si je trouve partout les bornes, si ce qui est fini n'a pour moi aucune valeur ? Cependant je sens que j'aime la monotonie des sentiments de la vie, et si j'avais encore la folie de croire au bonheur, je le chercherais dans l'habitude.

La solitude absolue, le spectacle de la nature, me plongèrent bientôt dans un état presque impossible à décrire. Sans parents, sans amis, pour ainsi dire seul sur la terre, n'ayant point encore aimé, j'étais accablé d'une surabondance de vie. Quelquefois je rougissais subitement, et je sentais couler dans mon cœur comme des ruisseaux d'une lave ardente ; quelquefois je poussais des cris involontaires, et la nuit était également troublée de mes songes et de mes veilles. Il me manquait quelque chose pour remplir l'abîme de mon existence : je descendais dans la vallée, je m'élevais sur la montagne, appelant de toute la force de mes désirs l'idéal objet d'une flamme future ; je l'embrassais dans les vents ; je croyais l'entendre dans les gémissements du fleuve : tout était ce fantôme imaginaire, et les astres dans les cieux, et le principe même de vie dans l'univers.

Toutefois cet état de calme et de trouble, d'indigence et de richesse, n'était pas sans quelques charmes. Un jour je m'étais amusé à effeuiller une branche de saule sur un ruisseau, et à attacher une idée à chaque feuille que le courant entraînait. Un roi qui craint de perdre sa couronne par une révolution subite, ne ressent pas des angoisses plus vives que les miennes, à chaque accident qui menaçait les débris de mon rameau. O faiblesse des mortels ! O enfance du cœur humain qui ne vieillit jamais ! Voilà donc à quel degré de puérilité notre superbe raison peut descendre ! Et encore est-il vrai que bien des hommes attachent leur destinée à des choses d'aussi peu de valeur que mes feuilles de saule.

Mais comment exprimer cette foule de sensations fugitives que j'éprouvais dans mes promenades ? Les sons que rendent les passions dans le vide d'un cœur solitaire, ressemblent au murmure que les vents et les eaux font entendre dans le silence d'un désert : on en jouit, mais on ne peut les peindre.

L'automne me surprit au milieu de ces incertitudes : j'entrai avec ravissement dans les mois des tempêtes. Tantôt j'aurais voulu être un de ces guerriers errant au milieu des vents, des nuages et des fantômes ; tantôt j'enviais jusqu'au sort du pâtre que je voyais réchauffer ses mains à l'humble feu de broussailles qu'il avait allumé au coin d'un bois. J'écoutais ses chants mélancoliques, qui me rappelaient que dans tout pays, le chant naturel de l'homme est triste, lors même qu'il exprime le bonheur. Notre cœur est un instrument incomplet, une lyre où il manque des cordes, et où nous sommes forcés de rendre les accents de la joie sur le ton consacré aux soupirs.

Le jour, je m'égarais sur de grandes bruyères terminées par des forêts. Qu'il fallait peu de choses à ma rêverie ! une feuille séchée que le vent chassait devant moi, une cabane dont la fumée s'élevait dans la cime dépouillée des arbres, la mousse qui tremblait au souffle du nord sur le tronc d'un chêne, une roche écartée, un étang désert où le jonc flétri murmurait ! Le clocher solitaire, s'élevant au loin dans la vallée, a souvent attiré mes regards ; souvent j'ai suivi des yeux les oiseaux de passage qui volaient au-dessus de ma tête. Je me figurais les bords ignorés, les climats lointains où ils se rendent ; j'aurais voulu être sur leurs ailes. Un secret instinct me tourmentait ; je sentais que je n'étais moi-même qu'un voyageur ; mais une voix du ciel semblait me dire : « Homme, la saison de ta migration n'est pas encore venue ; attends que le vent de la mort se lève, alors tu déploieras ton vol vers ces régions inconnues que ton cœur demande. »

« Levez-vous vite, orages désirés, qui devez emporter René dans les espaces d'une autre vie ». Ainsi disant, je marchais à grands pas, le visage enflammé, le vent sifflant dans ma chevelure, ne sentant ni pluie ni frimas, enchanté, tourmenté, et comme possédé par le démon de mon cœur.

La nuit, lorsque l'aquilon ébranlait ma chaumière, que les pluies tombaient en torrent sur mon toit, qu'à travers ma fenêtre je voyais la lune sillonner les nuages amoncelés, comme un pâle vaisseau qui laboure les vagues, il me semblait que la vie redoublait au fond de mon cœur, que j'aurais eu la puissance de créer des mondes. Ah ! si j'avais pu faire partager à une autre les transports que j'éprouvais ! O Dieu ! si tu m'avais donné une femme selon mes désirs ; si, comme à notre premier père, tu m'eusses amené par la main une Eve tirée de moi-même... Beauté céleste ! je me serais prosterné devant toi ; puis, te prenant dans mes bras, j'aurais prié l'Eternel de te donner le reste de ma vie.

Hélas ! j'étais seul, seul sur la terre ! Une langueur secrète s'emparait de mon corps. Ce dégoût de la vie que j'avais ressenti dès mon enfance revenait avec une force nouvelle. Bientôt mon cœur ne fournit plus d'aliment à ma pensée, et je ne m'apercevais de mon existence que par un profond sentiment d'ennui.

Je luttai quelque temps contre mon mal, mais avec indifférence et sans avoir la ferme résolution de le vaincre. Enfin, ne pouvant trouver de remède à cette étrange blessure de mon cœur, qui n'était nulle part et qui était partout, je résolus de quitter la vie.

René, in *Génie du Christianisme,* 1802

Les contradictions de l'Histoire

En 1798, émigré à Londres, Chateaubriand se rend chez le chargé d'affaires des princes français. Le portrait du paysan vendéen, que l'on peut admirer pour sa seule beauté épique, met en lumière une absurdité de l'Histoire : c'est le peuple qui se montre le véritable défenseur de l'Ancien Régime. Le « mal du siècle » prend racine, aussi, dans la conscience de ces contradictions.

[...] chez l'agent des Princes. Nous le trouvâmes environné de tous ces défenseurs du trône et de l'autel qui battaient les pavés de Piccadily, d'une foule d'espions et de chevaliers d'industrie échappés de Paris sous divers noms et divers déguisements, et d'une nuée d'aventuriers belges, allemands, irlandais, vendeurs de contre-révolution. Dans un coin de cette foule était un homme de trente à trente-deux ans qu'on ne regardait point, et qui ne faisait lui-même attention qu'à une gravure de la mort du général Wolf. Frappé de son air, je m'enquis de sa personne : un de mes voisins me répondit : « Ce n'est rien ; c'est un paysan vendéen, porteur d'une lettre de ses chefs. »

Cet homme, *qui n'était rien,* avait vu mourir Cathelineau, premier général de la Vendée et paysan comme lui ; Bonchamp, en qui revivait Bayard ; Lescure, armé d'un cilice non à l'épreuve de la balle ; d'Elbée, fusillé dans un fauteuil, ses blessures ne lui permettant pas d'embrasser la mort debout ; La Rochejaquelein, dont les patriotes ordonnèrent de *vérifier* le cadavre, afin de rassurer la Convention au milieu de ses victoires. Cet homme, *qui n'était rien,* avait assisté à deux cents prises et reprises de villes, villages et redoutes, à sept cents actions particulières et à dix-sept batailles rangées ; il avait combattu trois cent mille hommes de troupes réglées, six à sept cent mille réquisitionnaires et gardes nationaux ; il avait aidé à enlever cent pièces de canon et cinquante mille fusils ; il avait traversé les *colonnes infernales,* compagnies d'incendiaires commandées par des conventionnels ; il s'était trouvé au milieu de l'océan de feu, qui, à trois reprises, roula ses vagues sur les bois de la Vendée ; enfin, il avait vu périr trois cent mille Hercules de charrue, compagnons de ses travaux, et se changer en un désert de cendres cent lieues carrées d'un pays fertile.

Les deux Frances se rencontrèrent sur ce sol nivelé par elles. Tout ce qui restait de sang et de souvenir dans la France des Croisades, lutta contre ce qu'il y avait de nouveau sang et d'espérances dans la France de la Révolution. Le vainqueur sentit la grandeur du vaincu. Thureau, général des républicains, déclarait que « les Vendéens seraient placés dans l'histoire au premier rang des peuples soldats. » Un autre général écrivait à Merlin de Thionville : « Des troupes qui ont battu de tels Français peuvent bien se flatter de battre tous les autres peuples. » Les légions de Probus, dans leur chanson, en disaient autant de nos pères. Bonaparte appela les combats de la Vendée « des combats de géants. »

Dans la cohue du parloir, j'étais le seul à considérer avec admiration et respect le représentant de ces anciens *Jacques,* qui, tout en brisant le joug de leurs seigneurs, repoussaient, sous Charles V, l'invasion étrangère : il me semblait voir un enfant de ces communes du temps de Charles VII, lesquelles, avec la petite noblesse de province, reconquirent pied à pied, de sillon en sillon, le sol de la France. Il avait l'air indifférent du sauvage ; son regard était grisâtre et inflexible comme une verge de fer ; sa lèvre inférieure tremblait sur ses dents serrées ; ses cheveux descendaient de sa tête en serpents engourdis, mais prêts à se redresser ; ses bras, pendant à ses côtés, donnaient une secousse nerveuse à d'énormes poignets tailladés de coups de sabre ; on l'aurait pris pour un scieur de long. Sa physionomie exprimait une nature populaire rustique, mise, par la puissance des mœurs, au service d'intérêts et d'idées contraires à cette nature ; la fidélité native du vassal, la simple foi du chrétien, s'y mêlaient à la rude indépendance plébéienne accoutumée à s'estimer et à se faire justice. Le sentiment de sa liberté paraissait n'être en lui que la conscience de la force de sa main et de l'intrépidité de son cœur. Il ne parlait pas plus qu'un lion ; il se grattait comme un lion, bâillait comme un lion, se mettait sur le flanc comme un lion ennuyé et rêvait apparemment de sang et de forêts : son intelligence était du genre de celle de la mort.

Quels hommes dans tous les partis que les Français d'alors, et quelle race aujourd'hui nous sommes ! Mais les républicains avaient leur principe en eux, au milieu d'eux, tandis que le principe des royalistes était hors de France. Les Vendéens députaient vers les exilés ; les géants envoyaient demander des chefs aux pygmées.

Essai sur la littérature anglaise, 1836,
texte intégré ultérieurement dans les
Mémoires d'Outre-Tombe, 1848, XI, 3.

III. Autour du drame romantique

Objet de la plupart des grands débats, le drame nous semble aujourd'hui n'avoir pas été à la hauteur de ses ambitions ; écrit pour des acteurs dont le jeu s'accordait au goût d'un public jeune, il est, plus que les autres formes de la littérature romantique, marqué par son époque.

Gautier – La bataille d'*Hernani*

Le 25 février 1830, le Romantisme affronte le public au Théâtre-Français, temple du classicisme. Longtemps après, Gautier se souvient avec une ironie émue du combat enthousiaste de toute une jeunesse.

Nous voyons dans *Victor Hugo raconté par un témoin de sa vie :* « Il n'y eut que l'excentricité des costumes, qui, du reste, suffit amplement à l'horripilation des loges. On se montrait avec horreur M. Théophile Gautier, dont le gilet flamboyant éclatait ce soir-là sur un pantalon gris tendre, orné au côté d'une bande de velours noir, et dont les cheveux s'échappaient à flots d'un chapeau plat à larges bords. L'impassibilité de sa figure régulière et pâle et le sang-froid avec lequel il regardait les honnêtes gens des loges démontraient à quel degré d'abomination et de désolation le théâtre était tombé. »

Oui, nous les regardâmes avec un sang-froid parfait toutes ces larves du passé et de la routine, tous ces ennemis de l'art, de l'idéal, de la liberté et de la poésie, qui cherchaient de leurs débiles mains tremblotantes à tenir fermée la porte de l'avenir ; et nous sentions dans notre cœur un sauvage désir de lever leur scalp avec notre tomahawk pour en orner notre ceinture ; mais à cette lutte, nous eussions couru le risque de cueillir moins de chevelures que de perruques ; car si elle raillait l'école moderne sur ses cheveux, l'école classique, en revanche, étalait au balcon et à la galerie du Théâtre-Français une collection de têtes chauves pareille au chapelet de crânes de la déesse Dourga. Cela sautait si fort aux yeux, qu'à l'aspect de ces moignons glabres sortant de leurs cols triangulaires avec des tons couleur de chair et beurre rance, malveillants malgré leur apparence paterne, un jeune sculpteur de beaucoup d'esprit et de talent, célèbre depuis, dont les mots valent les statues, s'écria au milieu d'un tumulte : « A la guillotine, les genoux ! » [...]

On s'entassa du mieux qu'on put aux places hautes, aux recoins obscurs du cintre, sur les banquettes de derrière des galeries, à tous les endroits suspects et dangereux où pouvait s'embusquer dans l'ombre une clef forée, s'abriter un claqueur furieux, un prudhomme épris de Campistron et redoutant le massacre des bustes par des septembriseurs d'un nouveau genre. Nous n'étions là guère plus à l'aise que don Carlos n'allait l'être tout à l'heure au fond de son armoire ; mais les plus mauvaises places avaient été réservées aux plus dévoués, comme en guerre les postes les plus périlleux aux enfants perdus qui aiment à se jeter dans la gueule même du danger. Les autres, non moins solides, mais plus sages, occupaient le parterre, rangés en bon ordre sous l'œil de leurs chefs et prêts à donner avec ensemble sur les philistins au moindre signe d'hostilité.

Six ou sept heures d'attente dans l'obscurité, ou tout au moins la pénombre d'une salle dont le lustre n'est pas allumé, c'est long, même lorsqu'au bout de cette nuit *Hernani* doit se lever comme un soleil radieux. [...]

La faim commençait à se faire sentir. Les plus prudents avaient emporté du chocolat et des petits pains, — quelques-uns — *proh ! pudor* — des cervelas ; des classiques malveillants disent à l'ail. Nous ne le pensons pas ; d'ailleurs l'ail est classique, Thestysis en broyait pour les moissonneurs de Virgile. La dînette achevée, on chanta quelques ballades d'Hugo, puis on passa à quelques-unes de ces interminables *scies* d'atelier, ramenant, comme les norias leurs godets, leurs couplets versant toujours la même bêtise ; ensuite on se livra à des imitations du cri des animaux dans l'arche, que les critiques du Jardin des Plantes auraient trouvés irréprochables. On se livra à d'innocentes gamineries de rapins ; on demanda la tête ou plutôt le *gazon* de quelque membre de l'Institut ; on déclama des *songes tragiques !* et l'on se permit, à l'endroit de Melpomène, toutes sortes de libertés juvéniles qui durent fort étonner la bonne vieille déesse, peu habituée à sentir chiffonner de la sorte son peplum de marbre.

Cependant le lustre descendait lentement du plafond avec sa triple couronne de gaz et son scintillement prismatique ; la rampe montait, traçant entre le monde idéal et le monde réel sa démarcation lumineuse. Les candélabres s'allumaient aux avant-scènes et la salle s'emplissait peu à peu. Les portes des loges s'ouvraient et se fermaient avec fracas. Sur le rebord de velours, posant leurs bouquets et leurs lorgnettes, les femmes s'installaient comme pour une longue séance, donnant du jeu aux épaulettes de leur corsage décolleté, s'asseyant bien au milieu de leurs jupes. — Quoiqu'on ait reproché à notre école l'amour du laid, nous devons avouer que les belles, jeunes et jolies femmes, furent chaudement applaudies de cette jeunesse ardente, ce qui fut trouvé de la dernière inconvenance et du dernier mauvais goût par les vieilles et les laides. Les applaudies se cachèrent derrière leurs bouquets avec un sourire qui pardonnait.

L'orchestre et le balcon étaient pavés de crânes académiques et classiques. Une rumeur d'orage grondait sourdement dans la salle, il était temps que la toile se levât : on en serait peut-être venu aux mains avant la pièce, tant l'animosité était grande de part et d'autre. Enfin, les trois coups retentirent. Le rideau se replia lentement sur lui-même, et l'on vit, dans une chambre à coucher du seizième siècle, éclairée par une petite lampe, dona Josefa Duarte, vieille en noir, avec le corps de sa jupe cousu de jais à la mode d'Isabelle la Catholique, écoutant les coups que doit frapper à la porte secrète un galant attendu par sa maîtresse :

> Serait-ce déjà lui ? — C'est bien à l'escalier
> Dérobé —

La querelle était déjà engagée. Ce mot rejeté sans façon à l'autre vers, cet enjambement audacieux, impertinent même, semblait un spadassin de profession, un Saltabadil, un Scoronconcolo allant donner une pichenette sur le nez du classicisme pour le provoquer en duel.

— Eh ! quoi, dès le premier mot l'orgie en est déjà là ! On casse les vers et on les jette par les fenêtres, dit un classique admirateur de Voltaire avec le sourire indulgent de la sagesse pour la folie.

Histoire du Romantisme, 1874, XI-XII

Trois monologues dramatiques

Empruntés à trois œuvres dont la « dignité » littéraire n'est pas exactement la même, ces monologues se ressemblent pourtant ; ni délibératifs comme souvent dans la tragédie, ni méditatifs comme l'est encore celui de Don Carlos au quatrième acte d'*Hernani,* ils visent à traduire l'incohérence, la discontinuité de la pensée dans les moments d'exaltation (on pensera aux vocalises des airs d'opéra) et à la mettre en scène : le jeu de l'acteur y est — comme le souhaitait déjà Diderot — au moins aussi important que son discours.

Guilbert de Pixérécourt – Le repentir du Traître

Truguelin s'est rendu coupable de machinations pour capter l'héritage de sa nièce Coelina, qui l'ont conduit à une tentative de meurtre. Il vient d'être démasqué par des témoins de son crime et s'est enfui.

TRUGUELIN *déguisé en paysan.* — *(Il arrive avec un air égaré, et parcourt le théâtre comme un insensé.)* : Où fuir ?... où porter ma honte et mes remords ? Errant depuis le matin dans ces montagnes, je cherche en vain un asile, qui puisse dérober ma tête au supplice... Je n'ai point trouvé d'antre assez obscur, de caverne assez profonde pour ensevelir mes crimes. Sous ces habits grossiers, rendu méconnaissable à l'œil le plus pénétrant, je me trahis moi-même, et baissant vers la terre mon front décoloré, je ne réponds qu'en tremblant aux questions qu'on m'adresse. — Il me semble que tout, dans la nature, se réunit pour m'accuser... — Ces mots terribles retentissent sans cesse à mon oreille : Point de repos pour l'assassin ! Vengeance ! vengeance !

(On entend résonner l'écho. Truguelin se retourne avec effroi.)

Où suis-je ? et quelle voix menaçante ?... ciel !... que vois-je ?... ce pont... ces rochers... ce torrent... c'est là... là... que ma main criminelle versa le sang d'un infortuné... O terre ! entr'ouvre-toi !... abîme dans ton sein, un monstre indigne de la vie... O mon Dieu ! toi que j'ai si longtemps méconnu... vois mes remords, mon repentir sincère... verse sur moi ce baume consolateur... Arrête, misérable ! et n'outrage plus le ciel par de telles prières !... Des consolations à toi !... cette faveur n'est réservée qu'à l'innocent, tu ne la goûteras jamais.

La honte... les larmes... l'échafaud... voilà le sort qui t'attend... et auquel tu ne pourras échapper. *(Il tombe anéanti sur un banc de rocher, et ajoute d'une voix pénétrée.)* Ah ! si l'on savait ce qu'il en coûte pour cesser d'être vertueux, on verrait bien peu de méchants sur la terre. *(Il est absorbé dans ses réflexions.)*

(Pendant cette scène l'orage a continué.)

Coelina ou l'Enfant du Mystère, 1800, acte III

Alexandre Dumas – La colère du bâtard amoureux

Antony attend, dans une chambre d'auberge, l'arrivée d'Adèle d'Hervey qui l'a fui ; il a pris ses dispositions pour qu'elle ne puisse repartir et soit obligée d'occuper la chambre voisine.

Ah ! me voilà seul enfin !... Examinons... Ces deux chambres communiquent entre elles... Oui, mais de chaque côté la porte se ferme en dedans... Enfer !... Ce cabinet ?... Aucune issue ! Si je démontais ce verrou ?... On pourrait le voir... Cette croisée ? Ah ! le balcon sert pour les deux fenêtres... Une véritable terrasse. *(Il rit.)* Ah ! c'est bien... Je suis écrasé. *(Il s'assied.)*

Oh ! comme elle m'a trompé ! je ne la croyais pas si fausse. Pauvre sot, qui te fiais à son sourire, à sa voix émue, et qui, un instant, comme un insensé, t'étais repris au bonheur, et qui avais pris un éclair pour le jour !... Pauvre sot, qui ne sais pas lire dans un sourire, qui ne sais rien deviner dans une voix, et qui, la tenant dans tes bras, ne l'as pas étouffée, afin qu'elle ne fût pas à un autre... *(Il se lève.)* Et si elle allait arriver avant que Louis, qu'elle connaît, fût parti avec les chevaux... Malheur !... Non, l'on n'aperçoit pas encore la voiture. *(Il s'assied.)* Elle vient, s'applaudissant de m'avoir trompé, et, dans les bras de son mari, elle lui racontera tout ;... elle lui dira que j'étais à ses pieds... oubliant mon nom d'homme et rampant ; elle lui dira qu'elle m'a repoussé ; puis, entre deux baisers, ils riront de l'insensé Antony, d'Antony le bâtard !... Eux rire !... mille démons ! *(Il frappe la table de son poignard, et le fer y disparaît presque entièrement. Riant.)* Elle est bonne, la lame de ce poignard ! *(Se levant et courant à la fenêtre.)* Louis part enfin... Qu'elle arrive maintenant... Rassemblez donc toutes les facultés de votre être pour aimer ; créez-vous un espoir de bonheur, qui dévore à jamais tous les autres ; puis venez, l'âme torturée et les yeux en pleurs, vous

agenouiller devant une femme ! voilà tout ce que vous en ob-
tiendrez... Dérision et mépris... Oh ! si j'allais devenir fou
avant qu'elle arrivât !... Mes pensées se heurtent, ma tête
brûle... Où y a-t-il du marbre pour poser mon front ?... Et
quand je pense qu'il ne faudrait, pour sortir de l'enfer de cette
vie, que la résolution d'un moment, qu'à l'agitation de la fré-
nésie peut succéder en une seconde le repos du néant, que
rien ne peut, même la puissance de Dieu, empêcher que cela
ne soit, si je le veux... Pourquoi donc ne le voudrais-je pas ?...
est-ce un mot qui m'arrête ?... Suicide !... Certes, quand Dieu
a fait, des hommes, une loterie au profit de la mort, et qu'il
n'a donné à chacun d'eux que la force de supporter une certaine quantité de douleurs, il a dû penser que cet homme suc-
comberait sous le fardeau, alors que le fardeau dépasserait ses
forces... Et d'où vient que les malheureux ne pourraient pas
rendre malheur pour malheur ?... Cela ne serait pas juste, et
Dieu est juste !... Que cela soit donc ; qu'elle souffre et pleure
comme j'ai pleuré et souffert !... Elle, pleurer !... elle souffrir,
ô mon Dieu !... elle, ma vie, mon âme !... c'est affreux !...
Oh ! si elle pleure, que ce soit ma mort du moins... Antony
pleuré par Adèle... Oui, mais aux larmes succèderont la tristesse, la mélancolie, l'indifférence... Son cœur se serrera
encore de temps en temps, lorsque par hasard on prononcera
mon nom devant elle ;... puis on ne le prononcera plus... l'oubli viendra... l'oubli, ce second linceul des morts !... Enfin,
elle sera heureuse... Mais pas seule !... un autre partagera son
bonheur... Cet autre, dans deux heures, elle sera près de lui...
pour la vie entière... et moi, pour la vie entière, je serai loin...
Ah ! qu'il ne la revoie jamais !... N'ai-je pas entendu ? Oui,
oui... le roulement d'une voiture... La nuit vient... C'est heureux qu'il fasse nuit !... Cette voiture,... c'est la sienne... Oh !
cette fois encore, je me jetterai au-devant de toi, Adèle !...
mais ce ne sera pas pour te sauver... Cinq jours sans me voir,
et elle me quitte le jour où elle me voit... et, si la voiture
m'eût brisé le front contre la muraille, elle eût laissé le corps
mutilé à la porte, de peur qu'en entrant chez elle, ce cadavre
ne la compromît. Elle approche... Viens, viens, Adèle !... car
on t'aime... et on t'attend ici... La voilà... De cette fenêtre, je
pourrais la voir... Mais sais-je en la voyant ce que je ferais ?...
Oh ! mon cœur, mon cœur... Elle descend... C'est sa voix, sa
voix si douce qui disait hier : « A demain, demain, mon
ami... » Demain est arrivé, et je suis au rendez-vous... On
monte... C'est l'hôtesse.

Antony, 1831, acte III, scène 3

Alfred de Musset – Le délire de Lorenzo

Lorenzo va tuer, avec l'aide du spadassin Scoronconcolo, le duc Alexandre, dans sa propre chambre où il est censé lui amener sa jeune tante, Catherine. La répétition imaginaire du meurtre se mêle à un torrent de pensées qui surgissent au hasard, laissant remonter d'insolites souvenirs d'enfance qui trahissent l'obsession de la pureté perdue.

Je lui dirai que c'est un motif de pudeur, et j'emporterai la lumière — cela se fait tous les jours — une nouvelle mariée, par exemple, exige cela de son mari pour entrer dans la chambre nuptiale, et Catherine passe pour très vertueuse. — Pauvre fille ! qui l'est sous le soleil, si elle ne l'est pas ? — Que ma mère mourût de tout cela, voilà ce qui pourrait arriver.

Ainsi donc, voilà qui est fait. Patience ! une heure est une heure, et l'horloge vient de sonner. Si vous y tenez cependant — mais non, pourquoi ? — Emporte le flambeau si tu veux ; la première fois qu'une femme se donne, cela est tout simple. — Entrez donc, chauffez-vous donc un peu. — Oh ! mon Dieu, oui, pur caprice de jeune fille ; et quel motif de croire à ce meurtre ? — Cela pourra les étonner, même Philippe.

Te voilà, toi, face livide ?

(La lune paraît.)

Si les républicains étaient des hommes, quelle révolution demain dans la ville ! Mais Pierre est un ambitieux ; les Ruccellaï seuls valent quelque chose. — Ah ! les mots, les mots, les éternelles paroles ! S'il y a quelqu'un là-haut, il doit bien rire de nous tous ; cela est très comique, très comique, vraiment. — O bavardage humain ! ô grand tueur de corps morts ! grand défonceur de portes ouvertes ! ô hommes sans bras !

Non ! non ! je n'emporterai pas la lumière. — J'irai droit au cœur ; il se verra tuer... Sang du Christ ! on se mettra demain aux fenêtres.

Pourvu qu'il n'ait pas imaginé quelque cuirasse nouvelle, quelque cotte de mailles. Maudite invention ! Lutter avec Dieu et le diable, ce n'est rien ; mais lutter avec des bouts de ferraille croisés les uns sur les autres par la main sale d'un armurier ! — Je passerai le second pour entrer ; il posera son épée là — ou là — oui, sur le canapé. — Quand à l'affaire du baudrier à rouler autour de la garde, cela est aisé. S'il pouvait lui prendre fantaisie de se coucher, voilà où serait le vrai moyen. Couché, assis, ou debout ? assis plutôt. Je commencerai par sortir ; Scoronconcolo est enfermé dans le cabinet. Alors nous venons, nous venons — je ne voudrais pourtant pas qu'il tournât le dos. J'irai à lui tout droit. Allons, la paix, la paix ! l'heure va venir. — Il faut que j'aille dans quelque cabaret ; je ne m'aperçois pas que je prends du froid, et je viderai un flacon. — Non ; je ne veux pas boire. Où diable vais-je donc ? les cabarets sont fermés.

Est-elle bonne fille ? — Oui, vraiment. — En chemise ? — Oh ! non, non, je ne le pense pas. — Pauvre Catherine ! — Que ma mère mourût de tout cela, ce serait triste. — Et quand je lui aurais dit mon projet, qu'aurais-je pu y faire ? au lieu de la consoler, cela lui aurait fait dire : Crime ! Crime ! jusqu'à son dernier soupir !

Je ne sais pourquoi je marche, je tombe de lassitude.

(Il s'asseoit sur un banc.)

Pauvre Philippe ! une fille belle comme le jour. Une seule fois je me suis assis près d'elle sous le marronnier ; ces petites mains blanches, comme cela travaillait ! Que de journées j'ai passées, moi, assis sous les arbres ! Ah ! quelle tranquillité ! quel horizon à Cafaggiuolo ! Jeannette était jolie, la petite fille du concierge, en faisant sécher sa lessive. Comme elle chassait les chèvres qui venaient marcher sur son linge étendu sur le gazon ! la chèvre blanche revenait toujours, avec ses grandes pattes menues.

(Une horloge sonne.)

Ah ! ah ! il faut que j'aille là-bas. — Bonsoir, mignon ; eh ! trinque donc avec Giomo. — Bon vin ! Cela serait plaisant qu'il lui vînt à l'idée de me dire : Ta chambre est-elle retirée ? entendra-t-on quelque chose du voisinage ? Cela serait plaisant ; ah ! on y a pourvu. Oui, cela serait drôle qu'il lui vînt cette idée.

Je me trompe d'heure : ce n'est que la demie. Quelle est donc cette lumière sous le portique de l'église ? on taille, on remue des pierres. Il paraît que ces hommes sont courageux avec les pierres. Comme ils coupent ! comme ils enfoncent ! Ils font un crucifix ; avec quel courage ils le clouent ! Je voudrais voir que leur cadavre de marbre les prît tout d'un coup à la gorge.

Eh bien, eh bien, quoi donc ? j'ai des envies de danser qui sont incroyables. Je crois, si je m'y laissais aller, que je sauterais comme un moineau sur tous ces gros plâtras et sur toutes ces poutres. Eh, mignon, eh, mignon ! mettez vos gants neufs, un plus bel habit que cela, tra la la ! faites-vous beau, la mariée est belle. Mais, je vous le dis à l'oreille, prenez garde à son petit couteau.

(Il sort en courant.)

Lorenzaccio, 1834, acte IV, scène 9.

IV. La poésie, théorie et pratique

Trois textes théoriques

On a rassemblé tout d'abord trois textes théoriques correspondant à trois tendances de la poésie romantique : le goût du symbole et l'aspiration à retrouver l'intimité avec la nature ; l'affirmation d'une mission politique et sociale ; l'Art pour l'Art.

Sainte-Beuve – L'art dans la rêverie et la rêverie dans l'art

Le sentiment de l'art implique un sentiment vif et intime des choses. Tandis que la majorité des hommes s'en tient aux surfaces et aux apparences, tandis que les philosophes proprement dits reconnaissent et constatent un *je ne sais quoi* au-delà des phénomènes, sans pouvoir déterminer la nature de ce *je ne sais quoi,* l'artiste, comme s'il était doué d'un sens à part, s'occupe paisiblement à sentir sous ce monde apparent l'autre monde tout intérieur qu'ignorent la plupart, et dont les philosophes se bornent à constater l'existence ; il assiste au jeu invisible des forces, et sympathise avec elles comme avec des âmes ; il a reçu en naissant la clef des symboles et l'intelligence des figures : ce qui semble à d'autres incohérent et contradictoire, n'est pour lui qu'un contraste harmonique, un accord à distance sur la lyre universelle. Lui-même il entre bientôt dans ce grand concert, et, comme ces vases d'airain des théâtres antiques, il marie l'écho de sa voix à la musique du monde. Cela est vrai surtout du poète lyrique, tendre et rêveur, et c'est ce qui en fait le plus souvent un être si indifférent aux débats humains, et si impatient des querelles d'à lentour. Lui aussi, il dirait volontiers en certains moments, comme le spirituel épicurien M. de Stendhal, à propos des airs de Cimarosa : « Quelle folie de s'indigner, de blâmer, de se rendre haïssant, de s'occuper de ces grands intérêts de politique qui ne nous intéressent point !

> [...] *Amiamo or quando*
> *Esser si puote riamato amando.* »

Ou du moins s'il ne parle pas ainsi à l'heure des grands périls et des crises nationales, il aura soif d'ordre, de liberté, de sécurité ; et, la chose publique une fois à l'abri d'un coup de main, laissant à d'autres plus empressés les soins d'une surveillance attentive et les tracas obscurs du ménage politique, il se rejettera bien avant dans sa solitude et son silence ; il en reviendra aux choses de l'âme, et à cette éternelle nature, si antique et chaque matin si nouvelle, si paisible à jamais et si peu muette ; il se mêlera tout entier à elle, et s'y oubliera par moments ; puis ramené à soi, se ressouvenant d'avoir senti et voulant s'en ressouvenir toujours, il traduira tous ces bruits, toutes ces voix, en langage humain, et s'enchantera de ses propres chants. Et comme il y a des heures dans la vie où la contemplation accable, où la voix se refuse au chant, où une tristesse froide et grise passe sur l'âme sans la féconder, l'artiste alors, pour échapper à cet ennui stérile et désolé, cherchera une distraction ingénieuse dans les questions d'art pur, les séparant, autant qu'il le pourra, des querelles littéraires, toujours si aigres et si harcelantes ; il se complaira aux détails techniques, aux rapports finement saisis, aux analyses du *style* et de la *forme* ; il préparera de longue main à l'inspiration des ressources et des secrets dont elle s'aidera au besoin et qui la feront à son insu plus puissante et plus libre ; il y gagnera pour le moment de combler un vide dans sa vie, et par degrés, à propos de la manière d'exprimer les choses, il se sentira bientôt rendu au sentiment des choses exprimées.

Pour moi, qui écris ces lignes, ç'a toujours été mon vœu le plus cher qu'une destinée pareille. S'il m'avait été donné d'organiser ma vie à mon plaisir, j'aurais voulu qu'elle pût avoir pour devise : *L'art dans la rêverie et la rêverie dans l'art.*

Joseph Delorme, XVIIe (et dernière) pensée

Lamartine – Nouveau rôle du poète et de la poésie

[...] le monde est jeune, car la pensée mesure encore une distance incommensurable entre l'état actuel de l'humanité et le but qu'elle peut atteindre ; la poésie aura d'ici là de nouvelles, de hautes destinées à remplir.

Elle ne sera plus lyrique dans le sens où nous prenons ce mot ; elle n'a plus assez de jeunesse, de fraîcheur, de spontanéité d'impression, pour chanter comme au premier réveil de la pensée humaine. Elle ne sera plus épique ; l'homme a trop vécu, trop réfléchi pour se laisser amuser, intéresser par les longs récits de l'épopée, et l'expérience a détruit sa foi aux merveilles dont le poème épique enchantait sa crédulité. Elle ne sera plus dramatique, parce que la scène de la vie réelle a, dans nos temps de liberté et d'action politique, un intérêt plus pressant, plus réel et plus intime que la scène du théâtre ; parce que les classes élevées de la société ne vont plus au théâtre pour être émues, mais pour juger ; parce que la société est devenue critique de naïve qu'elle était. Il n'y a plus de bonne foi dans ses plaisirs. Le drame va tomber au peuple ; il était né du peuple et pour le peuple, il y retourne ; il n'y a plus que la classe populaire qui porte son cœur au théâtre. Or le drame populaire, destiné aux classes illettrées, n'aura pas de longtemps une expression assez noble, assez élégante, assez élevée pour attirer la classe lettrée ; la classe lettrée abandonnera donc le drame ; et quand le drame populaire aura élevé son parterre jusqu'à la hauteur de la langue d'élite, cet auditoire le quittera encore et il lui faudra sans cesse redescendre pour être senti. Des hommes de génie tentent, en ce moment même, de faire violence à cette destinée du drame. Je fais des vœux pour leur triomphe. Et dans tous les cas il restera de glorieux monuments de leur lutte. C'est une question d'aristocratie et de démocratie ; le drame est l'image la plus fidèle de la civilisation.

La poésie sera de la raison chantée, voilà sa destinée pour longtemps ; elle sera philosophique, religieuse, politique, sociale, comme les époques que le genre humain va traverser ; elle sera intime surtout, personnelle, méditative et grave ; non plus un jeu de l'esprit, un caprice mélodieux de la pensée légère et superficielle, mais l'écho profond, réel, sincère des plus hautes conceptions de l'intelligence, des plus mystérieuses impressions de l'âme. Ce sera l'homme lui-même et non plus son image, l'homme sincère et tout entier. Les signes avant-coureurs de cette transformation de la poésie sont visibles depuis plus d'un siècle ; ils se multiplient de nos jours. La poésie s'est dépouillée de plus en plus de sa forme artificielle, elle n'a presque plus de forme qu'elle-même. A mesure que tout s'est spiritualisé dans le monde, elle aussi se spiritualise. [...]

A côté de cette destinée philosophique, rationnelle, politique, sociale de la poésie à venir, elle a une destinée nouvelle à accomplir ; elle doit suivre la pente des institutions et de la presse ; elle doit se faire peuple et devenir populaire comme la religion, la raison et la philosophie. La presse commence à pressentir cette œuvre, œuvre immense et puissante qui, en portant sans cesse à tous la pensée de tous, abaissera les montagnes, élèvera les vallées, nivellera les inégalités des intelligences, et ne laissera bientôt plus d'autre puissance sur la terre que celle de la raison universelle qui aura multiplié sa force par la force de tous. Sublime et incalculable association de toutes les pensées, dont les résultats ne peuvent être appréciés que par celui qui a permis à l'homme de la concevoir et de la réaliser ! La poésie de nos jours a déjà tenté cette forme, et des talents d'un ordre élevé se sont abaissés pour tendre la main au peuple ; la poésie s'est faite chanson, pour courir sur l'aile du refrain dans les camps ou dans les chaumières ; elle y a porté quelques nobles souvenirs, quelques généreuses inspirations, quelques sentiments de morale sociale ; mais cependant il faut le déplorer, elle n'a guère popularisé que des passions, des haines ou des envies. C'est à populariser des vérités, de l'amour, de la raison, des sentiments exaltés de religion et d'enthousiasme, que ces génies populaires doivent consacrer leur puissance à l'avenir. Cette poésie est à créer ; l'époque la demande, le peuple en a soif, il est plus poète par l'âme que nous, car il est plus près de la nature ; mais il a besoin d'un interprète entre cette nature et lui ; c'est à nous de lui en servir, et de lui expliquer par ses sentiments rendus dans sa langue, ce que Dieu a mis de bonté, de noblesse, de générosité, de patriotisme et de piété enthousiaste dans son cœur. Toutes les époques primitives de l'humanité ont eu leur poésie ou leur spiritualisme chanté ; la civilisation avancée serait-elle la seule époque qui fît taire cette voix intime et consolante de l'humanité ? Non, sans doute, rien ne meurt dans l'ordre éternel des choses, tout se transforme : la poésie est l'ange gardien de l'humanité à tous ses âges.

Des destinées de la poésie, 1834

Théophile Gautier – L'Art sans rapport avec la morale et le progrès social

Il est aussi absurde de dire qu'un homme est un ivrogne parce qu'il décrit une orgie, un débauché parce qu'il raconte une débauche que de prétendre qu'un homme est vertueux parce qu'il a fait un livre de morale ; tous les jours on voit le contraire. — C'est le personnage qui parle et non l'auteur ; son héros est athée, cela ne veut pas dire qu'il soit athée ; il fait agir et parler les brigands en brigands, il n'est pas pour cela un brigand. A ce compte, il faudrait guillotiner Shakespeare, Corneille et tous les tragiques ; ils ont plus commis de meurtres que Mandrin et Cartouche ; on ne l'a pas fait cependant, et je ne crois même pas qu'on le fasse de longtemps, si vertueuse et si morale que puisse devenir la critique. C'est une des manies de ces petits grimauds à cervelle étroite que de substituer toujours l'auteur à l'ouvrage et de recourir à la personnalité pour donner quelque pauvre intérêt de scandale à leurs misérables rapsodies, qu'ils savent bien que personne ne lirait si elles ne contenaient que leur opinion individuelle.

Nous ne concevons guère à quoi tendent toutes ces criailleries, à quoi bon toutes ces colères et tous ces abois, — et qui pousse messieurs les Geoffroy au petit pied à se faire les don Quichotte de la morale et, vrais sergents de ville littéraires, à empoigner et à bâtonner, au nom de la vertu, toute idée qui se promène dans un livre la cornette posée de travers ou la jupe troussée un peu trop haut. — C'est fort singulier.

L'époque, quoi qu'ils en disent, est immorale (si ce mot-là signifie quelque chose, ce dont nous doutons fort), et nous n'en voulons pas d'autre preuve que la quantité de livres immoraux qu'elle produit et le succès qu'ils ont. — Les livres suivent les mœurs et les mœurs ne suivent pas les livres. — La Régence a fait Crébillon, ce n'est pas Crébillon qui a fait la Régence. Les petites bergères de Boucher étaient fardées et débraillées, parce que les petites marquises étaient fardées et débraillées. — Les tableaux se font d'après les modèles et non les modèles d'après les tableaux. Je ne sais qui a dit je ne sais où que la littérature et les arts influaient sur les mœurs. Qui que ce soit, c'est indubitablement un grand sot. — C'est comme si l'on disait : Les petits pois font pousser le printemps ; les petits pois poussent au contraire parce que c'est le printemps, et les cerises parce que c'est l'été. Les arbres portent les fruits, et ce ne sont pas les fruits qui portent les arbres assurément, loi éternelle et invariable dans sa variété ; les siècles se succèdent, et chacun porte son fruit qui n'est pas celui du siècle précédent ; les livres sont les fruits des mœurs.

A côté des journalistes moraux, sous cette pluie d'homélies comme sous une pluie d'été dans quelque parc, il a surgi, entre les planches du tréteau saint-simonien, une théorie de petits champignons d'une nouvelle espèce assez curieuse, dont nous allons faire l'histoire naturelle.

Ce sont les critiques utilitaires. Pauvres gens qui avaient le nez court à ne le pouvoir chausser de lunettes, et cependant n'y voyaient pas aussi loin que leur nez.

Quand un auteur jetait sur leur bureau un volume quelconque, roman ou poésie, — ces messieurs se renversaient nonchalamment sur leur fauteuil, le mettaient en équilibre sur ses pieds de derrière, et, se balançant d'un air capable, ils se rengorgeaient et disaient :

— A quoi sert ce livre ? Comment peut-on l'appliquer à la moralisation et au bien-être de la classe la plus nombreuse et la plus pauvre ? Quoi ! pas un mot des besoins de la société, rien de civilisant et de progressif ! Comment, au lieu de faire la grande synthèse de l'humanité, et de suivre, à travers les événements de l'histoire, les phases de l'idée régénératrice et providentielle, peut-on faire des poésies et des romans qui ne mènent à rien, et qui ne font pas avancer la génération dans le chemin de l'avenir ? Comment peut-on s'occuper de la forme, du style, de la rime en présence de si graves intérêts ? — Que nous font, à nous, et le style et la rime, et la forme ? c'est bien de cela qu'il s'agit (pauvres renards, ils sont trop verts) ! — La société souffre, elle est en proie à un grand déchirement intérieur (traduisez : personne ne veut s'abonner aux journaux utiles). C'est au poète à chercher la cause de ce malaise et à le guérir. [...]

Non, imbéciles, non, crétins et goitreux que vous êtes, un livre ne fait pas de la soupe à la gélatine ; — un roman n'est pas une paire de bottes sans couture ; un sonnet, une seringue à jet continu ; un drame n'est pas un chemin de fer, toutes choses essentiellement civilisantes, et faisant marcher l'humanité dans la voie du progrès.

De par les boyaux de tous les papes passés, présents et futurs, non et deux cent mille fois non.

On ne se fait pas un bonnet de coton d'une métonymie, on ne chausse pas une comparaison en guise de pantoufle ; on ne se peut servir d'une antithèse pour parapluie ; malheureusement, on ne saurait se plaquer sur le ventre quelques rimes bariolées en manière de gilet. J'ai la conviction intime qu'une ode est un vêtement trop léger pour l'hiver, et qu'on ne serait pas mieux habillé avec la strophe, l'antistrophe et l'épode que cette femme du cynique qui se contentait de sa seule vertu pour chemise, et allait nue comme la main, à ce que raconte l'histoire. [...]

Rien de ce qui est beau n'est indispensable à la vie. — On supprimerait les fleurs, le monde n'en souffrirait pas matériellement ; qui voudrait cependant qu'il n'y eût plus de fleurs ? Je renoncerais plutôt aux pommes de terre qu'aux roses, et je crois qu'il n'y a qu'un utilitaire au monde capable d'arracher une plate-bande de tulipes pour y planter des choux.

A quoi sert la beauté des femmes ? Pourvu qu'une femme soit médicalement bien conformée, en état de faire des enfants, elle sera toujours assez bonne pour des économistes.

A quoi bon la musique ? à quoi bon la peinture ? Qui aurait la folie de préférer Mozart à M. Carrel, et Michel-Ange à l'inventeur de la moutarde blanche ?

Il n'y a de vraiment beau que ce qui ne peut servir à rien ; tout ce qui est utile est laid, car c'est l'expression de quelque besoin, et ceux de l'homme sont ignobles et dégoûtants, comme sa pauvre et infirme nature. — L'endroit le plus utile d'une maison, ce sont les latrines.

Préface de *Mademoiselle de Maupin,* 1834

Quatre poètes

Victor Hugo – Quatre aspects de la poésie hugolienne

Sara la baigneuse

La poésie « pittoresque », évocatrice, jouant sur les sonorités et les rythmes est l'une des constantes de la production hugolienne.

> Sara, belle d'indolence,
>   Se balance
> Dans un hamac, au-dessus
> Du bassin d'une fontaine
>   Toute pleine
> D'eau puisée à l'Ilyssus ;

Et la frêle escarpolette
Se reflète
Dans le transparent miroir,
Avec la baigneuse blanche
Qui se penche,
Qui se penche pour se voir.

Chaque fois que la nacelle,
Qui chancelle,
Passe à fleur d'eau dans son vol,
On voit sur l'eau qui s'agite
Sortir vite
Son beau pied et son beau col.

Elle bat d'un pied timide
L'onde humide
Où tremble un mouvant tableau,
Fait rougir son pied d'albâtre,
Et, folâtre,
Rit de la fraîcheur de l'eau. [...]

Les Orientales, 1829, XIX

Souvenir de la nuit du 4

On peut opposer à « Sara la baigneuse » l'extrême dépouillement d'un poème issu d'une « chose vue » lors des troubles qui ont suivi le coup d'Etat du 2 décembre 1851 ; sans effets rhétoriques, sans recherche apparente de rythme ou de sonorités, sans rien que l'accablement, l'indignation contenue, l'émotion pure : un chef-d'œuvre.

L'enfant avait reçu deux balles dans la tête.
Le logis était propre, humble, paisible, honnête ;
On voyait un rameau bénit sur un portrait.
Une vieille grand'mère était là qui pleurait.
Nous le déshabillions en silence. Sa bouche,
Pâle, s'ouvrait ; la mort noyait son œil farouche ;
Ses bras pendants semblaient demander des appuis.
Il avait dans sa poche une toupie en buis.
On pouvait mettre un doigt dans les trous de ses plaies.
Avez-vous vu saigner la mûre dans les haies ?
Son crâne était ouvert comme un bois qui se fend.
L'aïeule regarda déshabiller l'enfant,
Disant : — Comme il est blanc ! approchez donc la lampe.
Dieu ! ses pauvres cheveux sont collés sur sa tempe ! —
Et quand ce fut fini, le prit sur ses genoux.
La nuit était lugubre ; on entendait des coups
De fusil dans la rue où l'on en tuait d'autres.
— Il faut ensevelir l'enfant, dirent les nôtres.

Et l'on prit un drap blanc dans l'armoire en noyer.
L'aïeule cependant l'approchait du foyer
Comme pour réchauffer ses membres déjà roides,
Hélas ! ce que la mort touche de ses mains froides
Ne se réchauffe plus aux foyers d'ici-bas !
Elle pencha la tête et lui tira ses bas,
Et dans ses vieilles mains prit les pieds du cadavre.
— Est-ce que ce n'est pas une chose qui navre !
Cria-t-elle ! monsieur, il n'avait pas huit ans !
Ses maîtres, il allait en classe, étaient contents,
Monsieur, quand il fallait que je fisse une lettre,
C'est lui qui l'écrivait. Est-ce qu'on va se mettre
A tuer les enfants maintenant ? Ah ! mon Dieu !
On est donc des brigands ! Je vous demande un peu,
Il jouait ce matin, là, devant la fenêtre !
Dire qu'ils m'ont tué ce pauvre petit être !
Il passait dans la rue, ils ont tiré dessus.
Monsieur, il était bon et doux comme un Jésus.
Moi je suis vieille, il est tout simple que je parte ;
Cela n'aurait rien fait à monsieur Bonaparte
De me tuer au lieu de tuer mon enfant ! —
Elle s'interrompit, les sanglots l'étouffant,
Puis elle dit, et tous pleuraient près de l'aïeule :
— Que vais-je devenir à présent toute seule ?
Expliquez-moi cela, vous autres, aujourd'hui.
Hélas ! je n'avais plus de sa mère que lui.
Pourquoi l'a-t-on tué ? je veux qu'on me l'explique.
L'enfant n'a pas crié vive la République. —
Nous nous taisions, debout et graves, chapeau bas,
Tremblant devant ce deuil qu'on ne console pas.

Vous ne compreniez point, mère, la politique.
Monsieur Napoléon, c'est son nom authentique,
Est pauvre et même prince ; il aime les palais ;
Il lui convient d'avoir des chevaux, des valets,
De l'argent pour son jeu, sa table, son alcôve,
Ses chasses ; par la même occasion, il sauve
La famille, l'église et la société ;
Il veut avoir Saint-Cloud, plein de roses l'été,
Où viendront l'adorer les préfets et les maires ;
C'est pour cela qu'il faut que les vieilles grand'mères,
De leurs pauvres doigts gris que fait trembler le temps,
Cousent dans le linceul des enfants de sept ans.

Châtiments, 1853, II, 3.

Les Contemplations

La profonde admiration du poète pour Virgile et la découverte du refuge dans la nature après 1830 suscitent une veine bucolique qui s'épanouit dès les *Feuilles d'automne* (1831).

Jersey, terre d'exil « au bord de l'infini », est aussi une île riante qui incite Hugo à retrouver l'idylle antique en célébrant la nature et le désir.

Elle était déchaussée, elle était décoiffée,
Assise, les pieds nus, parmi les joncs penchants ;
Moi qui passais par là, je crus voir une fée,
Et je lui dis : Veux-tu t'en venir dans les champs ?

Elle me regarda de ce regard suprême
Qui reste à la beauté quand nous en triomphons,
Et je lui dis : Veux-tu, c'est le mois où l'on aime,
Veux-tu nous en aller sous les arbres profonds ?

Elle essuya ses pieds à l'herbe de la rive ;
Elle me regarda pour la seconde fois,
Et la belle folâtre alors devint pensive.
Oh ! comme les oiseaux chantaient au fond des bois !

Comme l'eau caressait doucement le rivage !
Je vis venir à moi, dans les grands roseaux verts,
La belle fille heureuse, effarée et sauvage,
Ses cheveux dans ses yeux, et riant au travers.

Les Contemplations, 1856, I, 21.

L'aigle du casque

Le génie épique nous semble aujourd'hui l'un des caractères majeurs de la poésie hugolienne, mais le poète a attendu *Châtiments* (1853) pour aborder l'épopée. Dans ce poème, la poursuite infernale du jeune Angus par le cruel Tiphaine s'achève avec la vision terrifiante de l'inanimé prenant vie pour accomplir l'œuvre de la Justice.

[...] La nuit vient, et toujours, tremblant, pleurant, fuyant,
L'enfant effaré court devant l'homme effrayant.
C'est l'heure où l'horizon semble un rêve, et recule.
Clair de lune, halliers, bruyères, crépuscule.
La poursuite s'acharne, et, plus qu'auparavant
Forcenée, à travers les arbres et le vent,
Fait peur à l'ombre même, et donne le vertige
Aux sapins sur les monts, aux roses sur leur tige.
L'enfant sans armes, l'homme avec son couperet,
Courent dans la noirceur des bois, et l'on dirait
Que dans la forêt-spectre ils deviennent fantômes.

Une femme, d'un groupe obscur de toits de chaumes
Sort, et ne peut parler, les larmes l'étouffant ;
C'est une mère, elle a dans les bras son enfant,
Et c'est une nourrice, elle a le sein nu. — « Grâce ! »
Dit-elle, en bégayant ; et dans le vaste espace
Angus s'enfuit. — « Jamais ! » dit Tiphaine inhumain.
Mais la femme à genoux lui barre le chemin.
— « Arrête ! sois clément, afin que Dieu t'exauce !
Grâce ! Au nom du berceau n'ouvre pas une fosse !
Sois vainqueur, c'est assez ; ne sois pas assassin.
Fais grâce. Cet enfant que j'ai là sur mon sein
T'implore pour l'enfant que cherche ton épée.
Entends-moi ; laisse fuir cette proie échappée.
Ah ! tu ne tueras point, et tu m'écouteras,
Chevalier, puisque j'ai l'aurore dans mes bras.
Songe à ta mère. Eh bien, je suis mère comme elle.
Homme, respecte en moi la femme. — A bas, femelle ! »
Dit Tiphaine, et du pied il frappe ce sein nu.

Ce fut dans on ne sait quel ravin inconnu
Que Tiphaine atteignit le pauvre enfant farouche ;
L'enfant pris n'eut pas même un râle dans la bouche ;
Il tomba de cheval, et, morne, épuisé, las,
Il dressa ses deux mains suppliantes ; hélas !

Sa mère morte était dans le fond de la tombe,
Et regardait.
            Tiphaine accourt, s'élance, tombe
Sur l'enfant, comme un loup dans les cirques romains,
Et d'un revers de hache il abat ces deux mains
Qui dans l'ombre élevaient vers les cieux la prière ;
Puis, par ses blonds cheveux dans une fondrière
Il le traîne.
            Et riant de fureur, haletant,
Il tua l'orphelin, et dit : « Je suis content ! »
Ainsi rit dans son antre infâme la tarasque.

                        *
                    *   *

Alors l'aigle d'airain qu'il avait sur son casque,
Et qui, calme, immobile et sombre, l'observait,
Cria : « Cieux étoilés, montagnes que revêt
L'innocente blancheur des neiges vénérables,
O fleuves, ô forêts, cèdres, sapins, érables,
Je vous prends à témoin que cet homme est méchant ! » —

Et, cela dit, ainsi qu'un piocheur fouille un champ,
Comme avec sa cognée un pâtre brise un chêne,
Il se mit à frapper à coups de bec Tiphaine ;
Il lui creva les yeux ; il lui broya les dents ;
Il lui pétrit le crâne en ses ongles ardents
Sous l'armet d'où le sang sortait comme d'un crible,
Le jeta mort à terre, et s'envola terrible.

La Légende des siècles, nouvelle série, 1877, IX, 4.

Charles Baudelaire – Grands thèmes de la poésie baudelairienne

Bénédiction

Le premier poème de la section « Spleen et Idéal » présente le statut du poète, élu et maudit.

Lorsque, par un décret des puissances suprêmes,
Le Poète apparaît en ce monde ennuyé,
Sa mère épouvantée et pleine de blasphèmes
Crispe ses poings vers Dieu, qui la prend en pitié :

— « Ah ! que n'ai-je mis bas tout un nœud de vipères,
Plutôt que de nourrir cette dérision !
Maudite soit la nuit aux plaisirs éphémères
Où mon ventre a conçu mon expiation !

« Puisque tu m'as choisie entre toutes les femmes
Pour être le dégoût de mon triste mari,
Et que je ne puis pas rejeter dans les flammes,
Comme un billet d'amour, ce monstre rabougri,

« Je ferai rejaillir ta haine qui m'accable
Sur l'instrument maudit de tes méchancetés,
Et je tordrai si bien cet arbre misérable,
Qu'il ne pourra pousser ses boutons empestés ! »
[...]

Pourtant, sous la tutelle invisible d'un Ange,
L'Enfant déshérité s'enivre de soleil ;
Et dans tout ce qu'il voit et dans tout ce qu'il mange
Retrouve l'ambroisie et le nectar vermeil.

Il joue avec le vent, cause avec le nuage,
Et s'enivre en chantant du chemin de la croix ;
Et l'Esprit qui le suit dans son pèlerinage
Pleure de le voir gai comme un oiseau des bois.

Tous ceux qu'il veut aimer l'observent avec crainte,
Ou bien, s'enhardissant de sa tranquillité,
Cherchent à qui saura lui tirer une plainte,
Et font sur lui l'essai de leur férocité.

Dans le pain et le vin destinés à sa bouche
Ils mêlent de la cendre avec d'impurs crachats ;
Avec hypocrisie ils jettent ce qu'il touche,
Et s'accusent d'avoir mis leurs pieds dans ses pas.

Les Fleurs du Mal, 1857, I

Harmonie du soir

Construit sur le modèle du *pantoum* malais, ce poème est l'une des plus belles illustrations de la théorie des correspondances : synesthésies, monde physique et monde moral, nature et religion se fondent en une harmonieuse incantation.

Voici venir les temps où vibrant sur sa tige
Chaque fleur s'évapore ainsi qu'un encensoir ;
Les sons et les parfums tournent dans l'air du soir ;
Valse mélancolique et langoureux vertige !

Chaque fleur s'évapore ainsi qu'un encensoir ;
Le violon frémit comme un cœur qu'on afflige ;
Valse mélancolique et langoureux vertige !
Le ciel est triste et beau comme un grand reposoir.

Le violon frémit comme un cœur qu'on afflige,
Un cœur tendre, qui hait le néant vaste et noir !
Le ciel est triste et beau comme un grand reposoir ;
Le soleil s'est noyé dans son sang qui se fige.

Un cœur tendre, qui hait le néant vaste et noir,
Du passé lumineux recueille tout vestige !
Le soleil s'est noyé dans son sang qui se fige...
Ton souvenir en moi luit comme un ostensoir !

Les Fleurs du Mal, XLVII dans l'édition de 1861, XLIII en 1857

Spleen

A cet enchantement s'oppose l'horreur du spleen

J'ai plus de souvenirs que si j'avais mille ans.

Un gros meuble à tiroirs encombré de bilans,
De vers, de billets doux, de procès, de romances,
Avec de lourds cheveux roulés dans des quittances,
Cache moins de secrets que mon triste cerveau.
C'est une pyramide, un immense caveau,

Qui contient plus de morts que la fosse commune.
— Je suis un cimetière abhorré de la lune,
Où comme des remords se traînent de longs vers
Qui s'acharnent toujours sur mes morts les plus chers.
Je suis un vieux boudoir plein de roses fanées,
Où gît tout un fouillis de modes surannées,
Où les pastels plaintifs et les pâles Boucher,
Seuls, respirent l'odeur d'un flacon débouché.

Rien n'égale en longueur les boiteuses journées,
Quand sous les lourds flocons des neigeuses années
L'ennui, fruit de la morne incuriosité,
Prend les proportions de l'immortalité.
— Désormais tu n'es plus, ô matière vivante !
Qu'un granit entouré d'une vague épouvante,
Assoupi dans le fond d'un Sahara brumeux ;
Un vieux sphinx ignoré du monde insoucieux,
Oublié sur la carte, et dont l'humeur farouche
Ne chante qu'aux rayons du soleil qui se couche.

Les Fleurs du Mal,
LXXVI dans l'édition de 1861, LX en 1857

La Mort des amants

Au bout du voyage, la mort : accomplissement final ou destruction définitive ?

Nous aurons des lits pleins d'odeurs légères,
Des divans profonds comme des tombeaux ;
Et d'étranges fleurs sur des étagères,
Ecloses pour nous sous des cieux plus beaux.

Usant à l'envi leurs chaleurs dernières,
Nos deux cœurs seront deux vastes flambeaux,
Qui réfléchiront leurs doubles lumières
Dans nos deux esprits, ces miroirs jumeaux.

Un soir fait de rose et de bleu mystique ;
Nous échangerons un éclair unique,
Comme un long sanglot, tout chargé d'adieux ;

Et plus tard un Ange, entrouvrant les portes,
Viendra ranimer, fidèle et joyeux,
Les miroirs ternis et les flammes mortes.

Les Fleurs du Mal,
CXXI dans l'éd. de 1861, XCVIII en 1857

Gérard de Nerval – Le mystère nervalien

El Desdichado

Le premier poème des *Chimères* est construit autour d'une affirmation et d'une question sur l'identité du je énonciateur ; quatre strophes, quatre identités proposées, quatre « objets » perdus, quatre femmes...

Je suis le ténébreux, — le veuf, — l'inconsolé,
Le prince d'Aquitaine à la tour abolie :
Ma seule *étoile* est morte, — et mon luth constellé
Porte le *Soleil noir* de la *Mélancolie*.

Dans la nuit du tombeau, toi qui m'as consolé,
Rends-moi le Pausilippe et la mer d'Italie,
La *fleur* qui plaisait tant à mon cœur désolé,
Et la treille où le pampre à la rose s'allie.

Suis-je Amour ou Phébus ?... Lusignan ou Biron ?
Mon front est rouge encor du baiser de la reine ;
J'ai rêvé dans la grotte où nage la syrène...

Et j'ai deux fois vainqueur traversé l'Achéron :
Modulant tour à tour sur la lyre d'Orphée
Les soupirs de la sainte et les cris de la fée.

Les Chimères, 1854, I

Alfred de Vigny – Poésie et philosophie

La Maison du Berger

Ces extraits d'un long poème qui résume la pensée de Vigny et constitue « un art de vivre et un art d'aimer » (Pierre-Georges Castex), manifestent sa foi en la Poésie.

Poésie ! ô trésor ! perle de la pensée !
Les tumultes du cœur, comme ceux de la mer,
Ne sauraient empêcher ta robe nuancée
D'amasser les couleurs qui doivent te former.
Mais sitôt qu'il te voit briller sur un front mâle,
Troublé de ta lueur mystérieuse et pâle,
Le vulgaire effrayé commence à blasphémer.

Le pur enthousiasme est craint des faibles âmes
Qui ne sauraient porter son ardeur et son poids.
Pourquoi le fuir ? — La vie est double dans les flammes.
D'autres flambeaux divins nous brûlent quelquefois :
C'est le Soleil du ciel, c'est l'Amour, c'est la Vie ;

Mais qui de les éteindre a jamais eu l'envie ?
Tout en les maudissant, on les chérit tous trois.

La Muse a mérité les insolents sourires
Et les soupçons moqueurs qu'éveille son aspect.
Dès que son œil chercha le regard des satyres,
Sa parole trembla, son serment fut suspect,
Il lui fut interdit d'enseigner la sagesse.
Au passant du chemin elle criait : « Largesse ! »
Le passant lui donna sans crainte et sans respect.
[...]
Comment se garderaient les profondes pensées
Sans rassembler leurs feux dans ton diamant pur
Qui conserve si bien leurs splendeurs condensées ?
Ce fin miroir solide, étincelant et dur,
Reste des nations mortes, durable pierre
Qu'on trouve sous ses pieds lorsque dans la poussière
On cherche les cités sans en voir un seul mur.

Diamant sans rival, que tes feux illuminent
Les pas lents et tardifs de l'humaine Raison !
Il faut, pour voir de loin les peuples qui cheminent,
Que le Berger t'enchâsse au toit de sa Maison.
Le jour n'est pas levé — Nous en sommes encore
Au premier rayon blanc qui précède l'aurore
Et dessine la terre aux bords de l'horizon.

Les peuples tout enfants à peine se découvrent
Par-dessus les buissons nés pendant leur sommeil,
Et leur main, à travers les ronces qu'ils entr'ouvrent,
Met aux coups mutuels le premier appareil.
La barbarie encor tient nos pieds dans sa gaine.
Le marbre des vieux temps jusqu'aux reins nous enchaîne
Et tout homme énergique au dieu Terme est pareil.

Mais notre esprit rapide en mouvements abonde :
Ouvrons tout l'arsenal de ses puissants ressorts.
L'Invisible est réel. Les âmes ont leur monde
Où sont accumulés d'impalpables trésors.
Le Seigneur contient tout dans ses deux bras immenses,
Son Verbe est le séjour de nos intelligences,
Comme ici-bas l'espace est celui de nos corps.

1844, intégré dans Les Destinées, 1864 (recueil posthume)

V. Au-delà des limites

S'évader de l'ici-maintenant, se rendre maître du temps et de l'espace, entrer en contact avec d'autres mondes, autant d'ambitions chères au Romantisme, qui amènent les écrivains à s'engager dans des œuvres qui échappent à toute classification.

Chateaubriand

Chateaubriand dans ce bref passage, mêle allègrement les époques (1790, 1800 et 1822) les lieux et les traversées (Londres et l'Amérique), les situations sociales (jeune inconnu, pauvre émigré et ambassadeur de France), la vie et l'œuvre, au point de plonger le lecteur dans la confusion.

> Il y a vingt-deux ans, je viens de le dire, que j'esquissais à Londres *les Natchez* et *Atala* ; j'en suis précisément dans mes *Mémoires* à l'époque de mes voyages en Amérique : cela se rejoint à merveille. Supprimons ces vingt-deux ans, comme ils sont en effet supprimés de ma vie, et partons pour les forêts du Nouveau-Monde : le récit de mon ambassade viendra à sa date, quand il plaira à Dieu : mais pour peu que je reste ici quelques mois, j'aurai le loisir d'arriver de la cataracte de Niagara à l'armée des Princes en Allemagne, et de l'armée des Princes à ma retraite en Angleterre. L'ambassadeur du Roi de France peut raconter l'histoire de l'émigré français dans le lieu même où celui-ci était exilé.

Mémoires d'Outre-Tombe, VI, 1, fin

Gérard de Nerval – Le rêve et la vie

Dans ce préambule, Nerval expose l'objet du livre qui va suivre : exploration scientifique (?) du rêve, compte rendu de visions qui révèlent peut-être un autre monde, justification d'une accusation de « folie » que tout lecteur, familier du rêve peut prendre à son compte, et qui est commune à d'illustres aînés.

Le Rêve est une seconde vie. Je n'ai pu percer sans frémir ces portes d'ivoire ou de corne qui nous séparent du monde invisible. Les premiers instants du sommeil sont l'image de la mort ; un engourdissement nébuleux saisit notre pensée, et nous ne pouvons déterminer l'instant précis où le *moi,* sous une autre forme, continue l'œuvre de l'existence. C'est un souterrain vague qui s'éclaire peu à peu, et où se dégagent de l'ombre et de la nuit les pâles figures gravement immobiles qui habitent le séjour des limbes. Puis le tableau se forme, une clarté nouvelle illumine et fait jouer ces apparitions bizarres ; — le monde des Esprits s'ouvre pour nous.

Swedenborg appelait ces visions *Memorabilia ;* il les devait à la rêverie plus souvent qu'au sommeil ; *l'Âne d'or* d'Apulée, *La Divine Comédie* de Dante, sont les modèles poétiques de ces études de l'âme humaine. Je vais essayer, à leur exemple, de transcrire les impressions d'une longue maladie qui s'est passée tout entière dans les mystères de mon esprit ; — et je ne sais pourquoi je me sers de ce terme maladie, car jamais, quant à ce qui est de moi-même, je ne me suis senti mieux portant. Parfois, je croyais ma force et mon activité doublées ; il me semblait tout savoir, tout comprendre ; l'imagination m'apportait des délices infinies. En recouvrant ce que les hommes appellent la raison, faudra-t-il regretter de les avoir perdues ?...

Aurélia, 1855, I, 1.

VI. Critique
du Romantisme

Le Romantisme veut choquer, défier, provoquer ; il était donc fatal qu'il suscitât des réactions violentes, enthousiasme ou mépris. Plus que tout autre mouvement, le Romantisme incite donc le critique à la partialité (le lecteur du présent volume s'en sera sans doute aperçu...).

Les critiques les plus vives adressées aux écrivains et artistes tournent autour de la notion de « bon goût ». En son temps, Victor Hugo revendiquait l'excès en tout comme une vertu.

Victor Hugo – Éloge de la démesure

—— « Il est réservé et discret. Vous êtes tranquille avec lui ; il n'abuse de rien. Il a, par-dessus tout, une qualité bien rare ; il est sobre. »

Qu'est ceci ? une recommandation pour un domestique ? Non. C'est un éloge pour un écrivain. Une certaine école, dite « sérieuse », a arboré de nos jours ce programme de poésie : sobriété. Il semble que toute la question soit de préserver la littérature des indigestions. Autrefois on disait : fécondité et puissance ; aujourd'hui l'on dit : tisane. [...]

Le lyrisme est capiteux, le beau grise, le grand porte à la tête, l'idéal donne des éblouissements, qui en sort ne sait plus ce qu'il fait ; quand vous avez marché sur les astres, vous êtes capable de refuser une sous-préfecture ; vous n'êtes plus dans votre bon sens, on vous offrirait une place au sénat de Domitien que vous n'en voudriez pas, vous ne rendez plus à César ce qu'on doit à César, vous êtes à ce point d'égarement de ne

pas même saluer le seigneur Incitatus, consul et cheval. Voilà
où vous en arrivez pour avoir bu dans ce mauvais lieu, l'Em-
pyrée. Vous devenez fier, ambitieux, désintéressé. Sur ce,
soyez sobre. Défense de hanter le cabaret du sublime.
La liberté est un libertinage. Se borner est bien, se châtrer est
mieux.
Passez votre vie à vous retenir. [...]
Le bon goût est une précaution prise par le bon ordre. Les
écrivains sobres sont le pendant des électeurs sages.

William Shakespeare, 1864, I, 4

Les conséquences de ces principes ont été dénoncées par des
écrivains et critiques plus ou moins talentueux : Paul Valéry
(« L'enthousiasme n'est pas un état d'âme d'écrivain »), André Gide, Julien Benda, Jacques Rivière.

Jacques Rivière – Le Romantisme, art de l'imparfait

Le Romantisme n'est pas seulement un art démodé. C'est
vraiment un art inférieur, un sorte de monstre dans l'histoire
de la littérature. En effet, il consiste proprement à tirer des effets d'inventions encore insuffisamment épanouies. A chaque
étape de son développement une imagination apparaît définitive ; l'auteur n'est averti de son imperfection que par un im-
perceptible mécontentement ; tout le persuade qu'elle est au
point ; il sent simplement qu'il n'en est rien. Pour reconnaître
ce faible signe, il lui faut beaucoup d'expérience, pour
s'avouer qu'il n'est pas encore quitte envers sa création,
beaucoup de bonne volonté. Les romantiques ont pris le parti
de négliger ce remords et de s'accommoder de l'inachèvement de leurs conceptions ; bien mieux : d'en faire la beauté
de leurs œuvres, la source de l'émotion qu'ils veulent dispen-
ser. C'est toujours avec des contrastes, avec des oppositions
qu'ils prétendent nous toucher : des blancs et des noirs, de
grandes plaques de lumière et de grandes nappes d'ombre
jointes bord à bord : dans cette lumière, il y a mille objets que
l'on distinguerait si on laissait au regard le temps d'insister un
peu ; cette ombre est pleine de détails qui « viendraient », si
l'image restait plus longtemps dans le bain révélateur. Mais
non : ces deux masses en présence sont émouvantes par elles-
mêmes ; le rapprochement de leurs dissemblances frappe le
lecteur, fait vibrer en lui une certaine fibre grossière. Cela

suffit. Avec une adresse qui, chez les plus considérables, est une manière de génie, les romantiques utilisent le premier état de leur œuvre pour nous remuer ; ils la fixent au moment où tout y est encore rudimentaire et se dessine par sa seule trop grande simplicité ; ils mettent en évidence les lignes principales qui ne sont si visibles que parce que le détail n'est pas encore apparu, et se donnent l'air, ainsi, d'avoir choisi l'essentiel de leur sujet. En somme, ils éludent toutes les difficultés de la réalisation, tous ces menus obstacles de la fin qu'il faut résoudre et surmonter sans gloire. Et de ce qu'ils y sont éludés, l'œuvre prend tout de suite un je ne sais quoi d'abrupt et de magistral, de fait à grands coups comme les merveilles de la nature. Ces vastes pans, ces larges horizons, ces sentiments sommaires et sublimes... C'est un héros qui a passé par là, c'est Roland qui taille les rochers. Tout ce qui manque semble avoir été rejeté par un génie dédaigneux de la minutie, tout ce que l'auteur a ignoré faute de patience semble avoir été négligé par l'impatience de son inspiration. Et les vides du dedans, l'absence de transitions, le défaut de peuplement intérieur donnent à l'œuvre cet aspect violent et bousculé qui est la façade de l'œuvre de génie.

Hélas ! la vérité se venge toujours : ce qui n'est qu'apparence reste apparence. Nous avons beau faire : en présence de l'œuvre romantique, nous sentons irrémédiablement que nous n'avons devant nous justement qu'une façade. Tout ce que nous lui reprochons — contrastes superficiels, gonflements de l'expression, magnificence sans à-propos, grandiose à tout prix — se ramène toujours à un certain manque *d'application*. L'œuvre n'a pas été amenée jusqu'au contact avec sa perfection, elle n'a pas pris la peine de venir en recevoir la forme et l'agencement. Ses éléments demeurent les uns à côté des autres sans comprendre pourquoi ils sont ensemble, sans avoir été rechercher les raisons qui les réunissent et qui sont tout simplement des chaînes de menus intermédiaires. L'œuvre reste immense ; elle ne sait pas atteindre aux petites choses ; à jamais elle manquera d'humilité et de détail. On a envie de la pousser avec la main pour la faire se heurter enfin aux objets qu'elle prétend représenter. Tout son sublime n'étant possible que parce qu'elle n'a pas été assez loin, la démangeaison nous prend de lui faire parcourir de force les quelques pas qui la séparent de son effondrement.

L'œuvre classique, c'est l'œuvre en acte ; c'est celle envers laquelle son auteur s'est complètement acquitté, celle dont chaque molécule a été lentement amenée à sa perfection.

Nouvelles Études, 1913

Dépassant ces querelles stériles, des critiques d'aujourd'hui se sont efforcés d'élever le débat et de dégager les grandes lignes d'un mouvement à l'échelle européenne.

Max Milner et Claude Pichois – Problématique du Romantisme

[...] René Wellek (1949) avait indiqué comme principaux traits du romantisme l'importance du symbole et du mythe et la substitution à la philosophie mécaniste de l'époque classique d'une vision organique du cosmos. Hans Eichner (1982) va plus loin. Il propose de voir le trait dominant du romantisme dans « une action désespérée d'arrière-garde menée contre l'esprit et les implications de la science moderne », action « qui libéra les arts des contraintes d'une esthétique pseudo-scientifique, mais qui était condamnée à l'échec dans le domaine propre de la science ». Selon lui, l'univers a été conçu depuis le XVIe siècle selon un modèle mécaniste : une gigantesque pendule qui aurait été mise en marche par Dieu, un Dieu qui n'est nécessaire qu'à cet instant initial et dont on peut ensuite se passer, ce Dieu de Descartes à qui Pascal reproche d'être condamné à ne donner au monde qu'une « chiquenaude ». Ce monde est dominé par la loi implacable de la causalité. L'homme est conçu à l'image de l'univers : il est par son corps une machine, et comment son esprit, si étroitement uni à la matière, pourrait-il échapper à une causalité qui est une fatalité ? L'art n'est plus que le résultat de l'application soigneuse d'un code de recettes ; l'inspiration y est étroitement surveillée.

[...] De cet univers mécaniste, conçu comme une grande horloge, la poésie a été exclue. Ce qui explique que la poésie lyrique ait été si peu représentée ou reconnue pendant les siècles classiques.

Le renversement s'opère dans les toutes dernières années du XVIIIe siècle, lorsque Schelling publie son *Système de la philosophie de la Nature*. La Nature cesse d'être un non-moi pour devenir un esprit inconscient qui s'efforce vers la conscience. Pénétration lente et pénible qui mène au vers final des *Chimères :* « Un pur esprit s'accroît sous l'écorce des pierres ! » L'univers n'est plus, pour quelques-uns, une grande machine qui repose dans la main fragile de Dieu. Il devient un grand organisme, un animal cosmique apparenté à

Dieu. La logique, qui fondait la causalité, cède la place à l'analogie, qui s'accommode du principe de contradiction. L'homme retrouve sa liberté et toute sa responsabilité. La poésie, l'inspiration, puisqu'elle redevient un acte individuel, libéré des contraintes de l'imitation.

Cette conception organique et quasiment biologique de l'univers et de l'homme, visible dans la théorie qui permettra à Geoffroy Saint-Hilaire de l'emporter sur Cuvier, est proche du panthéisme et doit sans doute beaucoup plus qu'elle ne le croyait à une connaissance diffuse de Spinoza. Elle est en tout cas liée au vitalisme, c'est-à-dire à la croyance en une force vitale ou en un fluide vital. Sa pensée analogique a retrouvé une tradition occultée par la pensée scientifique classique, une longue tradition qui va de Philon le Juif (Iᵉʳ siècle) et de Plotin (IIIᵉ siècle), autrement dit de l'Ecole d'Alexandrie, jusqu'à Jakob Boehme (1575-1624), en passant par Joachim de Flore, et qui, à l'époque classique, continue à vivre, dans les marges ou souterrainement, grâce aux hétérodoxes et aux illuministes. Des pensées très riches, pleines de promesses, souvent confuses.

Cette Weltanschauung libère certes le poète des contraintes qui pesaient sur lui, mais elle ne permet pas toujours de fonder une science immédiatement utile. La science romantique a existé, notamment dans les Allemagnes : il y a eu une géologie, une chimie, une biologie, une astrobiologie, une psychopathologie des plantes, même une médecine romantique (l'homéopathie). Plus l'on s'éloigne du domaine des sciences dites exactes, moins les résultats sont menacés par le dur contact de la réalité. Mais si une science se juge à ses effets positifs, la science romantique — *la* science, car elle constitue une totalité — a produit des rêveries fécondes, grosses peut-être de fruits que nous ignorons encore, — des rêveries et des poèmes. En niant, au niveau de l'efficacité, l'implacable causalité, elle n'a pas conduit à des résultats concrets. Dans notre vie quotidienne, nous sommes les bénéficiaires de la lignée qui, de Bacon et de Galilée à Einstein et à Max Planck, a tout misé sur la logique.

La science romantique a été en Allemagne et parfois en Angleterre le support du romantisme littéraire : il n'est que de penser aux études de minéralogie faites par Novalis et à l'importance des entrailles de la terre dans *Heinrich von Ofterdingen*. En France, au contraire, le romantisme — du moins celui des manuels — n'a pas été une théorie de la connaissance, une épistémologie digne de ce nom, comme l'a montré Georges Gusdorf (1982).

[...] Une fausse conception du romantisme français, en le réduisant à la littérature, l'a amputé de plusieurs dimensions. D'abord de sa composante de vie et d'énergie. La Révolution et l'Empire ont été, non par la littérature, mais par l'action, profondément romantiques. Sinon, comment qualifier le drame qui se déroule à la Convention, l'épopée dont l'Europe est l'enjeu. Ce que Henri Heine a très bien vu et très bien dit dans son propre *De l'Allemagne* (1835) quand il reproche à A.W. Schlegel d'avoir eu pour refrain « que les Français sont le peuple le plus prosaïque du monde, et qu'il n'y a pas du tout de poésie en France ». Heine poursuit : « Ces choses-là l'homme [Schlegel] les disait dans un temps où devant ses yeux s'offraient encore journellement maint et maint coryphée de la Convention, où il voyait passer devant lui, en chair et en os, les derniers acteurs de cette tragédie de géants, dans un temps où Napoléon improvisait chaque jour une sublime épopée, lorsque Paris fourmillait de dieux, de héros et de rois... »

[...] L'épopée romantique a été vécue ; elle a été écrite ensuite, par Balzac dans nombre de ses romans, par Stendhal dans *La Chartreuse,* par Hugo dans *Les Misérables.* C'est le roman qui a d'abord profité de cette double et extraordinaire aventure qu'ont connue les Français de 1790 à 1815, de cette dérivation énergétique du romantisme, parce que, n'étant pas du genre régi par des conventions, il a pu échapper aux thèmes que supposaient les règles des genres définis.

Il ne faut pas oublier que l'art romantique — titre posthume d'un recueil d'essais de Baudelaire sur les écrivains contemporains, Delacroix et Wagner — ne se borne pas à la littérature : Géricault, Delacroix précisément, Berlioz sont romantiques, autant sinon plus que les poètes qui ont revendiqué avant 1840 cette qualité.

Une autre dimension a été longtemps ignorée et n'a été inscrite au crédit du romantisme que par la revue qui porte justement pour titre *Romantisme :* la pensée sociale. Cette expression ne rend pas compte de l'étonnante fermentation d'idées qui sous la plume de Saint-Simon, de Fourier, de Comte et de bien d'autres cherchaient à créer la cité de l'avenir en y intégrant les premiers effets de la révolution industrielle et les premiers éléments du monde moderne.

Littérature française/Poche, t. 7
Arthaud, 1985

Annexes

Notions clés du Romantisme

Cénacle. Désignant à l'origine la salle où se déroula la *Cène* (dernier repas) réunissant le Christ et ses disciples, le terme s'applique, à l'époque romantique, à un groupe d'écrivains et/ou d'artistes partageant les mêmes idées. Les adversaires du Romantisme lui donnent le sens péjoratif de « société d'admiration mutuelle ».

Correspondances. Notion issue de l'illuminisme (voir ce mot) et s'appliquant à des rapports secrets entre êtres et choses appartenant au monde physique et au monde spirituel.

Dandy (Dandysme). C'est l'anglais George Brummell (1778-1840) qui est responsable de l'introduction du mot en France ; pour lui, le dandysme, fait d'élégance raffinée, d'indépendance hautaine, d'insolente arrogance, est une philosophie, un art de vivre. Voir Baudelaire, *Le Peintre de la vie moderne,* IX, 1863 et Barbey d'Aurevilly, *Du dandysme et de George Brummell,* 1844.

Drame. Forme théâtrale qui apparaît au XVIIIe siècle où le « genre dramatique sérieux » ou « drame bourgeois » a l'ambition de peindre des « conditions » et non des « caractères ». Se caractérisant par le refus des genres dramatiques existants, le drame échappe à toute tentative de définition rigoureuse ; on emploiera le terme pour toute pièce traitant un sujet grave, même s'il s'y trouve du comique. Le drame romantique, volontiers historique, refuse les unités, mais ne pratique pas systématiquement le mélange des genres.

Égotisme. Néologisme emprunté à l'anglais par Stendhal qui désigne ainsi sa propension à voir dans toute entreprise le moyen de se connaître soi-même, à rechercher constamment son propre épanouissement.

Élégie. Petit poème consacré à un sujet touchant, souvent triste : « La plaintive élégie en longs habits de deuil » (Boileau, *L'Art poétique*). La poésie « intime » des années 1830 a retrouvé l'élégie avec l'expression mélancolique des sensations et des sentiments.

Épopée. A l'origine, grand poème qui chante les exploits de héros légendaires représentatifs d'un groupe humain. On considère plus largement comme épique toute œuvre s'attachant à de grandes luttes collectives, exaltant un héroïsme surhumain, des grands romans hugoliens au moderne « western ». L'ambition avouée de l'épopée romantique est de rechercher, ou de proposer, un sens à l'Histoire, et, au-delà, une explication de l'Univers.

Fouriéristes. Ces « socialistes », disciples de Charles Fourier (1772-1837), rêvent d'un monde « harmonien », d'une société fondée sur le libre jeu des passions, de la vie au sein de communautés, les *phalanstères*.

Frénétique. Tendance du Romantisme dans les années 1820-1830, cultivant systématiquement l'horreur : mélodrames sanglants, cauchemars, monstres (Hugo, *Han d'Islande,* 1823), récits sadiques (Pétrus Borel, *Champavert,* 1833).

Grotesque. Emprunté aux arts graphiques où il désigne un ornement bizarre, le terme évoque chez Hugo, qui en fait une pièce maîtresse de ses théories (Préface de *Cromwell*), le difforme et le risible prenant un caractère monstrueux, atteignant le sublime de la laideur, indissolublement liés au Beau dans la nature.

Illuminisme. Ensemble de doctrines et de croyances, inspirées du néoplatonisme de la Renaissance, qui reposent sur la conception d'un univers où tout est *correspondance* (voir ce mot). Les Illuminés s'intéressent aux « techniques » permettant l'accès à d'autres mondes : alchimie, magie, extase, rêve, drogue, folie...

Lakistes. Groupe de poètes anglais du début du XIXe siècle (Wordsworth, Coleridge, Southey) ; leur principale source d'inspiration, la rêverie au bord des lacs, leur a valu cette dénomination.

Libéral. Le parti libéral, sous la Restauration, se définit moins par des thèses économiques, que par son opposition à tout retour vers l'Ancien Régime. Au sein du parti se côtoient républicains, partisans d'une monarchie constitutionnelle et même bonapartistes, prônant une totale liberté individuelle. La société est pour eux subordonnée à l'individu, le libre jeu des actions individuelles ne peut, pour finir, que profiter à la collectivité. Au sein du parti, les *doctrinaires* élaborent une philosophie et une politique du « juste-milieu » qu'ils imposeront sous la monarchie de Juillet.

Lyrique. La *poésie lyrique* était, dans l'Antiquité, une poésie chantée ou psalmodiée avec accompagnement musical ; on retrouve ce sens dans *théâtre lyrique* (l'opéra). Elle s'opposait alors aux poésies *épique* et *dramatique* en ce qu'elle exprimait des émotions individuelles ou collectives. Le lyrisme s'épanouit à l'époque romantique où l'on bannit volontiers du domaine poétique tout ce qui ne touche pas à l'expression individuelle ; une très grande part de la poésie romantique, de Lamartine à Baudelaire, est donc lyrique.

Pantoum. Poème d'origine malaise (Sumatra) qui repose sur la reprise obsédante de deux vers de chaque strophe dans la strophe suivante (voir Anthologie, p. 188).

Saint-Simonisme. Doctrine de Henri, comte de Saint-Simon (1760-1825), petit-cousin du mémorialiste. Recherchant une réorganisation de la société moderne en fonction de la révolution industrielle, et visant à l'amélioration du sort de la classe pauvre, le saint-simonisme s'oppose violemment au libéralisme qu'il dénonce comme « anarchique ». C'est, avec le fouriérisme, le premier « socialisme romantique ».

Sensualisme. Doctrine philosophique apparue au XVIIIe siècle, avec Condillac en particulier, selon laquelle toute connaissance vient des sensations et d'elles seules.

Spleen. Mot anglais introduit en France au XVIIIe siècle pour désigner une pathologie d'ennui maladif, immotivé, invincible, allant jusqu'au dégoût de la vie. Voir le poème de Baudelaire, Anthologie, p. 188-189.

Sturm und Drang (« Tempête et Désir »). Nom donné au premier Romantisme allemand (1770-1790), celui de Goethe et de Schiller, entre autres : retour à la nature et au sentiment, droits du génie, irrationalisme, culte de Shakespeare, subsisteront dans le Romantisme européen.

Synesthésie. Type particulier de *correspondances* (voir ce mot) : rapport entre des ordres de sensation différents. « Il est des parfums frais comme des chairs d'enfants, / Doux comme les hautbois, verts comme les prairies » (Baudelaire, « Correspondances »).

Ultra-royalistes ou, par abréviation, *ULTRAS.* Partisans, sous la Restauration, d'un retour à l'Ancien Régime, ou, tout au moins, d'un pouvoir très fort du roi par rapport aux Chambres dont il constituent l'extrême droite. Ils furent au pouvoir de 1821 à 1828, avec le ministère Villèle, qui fit promulguer nombre de lois qui restreignaient les libertés, suscitant un mécontentement qui devait aboutir, après un second ministère ultra, dirigé par Polignac, en 1829-1830, à la révolution de 1830.

Unités. Principal enjeu du débat sur le théâtre, les unités, prétendument exigées par Aristote, n'étaient que des règles imposées par le Classicisme au XVIIe siècle : « Qu'en un lieu, en un jour, un seul fait accompli / Tienne jusqu'à la fin le théâtre rempli. » (Boileau, *Art poétique*).

Ecrivains et artistes romantiques

BALZAC (Honoré [de], 1799-1850). Dès son adolescence tourangelle, il rêve d'une grande œuvre philosophique, comme son héros Louis Lambert ; il mène parallèlement son apprentissage de romancier (romans noirs et romans gais) et de journaliste, son expérience de la société industrielle (entreprises d'imprimerie qui le ruinent), son initiation amoureuse avec Mme de Berny, son aînée. Ces expériences alimentent les grands romans regroupés, à partir de 1842, dans *La Comédie humaine.* Les doctrines illuministes, la conviction que la pensée, le désir, la passion, consument l'énergie humaine, lui fournissent des clés pour interpréter le fonctionnement d'une société qu'il observe avec une cruelle lucidité.

BARBEY d'AUREVILLY (Jules, 1808-1889). Issu d'une famille de récente noblesse, ce dandy restera toujours attaché à son Cotentin natal et aux valeurs de l'ancienne société disparue. Ce romancier et polémiste catholique a un faible pour les êtres révoltés, marginaux, sataniques, hors de toute mesure et de toute norme, pour les climats de violence paroxystique. *Une vieille maîtresse* (1851), *L'Ensorcelée* (1854), *Un prêtre marié* (1864), *Les Diaboliques* (1874).

BAUDELAIRE (Charles, 1821-1867). Révolté contre sa famille — sa mère s'est remariée au général Aupick — et contre la société, il mène une vie dissipée qui amène son entourage à l'envoyer faire un grand voyage maritime (1841-1842), puis à lui donner un conseil judiciaire qui administrera sa fortune. Dettes, suppliques à sa mère et aux amis pour obtenir quelque argent, concubinage avec une mulâtresse, prostituées, syphilis, constituent l'ordinaire sordide de celui qui s'affirme dès le *Salon* de 1845 comme un grand critique d'art, et comme un grand traducteur avec les *Histoires* d'Edgar Poe. La première édition des *Fleurs du Mal* (1857) est condamnée pour outrages à la morale publique, une deuxième paraît en 1861 ; *Le Spleen de Paris,* recueil de *Petits poèmes en prose,* n'est publié qu'en 1869, après sa mort.

BELLINI (Vincenzo, 1801-1835). Ce musicien sicilien vécut ses dernières années à Paris ; ses grands opéras (*La Somnambule* et *Norma,* 1831 ; *Les Puritains,* 1835) donnent la vedette à des héroïnes guettées par la démence.

BERLIOZ (Hector, 1803-1869). Le grand musicien du romantisme français, adorateur de Shakespeare, fut souvent mal aimé de ses contemporains : après le succès de la *Symphonie fantastique* (1830) et de *Roméo et Juliette* (1839), *La Damnation de Faust* (1849) connaît un échec cuisant. Berlioz est aussi un écrivain de talent : *Les Soirées de l'orchestre* (1852), *Mémoires* posthumes (1870).

BERTRAND (Louis, dit Aloysius, 1807-1841). Journaliste dijonnais, chaleureux apôtre du romantisme, accueilli à Paris par Victor Hugo en 1828, il vit d'expédients, et meurt de tuberculose à l'hôpital, sans avoir vu publier ses poèmes en prose : *Gaspard de la nuit,* 1842.

CHATEAUBRIAND (François-René, Vicomte de, 1768-1848). L'enfance en Bretagne (Saint-Malo et Combourg), le voyage en Amérique (1791), l'armée des émigrés et le séjour en Angleterre (1792-1800), les rapports difficiles avec Napoléon, le voyage autour de la Méditerranée (1806-1807), l'ambassade à Berlin et à Londres (1821-1822), le ministère des Affaires étrangères (1823-1824), la retraite fière, amère et désargentée après 1830, suffiraient à composer un destin exceptionnel que les *Mémoires d'Outre-Tombe* (1848) orchestrent avec complaisance — et génie. L'*Essai sur les révolutions* (1797), marqué par l'esprit philosophique, est contredit par le *Génie du Christianisme* (1802), la fidélité aux Bourbons n'entrave pas une cruelle lucidité sur leur nullité : l'indépendance d'esprit et l'orgueilleuse solitude caractérisent l'un des phares du Romantisme français. Ni poète, ni dramaturge (à quelques errements près) comme l'aurait voulu l'époque, celui qu'on surnommait

« l'Enchanteur » a porté la musique de la prose française à son point de perfection.

CHOPIN (Frédéric, 1810-1849). Le pianiste-compositeur polonais, à demi français de naissance, s'installe en 1831 à Paris où il connaît un grand succès. Le poète du piano charme par son utilisation du folklore polonais (*Mazurkas, Polonaises*), la tendresse mélancolique des *Nocturnes,* la hardiesse pianistique des *Etudes* ou des *Ballades,* le brillant des *Valses,* toujours par une invention mélodique exceptionnelle. Sa liaison avec George Sand (1838-1847) influença profondément l'œuvre de la romancière.

CONSTANT (Benjamin, 1767-1830). Familier de Coppet, il entretient une liaison à épisodes avec Mme de Staël, mais aussi avec Charlotte de Hardenberg qu'il épouse : *Adolphe,* écrit en 1806, publié en 1816, transpose les incertitudes d'un homme qui porte mal son patronyme. Théoricien du libéralisme, il fit partie de l'opposition, sous l'Empire comme sous la Restauration.

COUSIN (Victor, 1792-1867). Le « grand philosophe » du Romantisme nous paraît aujourd'hui avoir connu une gloire imméritée, que lui ont valu ses opinions libérales et son talent de professeur plus que sa doctrine qui se résumait à l'éclectisme, mais sa réflexion esthétique touchait aux points qui préoccupaient les artistes romantiques (*Du Vrai, du Beau, du Bien,* 1837 et 1853).

DELACROIX (Eugène, 1798-1863). Le plus grand peintre romantique français est un dandy solitaire, qui ne s'intègre réellement à aucun des groupes ou cénacles qu'il fréquente, à l'exception peut-être de la société de George Sand à Nohant ; Baudelaire lui voua une admiration sans bornes et ne cessa de rendre hommage à son génie et à ses conceptions esthétiques. Le *Journal,* tenu irrégulièrement par Delacroix de 1823 à sa mort, ne fut publié qu'au XXe siècle et révèle un talent d'écrivain.

DESBORDES-VALMORE (Marceline, 1786-1859). Une vie exemplaire de poète maudit et de femme malheureuse, une certaine complaisance dans l'expression de la douleur ont contribué à donner une image un peu mièvre de celle qui fut la plus grande femme-poète du Romantisme et l'un des maîtres du

« genre intime ». *Elégies et Romances,* 1819 ; *Pauvres fleurs,* 1839 ; *Poésies et prières,* 1843.

DESCHAMPS (Émile, 1791-1871). Ne doit sa survie qu'à la préface des *Etudes françaises et étrangères* (1828), l'un des manifestes du Romantisme. Son frère Antoni (1800-1869), membre, lui aussi, du cénacle de *La Muse française,* traduit *La Divine Comédie* de Dante (1829).

DONIZETTI (Gaetano, 1797-1848). Rival de Bellini, il triomphe sur toutes les scènes européennes au temps de la monarchie de Juillet ; malgré une excessive facilité, il possède un grand talent dramatique. Il est le premier à tirer un opéra d'un drame de Victor Hugo, *Lucrèce Borgia* (1833) ; Lucie de Lammermoor (1835) est encore aujourd'hui l'un des rôles de prédilection des cantatrices.

DUMAS père (Alexandre, 1802-1870). La célébrité du romancier des *Trois Mousquetaires* (1844) et du *Comte de Monte-Cristo* (1844-1846) ne doit pas faire oublier que Dumas fut d'abord un grand dramaturge, rival de Victor Hugo (*Antony,* 1831, est le seul drame romantique à donner une peinture de la société contemporaine), qu'il fut aussi un incomparable conteur dans ses diverses *Impressions de voyage* et dans ses *Mémoires* (1852-1854). Trop souvent cantonné dans la « littérature pour la jeunesse », il a longtemps souffert du mépris condescendant de la critique universitaire ; il commence à s'en relever et c'est justice : Dumas est une des grandes figures du Romantisme.

FLAUBERT (Gustave, 1821-1880). Il n'a apparemment rien à faire dans ce volume ; mais s'il se fait le fossoyeur des illusions romantiques, c'est peut-être pour en avoir subi la constante tentation, dans la vie (le grand amour pour Mme Schlesinger nourrit *L'Education sentimentale*), dans l'imagination (« Madame Bovary, c'est moi »), dans l'écriture même : les carnets de voyage en Egypte contiennent des images qui semblent appartenir à Chateaubriand ou à Hugo.

GAUTIER (Théophile, 1811-1872). Grande figure du Romantisme, comme Dumas, il a souffert, comme lui, mais pour d'autres raisons, d'un certain mépris de la postérité, malgré l'hommage éclatant — et immérité dira-t-on — que lui rend Baudelaire en lui dédiant *Les Fleurs du Mal.* Romantique flamboyant au temps d'*Hernani,* il parodie les excès de l'école trois ans plus tard et passe pour le père des Parnassiens ; bon vivant et figure bien parisienne, il dévoile des angoisses cachées dans ses contes fantastiques ; chroniqueur dramatique, critique d'art, grand amateur de ballet, il pratique tous les genres avec un égal talent, est-ce vraiment à dire sans génie ? Gautier échappe à toutes les classifications réductrices, il n'en est que plus représentatif des contradictions romantiques.

GÉRICAULT (Théodore, 1791-1824). Il passe comme un météore dans les premières années du Romantisme ; le *Radeau de la Méduse,* exposé en 1819, crée un choc qui retentit sur tout un versant de l'art romantique, la fascination pour la laideur, la férocité, l'horreur, la mort.

GOETHE (Johann Wolfgang, 1749-1832). Malgré une rupture précoce avec le mouvement romantique allemand, Goethe a profondément marqué le Romantisme français, au moins avec *Les souffrances du jeune Werther* (1774) qui donnait un premier exemple de mal du siècle et fut à l'origine d'une épidémie de suicides, *Wilhelm Meister* (*Les Années d'apprentissage,* 1795-1796 ; *Les Années de voyage,* 1821), modèle de roman initiatique moderne, et surtout *Faust* (1808 et 1832) que traduisit Nerval (Anthologie, p. 161-163).

HOFFMANN (Ernest Théodore Amadeus, 1776-1822). L'une des plus grandes figures du romantisme allemand : dévoré par l'amour impossible, dégoûté par la médiocrité de l'existence, rongé par l'alcool et par la maladie, dessinateur, compositeur, écrivain, il ne fut peut-être réellement compris en France que par Gautier et Nerval. On ne connut guère de lui que les contes fantastiques qui exercèrent une influence durable et profonde.

HUGO (Victor, 1802-1885). L'œuvre de ce géant défie évidemment l'inventaire. Fils d'un général républicain et d'une mère « vendéenne », il devient très tôt le chef de file de la jeune école et évolue du légitimisme à un libéralisme modéré. Académicien en 1841, pair de France en 1845, il mène une carrière politique qui culmine, en 1848, avec son élection comme député de Paris ; il rejoint rapidement les rangs de la gauche républicaine, combat la politique du futur Napoléon III, cherche à résister au coup d'état du 2 décembre 1851, puis s'exile à Bruxelles, à Jersey (1852), enfin à Guernesey (1855). Il ne cesse de s'opposer au régime impérial et refuse de rentrer en

France malgré l'amnistie. Déçu par la mesquinerie de la politique française après la Commune, il s'écarte peu à peu de la vie publique en dépit de ses fonctions de sénateur et se réfugie souvent à Guernesey. Les honneurs, la gloire précoce et durable, malgré les critiques, parfois provenant d'anciens amis, furent-ils une contrepartie à une vie privée jalonnée de malheurs : mésentente des parents, folie de son frère Eugène, puis de sa fille Adèle, trahison de sa femme avec son meilleur ami Sainte-Beuve, mort tragique de sa fille préférée, Léopoldine, mort de ses deux fils, vie privée où seule la fidélité dévouée, mais soupçonneuse, de Juliette Drouet, la « courtisane rachetée par l'amour », apporte un élément de stabilité ? L'œuvre reflète ce double aspect : équilibre apparent, incroyable puissance de travail, optimisme généreux, mais aussi angoisses, vertiges, hantises où menace par moments le spectre de la folie.

LAMARTINE (Alphonse de, 1790-1869). Il semble l'un des écrivains qui donnent d'emblée un chef-d'œuvre qu'ils n'égaleront plus jamais : reste-t-il aujourd'hui autre chose de Lamartine que les *Méditations* de 1820 ? Le reste de l'œuvre poétique ne mérite cependant pas cet oubli relatif, malgré des faiblesses d'exécution qu'on s'est plu à relever, ni un petit roman comme *Graziella* (1849), ni les œuvres historiques comme l'*Histoire des Girondins* (1847). Engagé, après 1830, dans une carrière politique, il est membre du gouvernement provisoire en 1848, puis de la Constituante et de la Législative, mais connaît un cuisant échec à l'élection présidentielle. Il quitte la vie publique après le 2 décembre et termine sa vie dans la gêne.

LAMENNAIS (Félicité de, 1782-1854). C'est la grande figure du catholicisme social. L'*Essai sur l'indifférence en matière de religion* (1817-1823) était dans la ligne du *Génie du Christianisme,* mais *L'Avenir,* journal fondé en 1830, soutient le combat des nations opprimées et vaut au prêtre égaré la condamnation de Rome en 1832, renouvelée en 1834 après les virulentes *Paroles d'un croyant.*

LISZT (Franz, 1811-1886). Il est, avec Paganini, le type du virtuose romantique, mais, au-delà, il est la première grande figure d'artiste cosmopolite, enthousiaste propagateur d'un culte de l'art, instrument de régénération sociale. Lié aux saint-simoniens, intime de beaucoup d'écrivains et artistes, il consacra un grand nombre de ses compositions à des « transpositions » d'œuvres littéraires, sortes de poèmes pianistiques : Dante, Goethe, mais aussi Senancour, Lamartine et surtout Hugo furent ses sources d'inspiration privilégiées. On méconnaît probablement aujourd'hui l'influence de Liszt sur ses contemporains.

MÉRIMÉE (Prosper, 1803-1870). Ce bourgeois voltairien, ennemi de tout épanchement, libéral de la première heure, puis dignitaire du Second Empire, ne paraît guère avoir de liens avec le Romantisme dont il a pourtant cultivé plusieurs genres de prédilection : théâtre, roman historique, nouvelle, où le goût de l'horreur, de la cruauté, manifeste peut-être des aspirations refoulées.

MEYERBEER (Giacomo, 1791-1864) connut en 1831, avec *Robert-le-Diable* à l'Opéra de Paris, le plus grand triomphe du spectacle romantique ; cet opéra mélodramatique et fantastique est fort méprisé aujourd'hui. Meyerbeer est pourtant de ceux qui ont contribué à assurer une place importante à l'orchestre dans l'opéra et Berlioz a admiré ses *Huguenots* (1836).

MICHELET (Jules, 1798-1874). Le grand historien romantique a eu une carrière universitaire agitée, en raison de ses engagements politiques. L'œuvre historique, colossale (*Histoire de France*, 1833-1844 et 1855-1867, *Histoire de la Révolution française*, 1847-1853), évolue, après 1850, vers le poème naturaliste (*La Femme*, 1860, *La Sorcière*, 1862), mais reste dominée par la lutte contre l'Eglise, représentant toutes les forces obscurantistes.

MUSSET (Alfred de, 1811-1857). Vie facile, amours faciles, poésie facile, telle est, en 1830, l'image de l'aimable jeune homme dont le premier recueil de vers, *Contes d'Espagne et d'Italie,* remporte un grand succès. La liaison orageuse avec George Sand (1833-1835) transposée dans *La Confession d'un enfant du siècle,* la recherche des limites dans l'expérience de la débauche, le pessimisme du théâtre révèlent une essentielle inaptitude au bonheur, un désespoir amer dont on a critiqué l'expression souvent complaisante. Rabaissée de nos jours au profit du théâtre, la poésie de Musset reste l'un des témoignages les plus sincères de la sensibilité romantique.

NERVAL (Gérard LABRUNIE, dit Gérard [de], 1808-1855). Un petit romantique ou le seul vrai romantique français ? Oubli, puis gloire que certains jugent excessive, alimentée par des légendes, telle est la postérité d'un écrivain marginal à bien des égards et qui demeure secret. Orphelin de mère, entretenant des rapports difficiles avec un père qui n'admet pas sa vocation littéraire, fêté à dix-neuf ans comme traducteur de *Faust,* puis forçat du journalisme, bohème impénitent, voyageur infatigable, il connaît une crise de démence en 1841 ; là commence « l'épanchement du songe dans la vie réelle » qui colore l'œuvre à venir. A partir de 1851 les rechutes alternent avec les chefs-d'œuvre qui constituent une sorte d'autobiographie fragmentaire, quête d'une identité qui s'effrite et d'une vérité religieuse qui se dérobe. Le suicide laisse imparfait, sinon inachevé, le testament d'*Aurélia,* moderne « descente aux Enfers ». Le voyage (*Voyage en Orient,* 1851, *Lorely,* 1852) et le Valois de l'enfance (*Sylvie,* 1853) sont les autres pôles de la vie comme de l'œuvre.

NODIER (Charles, 1780-1844). Le « bon Nodier », aimé de tous les jeunes écrivains, révèle dans une œuvre abondante et très hétérogène, des curiosités de toutes sortes et un psychisme tourmenté où les visions horribles de son enfance et le choc causé par le mariage d'une fille trop aimée ont laissé des traces ineffaçables.

PAGANINI (Nicolo, 1782-1840). Il incarne à la perfection le mythe du virtuose doté de pouvoirs surnaturels ; son apparence physique, la légende d'un pacte avec le diable — et sa virtuosité inouïe, firent de sa venue à Paris en 1831, l'un des grands événements du spectacle.

ROSSINI (Gioacchino, 1792-1868). Compositeur adulé et grande figure de la vie parisienne, il abandonne l'opéra avec *Guillaume Tell* en 1829, mais ses opéras continuent à être représentés sur toutes les scènes lyriques et leurs airs célèbres à être chantés, joués, paraphrasés dans tous les salons. Une trop grande facilité a nui à la gloire postérieure d'un musicien qui a complètement rénové l'opéra italien.

ROUSSEAU (Jean-Jacques, 1712-1778). N'appartient évidemment pas à l'époque considérée, mais ses *Confessions* ont donné un nouveau visage à la littérature du moi, et l'opposition entre nature et société reste une articulation fondamentale de la pensée romantique.

SAINTE-BEUVE (Charles-Augustin, 1804-1869). L'esprit sournois du critique papelard, les trahisons de l'ami perfide de Hugo et de Baudelaire ne doivent pas occulter le romantisme de *Joseph Delorme* (1829), œuvre à bien des égards exemplaire et représentative de l'impuissance d'une génération, comme *Volupté* (1834). L'effort de documentation qu'il a imposé à la critique littéraire lui a permis de l'élever à la dignité d'un genre à part entière.

SAND (Aurore DUPIN, dite George, 1804-1876). Une vie tumultueuse et provocante, une collection d'amants plus ou moins illustres : Jules Sandeau, Henri de Latouche, Alfred de Musset, Pierre Leroux, Chopin, et combien d'autres, une collection de romans plus impressionnante encore, mais de qualité tout aussi inégale, risquent de donner une fausse impression d'une des grandes figures du XIXe siècle, objet de haines incoercibles (Baudelaire) et de surprenantes amitiés (Flaubert). Sa générosité la pousse à combattre pour l'émancipation de la femme, pour toutes les réformes sociales, à s'engager aux côtés de tous les mystiques humanitaires, à glorifier l'artiste, à rendre hommage au peuple des campagnes et à sauver de l'oubli sa culture.

SCHLEGEL (Auguste-Wilhelm, 1767-1845). Le professeur de Göttingen et d'Iena, traducteur en allemand de Calderon et de Shakespeare, est le grand théoricien du romantisme au théâtre ; son influence, par l'intermédiaire du groupe de Coppet, fut déterminante en France.
Son frère, Friedrich (1772-1829) a joué un rôle non moins important dans l'élaboration des doctrines romantiques en Allemagne par ses études sur l'art, la poésie et la littérature anciens et modernes.

SCOTT (Walter, 1771-1832). Romancier écossais, inventeur du roman historique moderne, auteur d'une œuvre considérable dont le succès, en Angleterre comme en France fut prodigieux : *Waverley, Ivanhoe, Rob-Roy, Quentin Durward, La Fiancée de Lammermoor...*

SENANCOUR (Etienne Pivert de, 1770-1846), contemplateur solitaire des paysages alpestres, donne avec *Oberman* (1804) le premier autoportrait du rêveur romantique ; dans cette rêverie se marient l'égotisme, le désir de fusion avec la nature, la réflexion philosophique et religieuse.

SHAKESPEARE (William, 1564-1616) a constitué, pour les théoriciens du drame, un modèle qu'ils opposèrent à Racine ; il est avec Friedrich SCHILLER (1759-1805), le dramaturge qui a le plus influencé le théâtre romantique.

SISMONDI (Léonard Simonde de, 1773-1842). Professeur comme Schlegel, il influença comme lui Mme de Staël à Coppet ; on a retenu ses écrits sur la littérature, bien qu'il fût avant tout historien et économiste.

SOUMET (Alexandre, 1786-1845). Il passa pour le chef de la jeune école au temps de *La Muse française* et ne mérite peut-être pas le complet oubli où il est tombé ; son seul titre de gloire est d'avoir fourni, avec une tragédie sur l'histoire de la Gaule, un livret au chef-d'œuvre de Bellini, *Norma* (1831).

STAËL (Germaine NECKER, baronne de, 1766-1817), dont la vie est, comme celle de son contemporain Chateaubriand, liée à l'histoire de son temps, a joué un rôle capital dans la diffusion des théories romantiques en France ; on ne doit pas pour autant oublier ses romans, *Delphine* (1802) et surtout *Corinne ou l'Italie* (1807) qui joint aux premières revendications féministes une réflexion sur l'art et la morale.

STENDHAL (Henri BEYLE, dit, 1783-1842). L'une des figures les plus originales de son temps. Il aura employé autant d'ardeur à se peindre dans son œuvre qu'à se dissimuler derrière des masques. L'« égotisme » forcené, la chasse au bonheur d'un éternel amoureux, le souvenir de l'armée napoléonienne dans laquelle il a servi quelque temps, l'amour de l'Italie où il exerce les fonctions de consul de France, le culte de l'énergie, le goût de la peinture italienne, la passion de la musique, constituent des points de repère pour approcher la vie et l'œuvre d'un écrivain qui ne comptait que sur la postérité pour le comprendre et qui a gagné son pari, peut-être au-delà de ses espérances. *De l'Amour* (1822), *Vie de Rossini* (1823), *Promenades dans Rome* (1829), aident à saisir d'autres aspects de son génie que les romans, *Armance* (1827), *Le Rouge et le Noir* (1830), *La Chartreuse de Parme* (1839), *Lucien Leuwen* (inachevé).

SUE (Joseph, dit Eugène, 1804-1857). Chirurgien de marine et auteur de romans maritimes ou historiques, dandy, il se convertit au socialisme avec *Les Mystères de Paris* (1842-1844), mais ne réussit pas sa carrière politique après 1848. *Le Juif errant* (1844-1845) et *Les Mystères du Peuple* (1852-1857) complètent une œuvre encore mal connue.

SWEDENBORG (Emmanuel, 1688-1772). Rien ne disposait apparemment cet authentique savant, académicien suédois de sens rassis, à devenir visionnaire ; c'est peut-être ce sérieux qui explique le crédit que l'on accorda à ces *Mémorables,* visions rapportées de l'au-delà, et l'extraordinaire succès, dans les pays anglo-saxons notamment, de la « religion swederborgienne » qui rassemble quantité d'adeptes jusqu'à la fin du XIXe siècle, au moins.

THIERRY (Augustin, 1795-1856). Professeur, saint-simonien, puis libéral, il est le premier grand historien moderne. *Histoire de la conquête de l'Angleterre par les Normands* (1825), *Lettres sur l'histoire de France* (1827), *Récits des temps mérovingiens* (1840).

VERDI (Giuseppe, 1813-1901). Il porte avec génie au théâtre lyrique les aspirations du drame romantique dont ses opéras constituent le véritable accomplissement. *Ernani* (1844) et *Rigoletto* (1851) d'après Victor Hugo, *Macbeth* (1847) et *Otello* (1887) d'après Shakespeare, ne sont que quelques exemples de cette filiation.

VIGNY (Alfred de, 1797-1863). Issu d'une famille d'ancienne noblesse ruinée, victime d'une mère tyrannique, cultivant l'amertume d'une carrière militaire manquée et désormais inutile (*Servitude et grandeur militaires,* 1835), il se forge une philosophie stoïcienne et une esthétique où s'affirme la supériorité du poète-penseur. Vigny s'est essayé à tous les genres en honneur : roman, théâtre, mais se veut avant tout poète : *Poèmes antiques et modernes* (1826), *Les Destinées,* recueil posthume, affirment, malgré un pessimisme résigné et une vision tragique de la condition humaine, un humanisme confiant.

Tableau chronologique

DATES	HISTOIRE	VIE CULTURELLE
1802	Bonaparte consul à vie	
1804	2 décembre : Napoléon sacré empereur	Fourier, *Harmonie universelle*
1807		
1808		Girodet, *Funérailles d'Atala*
1809		
1810	Napoléon épouse Marie-Louise d'Autriche	
1811	Naissance du roi de Rome	
1812	Campagne de Russie	
1814	Abdication de Napoléon et exil à l'Ile d'Elbe Louis XVIII roi : la Restauration	
1815	1er mars-22 juin : les Cent -Jours	Chateaubriand nommé ministre
1816		
1817		Mort de Mme de Staël
1819		Géricault, *Le Radeau de la Méduse*
1820	Assassinat du duc de Berry, héritier du trône	
1822		Delacroix, *La Barque de Dante*
1823		Fondation de *La Muse française*
1824	Majorité ultra-royaliste, mort de Louis XVIII	Chateaubriand destitué. Fondation du *Globe*
1825	Sacre de Charles X	
1826		
1827	Elections : majorité à l'opposition	Michelet professeur à l'Ecole Normale, Delacroix, *La Mort de Sardanapale*
1828		Chateaubriand ambassadeur à Rome

AUTEURS ET ŒUVRES	TEXTES THEORIQUES
Chateaubriand, *Génie du Christianisme*	
Senancour, *Oberman*	
Mme de Staël, *Corinne*	
Chateaubriand, *Les Martyrs*	
	Mme de Staël, *De l'Allemagne*
Chateaubriand, *Itinéraire de Paris à Jérusalem*	Schlegel, *Cours de littérature dramatique*
	Sismondi, *De la littérature du Midi*
Walter Scott, *Waverley*	
Benjamin Constant, *Adolphe*	
Lamennais, *Essai sur l'indifférence*	
M. Desbordes-Valmore, Elégies et Romances	
Lamartine, *Méditations poétiques*	
Hugo, *Odes ;* Stendhal, *De l'amour*	
Hugo, *Han d'Islande*	Stendhal, *Racine et Shakespeare* (I)
Mérimée, *Théâtre de Clara Gazul ;* A. Thierry, *Histoire de la conquête de l'Angleterre*	Stendhal, *Racine et Shakespeare* (II)
Vigny, *Poèmes antiques et modernes, Cinq-Mars ;* Hugo, *Odes et Ballades*	
Stendhal, *Armance ;* Nerval, traduction de *Faust*	Hugo, *Cromwell* et sa préface
	Sainte-Beuve, *Tableau de la poésie française au XVIe siècle ;* E. Deschamps, *Etudes françaises et étrangères*

DATES	HISTOIRE	VIE CULTURELLE
1829	Ministère ultra de Polignac	Rossini, *Guillaume Tell*. Fondation de la *Revue des Deux Mondes* et de la *Revue de Paris*
1830	Révolution. 27-28-29 juillet : Les Trois Glorieuses. Louis-Philippe d'Orléans devient roi des Français	Berlioz, *Symphonie fantastique*. Mort de Benjamin Constant
1831		Paganini à Paris. Meyerbeer, *Robert le Diable*. Delacroix, *La Liberté guidant le peuple*. *Le Globe* devient saint-simonien
1832	Emeutes et barricades en juin	Chopin à Paris. *La Sylphide* à l'Opéra
1833	Loi Guizot sur l'enseignement primaire	
1834		Mérimée inspecteur général des Monuments historiques
1835	Attentat de Fieschi contre Louis-Philippe. Restriction de la liberté de la presse. Rétablissement de la censure théâtrale	Bellini, *Les Puritains ;* Halévy, *La Juive*. Mort de Bellini
1836		Inauguration de l'Arc de Triomphe de l'Etoile. Meyerbeer, *Les Huguenots*. Fondation de la *Presse* et du *Siècle*
1837	Prise de Constantine par les Français. Inauguration du chemin de fer de Paris à Saint-Germain	Berlioz, *Requiem*. Sainte-Beuve commence son cours sur Port-Royal à Lausanne
1838		Michelet professeur au Collège de France
1839	Inauguration du chemin de fer Paris-Versailles. Insurrection républicaine	Berlioz, *Roméo et Juliette*
1840	Crise ministérielle due à la question d'Orient. Tentative de coup d'Etat de Louis-Napoléon Bonaparte. Retour des cendres de Napoléon Ier	Voyage de Gautier en Espagne
1841		Premier internement de Nerval

AUTEURS ET ŒUVRES	TEXTES THEORIQUES
Hugo, *Les Orientales, Le Dernier jour d'un condamné ;* Mérimée, *Chronique du règne de Charles IX, Mateo Falcone ;* Balzac, *Le Dernier Chouan ;* Dumas, *Henri III et sa cour*	
Hugo, *Hernani ;* Balzac, *Scènes de la vie privée ;* Lamartine, *Harmonies ;* Stendhal, *Le Rouge et le Noir*	
Hugo, *Notre-Dame de Paris, Les Feuilles d'automne ;* Balzac, *La Peau de chagrin ;* Dumas, *Antony*	
G. Sand, *Indiana, Valentine ;* Hugo, *Le Roi s'amuse ;* Musset, *Un spectacle dans un fauteuil ;* Gautier, *Albertus*	
Musset, *Les Caprices de Marianne ;* G. Sand, *Lélia ;* Gautier, *Les Jeunes-France ;* Balzac, *Eugénie Grandet ;* P. Borel, *Champavert ;* Hugo, *Lucrèce Borgia ;* Michelet, *Histoire de France I et II*	
Musset, *Fantasio, On ne badine pas avec l'amour, Lorenzaccio ;* Lamennais, *Paroles d'un croyant ;* Sainte-Beuve, *Volupté*	Lamartine, *Des destinées de la poésie*
Balzac, *Le Père Goriot, Séraphita ;* Musset, *Le Chandelier ;* Vigny, *Servitude et grandeur militaires, Chatterton ;* Hugo, *Les Chants du crépuscule, Angelo ;* Gautier, *Mademoiselle de Maupin*	Gautier, Préface de *Mademoiselle de Maupin* (écrite en 1834)
Balzac, *Le Lys dans la vallée ;* Musset, *La Confession d'un enfant du siècle ;* Lamartine, *Jocelyn*	
Mérimée, *La Vénus d'Ille ;* Balzac, *Illusions perdues I, César Birotteau ;* Hugo, *Les Voix intérieures ;* Michelet, *Histoire de France III*	
Lamartine, *La Chute d'un ange ;* Hugo, *Ruy Blas*	
Stendhal, *La Chartreuse de Parme ;* Balzac, *Illusions perdues II ;* Dumas-Nerval, *Léo Burckart*	
A. Thierry, *Récits des temps mérovingiens ;* Michelet, *Histoire de France IV ;* Hugo, *Les Rayons et les Ombres ;* Mérimée, *Colomba ;* G. Sand, *Le Compagnon du Tour de France*	
Michelet, *Histoire de France, V*	

DATES	HISTOIRE	VIE CULTURELLE
1842	Mort du duc d'Orléans, héritier du trône et ami des écrivains	Mort de Stendhal
1843	Chemins de fer : Paris-Rouen, Paris-Orléans. Prise de la Smala d'Abdel-Kader	Voyage de Nerval en Orient. Mort de Léopoldine Hugo à Villequier
1844		Mort de Nodier
1845		
1846		Berlioz, *La Damnation de Faust*
1847	Campagnes de banquets pour la réforme électorale, émeutes. Soumission d'Abdel-Kader	
1848	22-24 février : révolution, début de la IIᵉ République ; gouvernement provisoire (avec Lamartine). 23-25 juin : insurrection populaire et répression. Election de Louis-Napoléon Bonaparte à la présidence au suffrage universel	Berlioz, *Te Deum*. Mort de Chateaubriand
1849	Election de l'assemblée Législative	Mort de Chopin
1850	Loi Falloux sur l'enseignement	Mort de Balzac
1851	2 décembre : coup d'Etat de Louis-Napoléon Bonaparte	Hugo part en exil à Bruxelles
1852	Restriction de la liberté de la presse. Napoléon III empereur le 2 décembre	Nerval : nouvel internement
1853		Hugo à Jersey
1854		Guerre de Crimée
1855	Exposition universelle à Paris	Suicide de Nerval. Verdi à Paris : *Les Vêpres siciliennes*
1856	Fin de la guerre de Crimée	Hugo à Guernesey depuis le 31 octobre 1855

AUTEURS ET ŒUVRES	TEXTES THEORIQUES
A. Bertrand, *Gaspard de la Nuit ;* Hugo, *Le Rhin ;* G. Sand, *Consuelo* (début) ; Eugène Sue, *Les Mystères de Paris* (début) ; Balzac : début de la publication de *La Comédie humaine*	Balzac, Avant-propos à *La Comédie humaine*
Vigny, *La Mort du loup, La Flûte, Le Mont des Oliviers ;* Balzac, *Illusions perdues* III ; Hugo, *Les Burgraves*	
Balzac, *Splendeurs et Misères des Courtisanes* I ; Dumas, *Le Comte de Monte-Cristo, Les Trois Mousquetaires ;* Vigny, *La Maison du berger*	
Mérimée, *Carmen ;* E. Sue, *Le Juif errant ;* Michelet, *Du prêtre, de la Femme, de la Famille*	Baudelaire, *Salon de 1845*
Balzac, *La Cousine Bette ;* Michelet, *Le Peuple ;* G. Sand, *La Mare au diable*	
Balzac, *Splendeurs et Misères des Courtisanes* II, *Le Cousin Pons ;* Lamartine, *Histoire des Girondins* I ; Michelet, *Histoire de la Révolution,* I	
Chateaubriand, début de la publication des *Mémoires d'Outre-Tombe* en feuilleton. A. Dumas fils, *La Dame aux camélias* (roman)	
G. Sand, *La Petite Fadette*	
Nerval, *Voyage en Orient*	
Gautier, *Emaux et Camées ;* G. Sand, *Les Maîtres sonneurs*	Baudelaire, L'Ecole païenne, E-A. Poe, sa vie et ses ouvrages
Hugo, *Châtiments ;* Nerval, *Sylvie*	
Nerval, *Les Filles du Feu* (avec *Les Chimères*) ; Barbey d'Aurevilly, *L'Ensorcelée*	
Nerval, *Aurélia*	Baudelaire, *Exposition universelle de 1855*
Hugo, *Les Contemplations.* Baudelaire, traduction des *Histoires extraordinaires* d'Edgar Poe	Baudelaire, *E. Poe, sa vie et ses œuvres*

DATES	HISTOIRE	VIE CULTURELLE
1857		Procès de Flaubert (acquitté) et de Baudelaire (condamné) pour outrages à la morale publique. Mort de Musset et d'Eugène Sue
1859		Gounod, *Faust*
1860	La Savoie et Nice deviennent françaises	Wagner à Paris
1861		Wagner, *Tannhaüser*, aucun succès
1862	Expédition au Mexique	
1863		Mort de Vigny et de Delacroix. Berlioz, *Les Troyens*
1864		Corot, *Souvenir de Mortefontaine*
1866		Baudelaire frappé d'une attaque
1867		Mort de Baudelaire
1868	L'empire se fait libéral	Mort de Rossini
1869		Inauguration du canal de Suez. Mort de Lamartine, de Sainte-Beuve, de Berlioz

AUTEURS ET ŒUVRES	TEXTES THEORIQUES
Flaubert, *Madame Bovary* ; Baudelaire, *Les Fleurs du Mal* ; Banville, *Odes funambulesques*	Baudelaire, *Notes nouvelles sur Edgar Poe*
Hugo, *La Légende des siècles,* I	Baudelaire, *Salon de 1859*
Baudelaire, *Les Paradis artificiels*	
Baudelaire, deuxième édition des *Fleurs du Mal*	
Flaubert, *Salammbô* ; Hugo, *Les Misérables* ; Michelet, *La Sorcière*	Baudelaire, Préface-dédicace à des *Petits poèmes en prose*
Gautier, *Le Capitaine Fracasse* ; E. Fromentin, *Dominique*	Baudelaire, *Le Peintre de la vie moderne*
Vigny, *Les Destinées*	Hugo, *William Shakespeare*
Hugo, *Les Travailleurs de la mer*	
Troisième édition des *Fleurs du Mal*	Baudelaire, *Curiosités esthétiques*
Baudelaire, *Le Spleen de Paris* ; Flaubert, *L'Education sentimentale* ; Hugo, *L'Homme qui rit*	Baudelaire, *L'Art romantique*

Bibliographie

AMBRIÈRE (Madeleine), *Précis de littérature française du XIXe siècle*, Paris, PUF, 1990.
Grande étude d'ensemble du siècle, le Romantisme en occupe la majeure partie.

BEGUIN (Albert), *L'Âme romantique et le Rêve*, Paris, José Corti, 1939.
Fondamental pour la connaissance des sources allemandes du Romantisme français.

BÉNICHOU (Paul), *Le Sacre de l'écrivain*, Paris, José Corti, 1973 *Le Temps des prophètes*, Paris, Gallimard, 1977 ; *Les Mages romantiques, ibid.*, 1988 ; *L'École du désenchantement, ibid.*, 1992.
Tétralogie sur un aspect essentiel du Romantisme : la place de l'artiste dans la société ; sa promotion au rang de prophète ou son retrait en marge.

CASTEX (Pierre-Georges), *Le Conte fantastique en France*, Paris, José Corti, 1951.
L'ouvrage de base sur ce genre spécifique du Romantisme.

DE KEYSER (Eugénie), *L'Occident romantique*, Genève, Skira, 1965.
Sur les arts plastiques, beau « livre d'art ».

DESCOTES (Maurice), *Le Drame romantique et ses grands créateurs*, Paris, PUF, 1955.
Salles, auteurs, acteurs, public.

FILLAUDEAU (Bertrand), *La Vague romantique*, Paris, José Corti, 1991.
Sous prétexte de catalogue de publications, bref et riche essai sur le Romantisme européen.

GUICHARD (Léon), *La Musique et les Lettres au temps du Romantisme*, Paris, PUF, 1955.
Sur un aspect majeur de l'époque, un livre très documenté.

LE BRIS (Michel), *Journal du Romantisme*, Genève, Skira, 1981.
Magnifique livre d'art et essai contestable, mais brillant.

MICHEL (Arlette) *et al.*, *Littérature française du XIXe siècle*, Paris, PUF, 1993.
Une présentation particulièrement claire et pédagogique de la période.

MILNER (Max), *Le Romantisme*, I.

PICHOIS (Claude), *Le Romantisme*, II, Paris, Arthaud, 1973-1979.
Ces deux ouvrages ont été condensés en format poche : *Littérature française*, 7, Arthaud, 1985.
Fondamental pour la connaissance du Romantisme en France.

UBERSFELD (Anne), *Le Drame romantique*, Paris, Belin, 1993.
Précieux pour connaître l'ensemble des théories et des productions : synthèses claires et nombreux textes théoriques cités.

VAN TIEGHEM (Paul), *Le Romantisme dans la littérature européenne,* Paris, Albin Michel, 1948.
Synthèse ancienne qui n'a pas été remplacée.

VIATTE (Auguste), *Les Sources occultes du Romantisme*, Paris, Champion, 1928, 2 vol.
Sur un sujet essentiel, l'ouvrage de référence.

L'Esthétique romantique en France. Une anthologie, textes présentés et choisis par Claude Millet, Paris, Presses Pocket, coll. « Agora », 1994.
Textes fondamentaux groupés par thèmes.

Manuel d'histoire littéraire de la France, IV, 1789-1848, Paris, Editions sociales, 2 vol., 1972-1973.
Résolument marxiste, parfois irritant, mais beaucoup d'excellentes notices.

Index des auteurs

Collection « Lettres Sup. »

Lire

Lire la Comédie (Corvin)
Lire la Nouvelle (Grojnowski)
Lire la Poésie française du XXe siècle (Briolet)
Lire la Tragédie (Couprie)
Lire le Baroque (Chauveau)
Lire le Classicisme (Blanc)
Lire le Drame (Macé-Barbier)
Lire le Moyen Âge (Stanesco)
Lire le Poème en prose (Sandras)
Lire le Réalisme et le Naturalisme (Becker)
Lire le Roman policier (Évrard)
Lire le Romantisme (Bony)
Lire le Symbolisme (Marchal)
Lire le Théâtre classique (Bertrand)
Lire le Théâtre contemporain (Ryngaert)
Lire le Théâtre moderne (Lioure)
Lire l'Épistolaire (Grassi)
Lire les Lumières (Tatin-Gourier)

Lire *Du côté de chez Swann* de Proust (Fraisse)
Lire *Le Parti pris des choses* de Ponge (Leclair)
Lire *Les Faux-Monnayeurs* de Gide (Goulet)
Lire *Nadja* de Breton (Née)

Théorie et analyse des genres

Introduction aux grandes théories du roman (Chartier)
Introduction aux grandes théories du théâtre (Roubine)
Introduction à la poésie moderne et contemporaine (Leuwers)
Introduction à l'analyse du roman (Reuter)
Introduction à l'analyse du théâtre (Ryngaert)
Introduction à l'analyse du poème (Dessons)
Introduction à la poésie (Linares)

Histoire littéraire

Introduction à la vie littéraire du Moyen Âge (Badel)
Introduction à la vie littéraire du XVIe siècle (Ménager), 3e édition
Introduction à la vie littéraire du XVIIe siècle (Tournand), 3e édition
Introduction à la vie littéraire du XVIIIe siècle (Launay, Mailhos)
Introduction à la vie littéraire du XIXe siècle (Tadié), 3e édition
Précis de littérature française (Bergez *et al.*)

Méthodes pour l'analyse des textes

L'Explication de texte littéraire (Bergez), 2e édition
Vocabulaire de l'analyse littéraire (Bergez, Géraud, Robrieux)
Introduction aux méthodes critiques pour l'analyse littéraire (Bergez *et al.*)
Introduction à la littérature comparée (Chauvin, Chevrel)
Introduction à l'intertextualité (Piégay-Gros)
Introduction à l'analyse stylistique (Sancier-Château, Fromilhague), 2e édition
Introduction à la poétique (Dessons)
Introduction à la lexicologie (Lehmann, Martin-Berthet)

Traité du rythme des vers et des proses (Dessons, Meschonnic)
Rhétorique et argumentation (Robrieux) 2e édition

Linguistique

Éléments de linguistique pour le texte littéraire (Maingueneau), 2e édition
Exercices de linguistique pour le texte littéraire (Maingueneau, Philippe)
Pragmatique pour le discours littéraire (Maingueneau)
Analyser les textes de communication (Maingueneau)

Préparation aux examens et concours

Introduction à l'ancien français (Revol)
Introduction à la phonétique française (Carton)
Précis de grammaire pour les concours (Maingueneau), 3e édition
La Dissertation littéraire (Scheiber)
Mythologie grecque et romaine (Commelin, Maréchaux)
L'Épreuve orale sur dossier (Baetens) 2e édition
Réussir la dissertation littéraire (Adam)
Le Commentaire composé (Jacopin)
Analyses stylistiques. Formes et genres (Sancier-Château, Fromilhague)

Histoire et théorie du théâtre

Introduction à l'analyse du théâtre (Ryngaert)
Introduction aux grandes théories du théâtre (Roubine)
Lire la Comédie (Corvin)
Lire la Tragédie (Couprie)
Lire le Drame (Macé-Barbier)
Lire le Théâtre classique (Bertrand)
Lire le Théâtre moderne (Lioure)
Lire le Théâtre contemporain (Ryngaert)
Éléments pour une histoire du texte de théâtre (Danan, Ryngaert)
Dictionnaire du théâtre (Pavis)
Scénographies du théâtre occidental (Surgers)
La Fabrique du théâtre (Pruner)

L'Atelier d'écriture (Roche, Guiguet, Voltz), 2e édition
L'Atelier de scénario (Roche, Taranger)

N° d'éditeur : 10085060 - I - (1,5) - osb 80 - mars 2001

Achevé d'imprimer sur les presses numériques de Bookpole
BP 12 - ZI route d'Étampes - 45330 Malesherbes - http://www.bookpole.com
Dépôt légal 1re édition : 3e trimestre 1992 - N° d'Imprimeur : C01/00439L
Imprimé en France